SVEC

2004:06

T0305252

Manuscripts (two hard copies with an electronic version on floppy disk and a brief summary) should be prepared in accordance with the *SVEC* stylesheet, available on request and at the Voltaire Foundation website (www.voltaire.ox.ac.uk), and should be submitted to the *SVEC* general editor at the Voltaire Foundation, 99 Banbury Road, Oxford OX2 6JX, UK

Enlightenment, Revolution and the periodical press

Edited by

HANS-JÜRGEN LÜSEBRINK

and

JEREMY D. POPKIN

SVEC

2004:06

VOLTAIRE FOUNDATION

OXFORD

2004

ISBN 0 7294 0841 8
ISSN 0435-2866

Voltaire Foundation
99 Banbury Road
Oxford OX2 6JX, UK

A catalogue record for this book
is available from the British Library

The correct reference for this volume is
SVEC 2004:06

This series is available on annual subscription

For further information about *SVEC*
and other Voltaire Foundation publications see
www.voltaire.ox.ac.uk

This book is printed on acid-free paper

Typeset in Baskerville by Alden Bookset
Printed and bound by Polestar Scientifica Ltd

Contents

I

Approaches to the periodicals of the eighteenth century

Approches des périodiques du dix-huitième siècle

JEREMY D. POPKIN
and JACK R. CENSER

Some paradoxes of
the eighteenth-century periodical

i. The eighteenth-century press: an overview[1]

THE first fundamental characteristic of the eighteenth-century press is
that it is not the same as the press of today. Despite all the differences in
printing technology and format that separate the 1800s from the 1990s,
the nineteenth-century press already has modern characteristics. Nineteenth-century periodicals addressed audiences that were self-consciously
divided by class, gender, occupation, geographic environment, religion
and many other criteria. It is far more difficult to discern the specific
groups that particular eighteenth-century periodicals targeted. Nineteenth-century publications are invariably coloured by political ideology,
and their orientations can be described with labels that are still
meaningful today: liberal, conservative, socialist, feminist. It would be
far more difficult, indeed impossible, to use these terms for eighteenth-
century publications. Nineteenth-century periodicals also bear the signs of
their origins in a commercial, market-oriented society: they often contain
paid advertising, and many of them visibly promote the interests of
distinct groups: economic enterprises, organised professions, etc. Were
any of us to be magically transported back to a *cabinet de lecture* in mid-
nineteenth-century Paris, London, or Berlin, it would not take us long to
identify newspapers and periodicals performing the same cultural
functions and representing approximately the same points of view as
those which we personally subscribe to in the present.

   The situation would be quite different if we found ourselves transported
back to the mid-eighteenth century. To be sure, if we happened to arrive in
London, we would be less befuddled than if we landed somewhere in
mainland Europe: we would find some semblance of the political partisan-
ship and the commercial orientation of the nineteenth-century press. Even
there, however, we would be struck by the number of significant social and
cultural groups and ideological movements that would not be represented in
the press. If the nineteenth-century press was already in many respects a
mirror of the society that produced it, the eighteenth-century press was

   1. This and the third section, 'Politics and periodicals in the Enlightenment and the
revolutionary era', were written by Jeremy Popkin; the second section, 'The French
revolutionary press', is by Jack Censer.

3

something else; indeed, the notion that the press ought to be such a mirror had not yet developed, and the journalistic techniques for chronicling events in such a way that the reader might feel as if he or she were present at them in person did not yet exist.

And yet, as all of us who work on the subject know, the eighteenth-century press is anything but dull or primitive. To say that the eighteenth-century press was not like our modern press is not to downplay its importance. Indeed, the modern world and the modern press are in many ways products of changes set in motion by the press of the early modern era. It was the periodical press that truly realised the potential of Gutenberg's invention for creating a critically minded public, independent of the authority structures of church and state, and the press also helped fuel the growth of a commercial economy, a development that in turn led to the fundamental economic changes of the nineteenth century. The existence of periodicals gave the *philosophes* and their emulators reason to believe in the inevitable success of the project of Enlightenment. Although it is not the place to look for the most developed versions of Enlightenment ideas, the periodical press was an essential aspect of that movement.

Like so many developments of the eighteenth century, the periodical press had important roots in the seventeenth century. Although it took a hundred and fifty years for anyone to see the interest of using Gutenberg's invention to put out periodical publications, the press entrepreneurs of the seventeenth century soon grasped the many possibilities inherent in the medium. Théophraste Renaudot, who created the *Gazette de France* in 1631, already envisaged his paper both as the centre of a network of intellectual interchange and as a promoter of economic activity: he tried to combine the newspaper with a bureau where jobseekers could find employment.[2] Later in the century, other intellectuals developed the first journals and magazines, such as the French *Journal des sçavans*, to disseminate scientific discoveries and spread interest in literature and culture. By the end of the century, it was possible to foresee the implications that the periodical medium would have. The German writer Kaspar Stieler's *Zeitungs Lust und Nutz*, first published in 1695, proclaimed the periodical's vocation of reaching an ever-expanding audience and of interesting them, not in idle theoretical speculations, but in practical concerns.[3] In his work, we can see an early sketch of the many ways in which the press and the Enlightenment would be associated throughout the following century.

Stieler was an active figure in German literary and intellectual life of the late seventeenth century. Born in Erfurt in central Germany in 1632,

---

2. Harold M. Solomon, *Public welfare, science and propaganda in seventeenth-century France* (Princeton 1972).
3. Kaspar Stieler, *Zeitungs Lust und Nutz* (1695), ed. Gert Hagelweide (Bremen 1969).

he studied at several German universities, then served in the Prussian and French armies in conflicts that followed the end of the Thirty Years War in 1648. After a period of travelling that gave him command of several European languages, he returned to central Germany and made a career as *Hof-Sekretarius* in several princely courts. His duties included drafting official correspondence and reading and summarising incoming newspapers. Stieler was also active as a poet, playwright,[4] and member of one of the earliest German learned societies, the *Fruchtbringende Gesellschaft*, whose programme stressed the development of German literature.[5] Stieler contributed to the goals of this group through his compilation of the first German dictionary, a manual of poetic theory, and a correspondence handbook, projects that show that his interest in newspapers was part of a broader concern with language and communication.[6]

Although Stieler's was the first full-length book devoted to the newspaper press, it was a response to an already existing debate in the German learned world about the value of the periodical newspaper that had inspired several pamphlets and shorter works.[7] The novelty of Stieler's approach lay in his effort to give a comprehensive justification of the newspaper and in his positive assessment of the phenomenon. Earlier critics had complained that newspapers diverted readers from serious subjects, that they appealed to interest in crime and immorality, and that they spread interest in politics to audiences that had no business discussing such matters. In response, Stieler argued for a revaluation of values that put the newspaper and the subjects it dealt with at the centre of social and cultural life. All people, Stieler asserted, had a natural instinct to learn about things, and the desire for the latest reports was a part of human nature: 'they run after the new papers and can hardly wait for the day when these sheets are printed and put in circulation. For that reason, they hurry to the postal bureaus and newsstands, and time drags for them until they find out what the King of France, the Emperor, the Pope and the Sultan of Constantinople have done.'[8]

To Stieler's contemporary, the religious philosopher Blaise Pascal, this search for diversion by involvement in worldly affairs would have seemed just one more futile distraction from the real concerns of human existence,[9] but for Stieler, the human interest in news was a positive

4. On Stieler's plays, see Judith P. Aikin, *Scaramutza in Germany: the dramatic works of Caspar Stieler* (University Park, PA 1989).

5. On the *Fruchtbringende Gesellschaft* see Richard van Dulmen, *The Society of the Enlightenment*, translated by Anthony Williams (New York 1992), p.14-17.

6. For a general overview of Stieler's life and writings see Herbert Zeman, 'Kaspar Stieler', in *Deutsche Dichter des 17. Jahrhunderts: ihr Leben und Werk*, ed. Harald Steinhagen and Benno von Wiese (Berlin 1984), p.576-96.

7. On Stieler's predecessors see Otto Groth, *Geschichte der deutschen Zeitungswissenschaft* (Munich 1948).

8. Stieler, *Zeitungs*, p.9.

9. For Pascal's famous meditation on diversion see Blaise Pascal, *Pascal's Pensées*, translated by W. F. Trotter (New York 1958), p.39-42.

matter. At worst, idle curiosity was less destructive than other human passions, such as gambling, and the proportion of trivia and immorality in newspapers was no greater than in other kinds of literature.[10] Newspaper reading was an enjoyable escape from more immediate concerns. 'Through it, I travel through the wide world in my imagination. I sail across the sea, observe land and naval battles [...] and all this without any danger, effort, or expense.'[11] More than this, however, Stieler saw the passion for news as a good thing. Rulers and their courtiers needed the information about wars, diplomatic negotiations, and changes at other courts in order to make intelligent decisions about state policy: 'One learns such things out of the newspapers, and not out of books [...]. We honest men who are living in the world as it is today, need to understand the world of today, and neither Alexander, nor Caesar, nor Mohammed will help us if we want to be well-informed.'[12] Indeed, rulers would be well advised to read the newspapers themselves, to counter their courtiers' tendency to hide bad news from them.

Newspaper reading was useful not only to rulers and their assistants, however, but to many members of the sphere of civil society. 'All those who can read, or who can listen, are ready and able to make use of the newspaper', Stieler claimed.[13] True, the rural population and manual labourers, such as miners, had no particular need to keep up with the news. But in urban communities, where 'reason, fashion and cleverness are found', newspapers were indispensable. They would keep merchants informed about the price of goods and about travel conditions. In wartime, newspaper reports would tell soldiers and officers about the progress of campaigns, and, if Voltaire's Candide had followed Stieler's advice to humble journeymen artisans setting off on their travels, he would have been on the lookout for unscrupulous army recruiters ready to meet their quotas by kidnapping likely-looking young men.[14] The innocent victims of high politics – Stieler specifically mentioned the French Huguenot refugees and the German Rhinelanders who had fled Louis XIV's armies – needed newspapers to judge how they could best remake their lives. Gazettes were a potential comfort to those suffering the misfortunes of private life, as well: prisoners, the sick, even the lovelorn, for whom they provided a healthy distraction. Teachers and professors needed to follow the newspapers to stay up to date, and clergymen, too, were well advised to read them regularly.

Although Stieler considered newspaper reading especially appropriate for city-dwellers, he did not overlook the rural population. Country nobles could use the newspaper to ward off boredom, he suggested, and also to

10. Stieler, *Zeitungs*, p.10, 61.
11. Stieler, *Zeitungs*, p.22.
12. Stieler, *Zeitungs*, p.4.
13. Stieler, *Zeitungs*, p.39.
14. Stieler, *Zeitungs*, p.65, 69, 67.

follow the careers of their relatives serving with various armies. Even peasants were well advised to keep up with events that might portend changes in policies that could affect them, such as the death of rulers. Stieler was also remarkably open-minded on the question of newspaper reading by women, many of whom, he remarked, were more intelligent than a good number of men. Although he thought that 'village girls, maidservants and ordinary citizens' daughters are better off sewing and spinning than reading newspapers', those women whose lives took them out of the purely domestic sphere were better off preparing themselves to discuss serious subjects than wasting their time on meaningless gossip. Furthermore, Stieler remarked, some women actually had political responsibilities, as regents or as active participants in discussions at princely courts, and they owed it to themselves to be as well informed as men.[15]

Kaspar Stieler's catalogue of the groups who would obtain either practical benefit or enjoyable distraction from the reading of newspapers thus took in almost all members of society. The daring parallel he drew between newspapers and the Bible – which, he remarked, was also 'full of examples of murder, of adultery, of theft and many other sins'[16] – had a deeper sense: just as the Bible addressed itself to all men and women concerned with their eternal salvation, so the newspaper spoke to all who were involved in the affairs of this world. The word 'democratic' is certainly an anachronism in the context of Stieler's time, but there was a remarkable openness to his notion of the boundaries of the newspaper-reading public. All those who had a stake in the world of change and movement – in its commerce, in its politics, in its intellectual discussions – had a right and even an obligation to share in this common reading and to make themselves part of a genuinely informed public.

Like modern students of the media, Stieler knew that newspaper texts did not appear in a vacuum. They were commodities, produced essentially to make money, and their circulation was only possible in the context of the market-driven society that had developed in early modern Europe. 'It is clear that the goal of newspaper editors, vendors and publishers is to make a profit, and thereby support themselves.' But the newspaper publisher or editor should not simply be satisfied with making money. His mission was also a moral one. The value of a newspaper depended on the diligence and intelligence of its editor. He should make a sincere effort to be as well-informed as possible, by keeping up an extensive correspondence and collecting and comparing as many other newspapers as he could. The journalist should be impartial, 'not too credulous', polite to everyone, and fair in paying his correspondents.[17]

---

15. Stieler, *Zeitungs*, p.97-98.
16. Stieler, *Zeitungs*, p.61.
17. Stieler, *Zeitungs*, p.45, 47, 49.

The reader, too, had a vital role to play in interpreting the newspaper. 'Each person reads and understands the newspaper differently from others, according to the situation in which he finds himself', Stieler remarked.[18] The newspaper reader had to have a sharp critical sense: he should pay attention to the dating of newspaper articles, and to their origins. The reader should approach newspapers in a critical spirit, and ask himself 'whether a report seems believable or not, if the date and the circumstances coincide, and whether the people reported on are described in a plausible fashion'.[19] French newspapers were to be read with special caution, given the degree of government control they operated under, and 'according to whether the newspaper comes from a Catholic, Lutheran, or Calvinist locality, in affairs that affect religion it should not automatically be trusted'.[20] The ideal reader would have a good reference library on hand, with maps, genealogies of ruling houses, travel books, and foreign-language dictionaries; he or she would be well versed in history, languages, and politics. Stieler's prescription seemed to suggest that newspapers could only be fully understood by those who owned an extensive collection of literature, but in fact German publishers provided readers with concise reference volumes deliberately designed to assist them in understanding the news, such as *Hübners Zeitungslexikon*, which was regularly updated from 1713 to its final appearance in 1804.[21]

Despite the rationalistic and democratic elements of his argument, Stieler himself remained a man of his time, respectful of established religion and the authority of rulers. Newspaper editors and publishers, he wrote, should be careful never to publish anything that might affect their sovereigns' honour and reputation [...] a publisher has to remember who he is and where he lives, who his lord and master is'.[22] If the proper authorities ordered it, a newspaper editor should be willing to deliberately spread a false report. The sovereign retained the right to define what the newspapers printed in his territory should contain.

On the whole, however, Stieler was surprisingly modern in his understanding of his subject. Like contemporary scholars, for example, he discussed not only the content of newspapers but the way in which they were read: he would have been fully at home with recent developments in reader-reception theory. At a time when most serious intellectual productions were still addressed only to a small elite of wealthy, educated, and predominantly male readers, Stieler touted the virtues of a genre intended to reach all those who could read. In an age which still valued literature and philosophy that dealt with timeless questions, Stieler

18. Stieler, *Zeitungs*, p.122.
19. Stieler, *Zeitungs*, p.32.
20. Stieler, *Zeitungs*, p.124.
21. Johann Hübner, *Johann Hübners Reales staats-, zeitungs- und conversations-lexicon* (Leipzig, Gleditsch). Many editions appeared throughout the eighteenth century.
22. Stieler, *Zeitungs*, p.32.

praised the newspaper because it spoke of what was new and constantly changing.

At the time when Stieler wrote, periodicals still reached a very limited audience, however. It was only after 1700 when the periodical medium began to realise its potential. We might take two dates around that year as symbolic: 1695, when the Licensing Act in England was allowed to lapse, creating the first truly free market for periodicals in a major European country, and 1702, when the first Russian periodical appeared, marking the conquest of the entire continent by the new medium. From this time onward, the story of the periodical press was one of steady expansion: more titles published, more regions endowed with their own journals, more cultural domains covered. To be sure, the eighteenth century was still a period of many journalistic 'firsts'. Throughout the century, periodicals appeared that could claim to be the first newspaper or journal to be published in a particular language, the first to be published in this or that provincial city, the first to be devoted to a particular specialised topic, such as medicine, agriculture or the theatre, or the first to be addressed specifically to a particular audience, such as women, children, or army officers. But these developments were variations on a theme that was already known, adaptations of already existing practices. The eighteenth century would see no radical innovations in the medium, but rather a steadily increasing sophistication and variety in the exploitation of these practices.

Although the eighteenth-century press developed already existing ideas, it was still in many respects an amateur press. A few sectors, notably the news gazettes, had already developed a repertoire of formulas that left little scope for innovation, but the press of ideas had considerable scope for experimentation. The career of journalist was still only loosely defined, not sharply differentiated from other forms of authorship and intellectual activity. A few aggressive entrepreneurs, like Charles-Joseph Panckoucke in France, were already turning journal production into a big business, but they remained exceptional.[23] An aspiring journalist like Simon-Henri-Nicolas Linguet could still dream of running all aspects of his enterprise, free from an owner's interference.[24] (Perhaps the world-wide web has restored some of this sense of unfettered possibility?)

The eighteenth-century press also remained a pioneer press, exploring a public realm that remained mostly unmapped and whose possibilities were certainly not exhausted. In this respect, regardless of its philosophical orientation, the press shared with the philosophes a sense of mission, of bringing enlightenment to new regions. Journalists all

23. Suzanne Tucoo-Chala, *Charles-Joseph Panckoucke et la librairie française 1736-1798* (Pau 1977).
24. Jeremy D. Popkin, 'Un journaliste face au marché des périodiques à la fin du dix-huitième siècle: Linguet et ses *Annales politiques*', in *La Diffusion et la lecture des journaux de langue française sous l'ancien régime*, ed. Hans Bots (Amsterdam 1988), p.11-19.

shared a sense that the potential readership for their work was larger than they could possibly reach: like settlers in the American wilderness, they were surrounded by vast expanses of possibility. At the same time, they could often have a sense of closeness to their readers, who made up a relatively small group not very different from the authors. When we read the nineteenth-century press, we often have the impression of a product created by specialists sharply separated from their audience and frequently willing to manipulate it in cynical ways. This is much less the case for the press of the eighteenth century.

To say that the eighteenth-century press was less manipulative of readers than its successor a century later is not to say that its content was straightforward and unambiguous. The fascination of the eighteenth-century press comes in part from the fact that it could not pretend, as the nineteenth-century press did, to speak directly and explicitly about every aspect of the world around it. Outside of England, the eighteenth-century press was a licensed and censored press, or at best a press dependent on the toleration of the rulers in whose territories it circulated. Matters of politics, religion, philosophy often had to be addressed indirectly, through hints and suggestions, or disguised in the dry, matter-of-fact tone that predominates in the period's gazettes. Whereas the intent of articles in the nineteenth-century press was usually unmistakable for its readers and remains easily decipherable for us, this is often not the case for the eighteenth-century press. It takes the subtlety of a Pierre Rétat, for example, to unravel the complexities behind the reports that circulated in the gazettes about the possible poisoning of Pope Clement XIV, as he has done in a recent article.[25]

For all that it was subject to licensing and censorship, the eighteenth-century press also enjoyed a freedom that the nineteenth-century press was to lose: it was much less directly harnessed to the practical ends of organised political and social movements. Eighteenth-century newspapers and journals were not – and, under the political conditions of the *ancien régime*, could not be – the organs of parties or the instruments of pressure groups; indeed, their creators, except for a few special cases such as the Jansenist authors of the underground *Nouvelles ecclésiastiques* in France, would have had no idea how to structure their texts to serve such utilitarian purposes. Their goals were to spread enlightenment, to promote interest in intellectual and cultural issues, and to promote the careers of their authors and contributors within the republic of letters. Eventually, the growth of the press helped create the more diversified sphere of civil society out of which the differentiated and ideological press of the nineteenth and twentieth centuries emerged, but in the eighteenth century, this process was still in its infancy.

---

25. Pierre Rétat, 'La mort de Clement XIV', in *Papes et papauté au XVIIIe siècle*, ed. Philippe Koeppel (Paris 1999), p.261-83.

Was the press of the eighteenth century also part of the Enlightenment? Many scholars, most recently Jack Censer, have studied the content of eighteenth-century periodicals to measure the extent to which they transmitted the rationalist and secularist ideas associated with the *philosophes*.[26] The real connection between the periodical and the movement of Enlightenment lies elsewhere. More easily regulated than books and pamphlets, eighteenth-century periodical publications were rarely at the forefront in formulating new ideas. But the periodical medium itself implied a kind of reading and a set of cultural behaviours that were preconditions for Enlightenment ideals. In contrast to books, the periodical was a medium suited to a conception of knowledge as the ever-changing result of regular interchange among readers who could also become writers.[27] Whereas books circulated slowly and irregularly around the learned world, periodicals reached their audience more or less simultaneously, and thus created an 'imagined community' oriented to common issues, a true 'republic of letters'. Periodicals made reading a regular routine for their readers, and they were essential to the accomplishment of that shift from intensive rereading of certain key texts to extensive reading of a constantly renewed literary diet that Rolf Engelsing identified as one of the major cultural changes of the eighteenth century in his classic *Der Bürger als Leser*.[28]

Periodicals also became an important resource for the publishing industry and a way of rationalising its practices, thus permitting the expansion of production that was another prerequisite for the success of the Enlightenment. A successful periodical was a more predictable source of income for its publishers and printers than the ordinary book. The appropriate press run could be calculated in advance, and the subscription system meant that readers financed the publication. The great French Enlightenment publisher Charles-Joseph Panckoucke was the most perspicacious of these entrepreneurs: he worked systematically to acquire as many French-language titles as he could in the 1770s and 1780s, and it was these enterprises, more than projects like the various encyclopedias he printed, that were the basis of his fortune. For dozens of more modest printers, ranging from the *Kleinstaaten* of Germany to the frontier outpost of Lexington, Kentucky, whose first printer, John Bradford, began publishing newspapers and almanacs soon after he established his press in 1785, periodicals constituted an invaluable source of supplemental income.

---

26. Jack R. Censer, *The French press in the age of Enlightenment* (London 1994).

27. Jeremy D. Popkin, 'Periodical publication and the nature of knowledge in eighteenth-century Europe,' in *The Shape of knowledge from the Middle Ages to the Enlightenment*, ed. Donald Kelley and Richard Popkin (Leiden 1991), p.203-13.

28. Engelsing, *Der Bürger als Leser: Lesegeschichte in Deutschland 1500-1800* (Stuttgart 1974).

Understanding the eighteenth-century press is thus crucial to understanding the culture of that century and the development of the Enlightenment. Periodicals were one of the cultural institutions that shaped the behaviour of readers, authors, publishers, and ruling elites, and the behaviour patterns that periodicals encouraged were patterns essential to the development of the Enlightenment. The study of the eighteenth-century press is thus anything but peripheral to the study of the period. It is one of the keys to understanding eighteenth-century culture in general and to understanding the differences between this period and those that preceded and followed it. At the same time, however, the contrast between eighteenth-century and nineteenth-century periodicals reminds us that a very important event had intervened between these two periods: the French Revolution. The existence of periodicals was essential in allowing the revolutionaries to imagine the possibility of a participatory political system on a national scale, and the press was certainly essential to the events of the Revolution.[29] At the same time, however, the Revolution demonstrated that it was not simple to move from the abstract rational public of the eighteenth-century press to a politically engaged citizenry. The press itself was transformed in the revolutionary process, as is discussed in the following pages.

ii. The French revolutionary press

The eighteenth-century press was often the product of a journalistic community that was dedicated to a small number of like-minded subscribers. Its universality lay in its appeal to an abstract philosophical goal. Social practice was one element of imagining a homogeneous society where debate and rationality might rule. Although the number of eighteenth-century readers who actually formed part of this imagined community was small, this society could in principle eventually accommodate the whole population. But, in addition, these papers assumed the existence of a uniformity of belief – whether religious or enlightened – in their address to readers. And it was surely the latter goal that predominated. What, then, transformed the press that would by the nineteenth century make it into a self-confident industry that made selling news, not advocating the Enlightenment, its goal? What politicised its pages, identifying each paper with particular goals at the cost of undercutting the hope of reaching the largest audience? And was the French revolutionary press a continuation of the past or a harbinger of these latter periodicals?

In most areas of inquiry, it has become standard to cast the Revolution as a series of events that broke down old practices and allowed, or even

29. Jeremy D. Popkin, *Revolutionary news: the press in France, 1789-1799* (Durham, NC 1990).

created, new ones. For example, Marxist analysis has usually described the Revolution as the movement of the middle classes to reject the preceding system and install methods linked to their own needs; if bourgeois innovations had any history, it was one of embattled changes. Thus, the Revolution produced a rupture with the past. Of course, newer Marxist analyses show greater nuances but continue to envision the Revolution as a turning point. De Tocqueville challenged such views in the middle of the nineteenth century but, more recently, many others have shared his opinion that the revolution only confirmed what was already ascendant before 1789. Indeed, in de Tocqueville and many similar accounts, the Revolution fades as a critical period of transition.

But what of the place of the revolutionary press as a creator of new French, or even European periodicals? First, how different was the revolutionary press from its predecessor? Clearly the *ancien régime* editors and journalists – seen as those practitioners of both the seventeenth and eighteenth centuries – had invented themselves and their product, so one cannot regard them as 'traditional', in the sense of a long-running practice existing from time out of mind. And this press propagated one general idea that remains the case even today: periodicals were to be a source of information on timely matters. But a closer look permits a refined chronology that can make the impact of the French Revolution on the press clearer.

In some areas, the revolutionary press followed the *ancien régime*. There was no revolution in printing technology: presses remained as efficient or, more precisely, as inefficient as before. Also, certain aspects of journalism remained the same. The press before 1789 could emerge from the individual goals of journalist, editor, and publisher. In extreme cases, one person might fill all three roles. At the other end of the spectrum were collective enterprises with individuals fulfilling different assignments. In both the *ancien régime* and the Revolution, the first model – the elevation of one individual – provided the norm. In fact, it might have even strengthened after 1789. As the *ancien régime* drew towards its end, the press tsar Panckoucke amassed a larger and larger percentage of the press, forcing a corporate approach on increasing numbers of publications. No revolutionary magnate was as successful. Panckoucke himself tried to monopolise at least parliamentary news by striking a deal with the legislature, but he failed. Without his preponderance, those aspiring entrepreneurs that emerged after 1789 never managed to dominate the market as he had. Overall, as in the immediate past, the revolutionary press possessed a limited technology and a strong identification with a personality. Even though nineteenth-century papers were legally organised as joint stock companies, they continued to reflect the personalities of their editors and publishers very strongly. They had none of the tone of today's publishing enterprises traded on the stock market and subject to the demands of corporate borrowing.

13

But changes there were. Although individuals put their imprint on revolutionary papers, they had a far different idea about what they wanted to say. Like the Enlightenment press, the post-1789 press sought to promote intellectual and social uplift. But the journalists were well aware they were in an ideological struggle over specific points. This created open contestation among papers throughout most of the decade. Surely the diversity of the revolutionary press parallels and perhaps exceeds the newspapers of the following century.

Yet as noted, the papers digested and delivered lots of specific information. Concentrating on factual reporting inevitably undercut their ideological edge, but this contradiction – like the one the nineteenth century faced between adherence to an ideological viewpoint and attracting the biggest audience – was simply not resolved. In fact, the revolutionary papers' attention to news perhaps gained force because they could not assume, as easily as their predecessors, that in some distant future, the entire reading public would come to share the same attitudes. Delivering data could prove a point.

And the revolutionary journalists improved on the *ancien régime*. The French revolutionary press, printed at the scene of the events it described, greatly reduced the chronological gap between events and their narration. In addition, while weekly papers continued, dailies also flourished. The latter's frequent publication gave subscribers fresh news. The one gap remaining was the time required for distribution of papers through the postal system. But since most *ancien régime* periodicals had had to come across the border, this time was also reduced.

In contrast to earlier journals, the revolutionary press generally covered events without contradictions and in much greater length. The political opinions that animated these papers eliminated almost all internal disagreements. And their reporting went into far greater detail. Although short reports that must have seemed elliptical persisted, a giant leap forward in specificity occurred. In part, this sprang from the ability of many journalists to be on the scene of the events they were reporting. In addition, revolutionary newspapers covered fewer subjects. Not only did they virtually ignore foreign news, but they also concentrated on fewer incidents each week. Individual papers rode their own hobby-horses.

Thus, each paper developed techniques for organising and narrating the news that paralleled later developments. This approach was greatly facilitated by government policy and disarray. While the monarchs had never insisted on dictatorial control, they definitely imposed limits. During the Terror, the revolutionary government did the same. But, in general, in the revolutionary decade, authorities committed themselves to liberty of the press or were too disorganised to insist on a single position.

The changing audience after 1789 further distanced the revolutionary press from its predecessor. Although English publishers had already made an effort to link up with a broader public, this had not occurred much in

France prior to 1789. Only the local advertising papers, numerous but with low circulations, tried for a wider audience. But finding popular readers was just the point of the revolutionary press which sought to drive political opinion. This inclination encouraged the papers to seek a much larger audience. Even if individual papers were not that much larger in circulation than their predecessors, the overall readership exploded numerically through a substantial increase in numbers of papers. Although estimates vary, on the eve of the Revolution some eighty-five periodicals of all descriptions were commonly available to French people. During the revolution, Paris alone saw many more. Available, in the average month, were thirty-three dailies, twelve papers published twice or three times each week, nineteen weeklies, and fourteen produced over longer intervals. In mid-1791, this effusion reached a peak with the printing of forty-five dailies, twenty-seven bi- or tri-weeklies, thirty-one weeklies, and seventeen papers of more sporadic production – 120 journals in all. These figures do not include the 107 journals published only once.[30] Even London, which was much larger than Paris (over one million inhabitants in 1790) and which was noted for the size and tradition of its political press, had only twenty-two periodicals in publication in 1790.[31] Of course, provincial French readers consumed perhaps half of the issues, but this still represents a real press explosion. Further, political differences within the press, amplified by the more broadly politicised public, allowed for the circulation of a broader range of opinion.

Clearly the revolutionary press moved away from the *ancien régime* periodical and, in fact, toward the future. Creation of ample coverage; a diversity of opinions; a government in retreat before the press; a large audience – all seemed to foreshadow the mid-nineteenth-century press. In this way, the revolution press looks to the future. Nonetheless, one should not overestimate the role of the revolutionary press in directly influencing the press of the mid-nineteenth century. For one thing, the French press remained a unique phenomenon. Although supporters and opponents of the Revolution in other parts of Europe also published periodicals to promote their viewpoints, nowhere else did a press with a true mass audience and genuine impact on political events manage to establish itself. Secondly, Napoleon derailed revolutionary developments in France itself, restoring a system of licensing for periodicals and reimposing censorship. The newspapers of the mid-nineteenth century, so different from the eighteenth-century press, owed as much to technological change and increased urbanisation in post-Napoleonic France as they did to the revolutionary experience. Still, one should not ignore the effect of the

---

30. Figures compiled from *Catalogue collectif des periodiques conservés dans les bibliothèques de Paris et les bibliothèques universitaires* (Paris 1940-1962).

31. Arthur Aspinall, *Politics and the press, c.1780-1850* (London 1949), p.6.

revolutionary experiment as its example surely influenced later publishers, editors, and journalists. Developing a chronology that explains the history of the press remains an incomplete project, in part because students of the early modern press and those of later periods rarely communicate. Students of the earlier period must insist also on the originality and substance of their subject and avoid the tendency to deprecate the *ancien régime* press because it does not measure up to modern standards. In short, locating the nineteenth century in a narrative suggests an independent focus on the eighteenth century both as significant in its own right and as something of a progenitor for later periodicals.

iii. Politics and periodicals in the Enlightenment and the revolutionary era

The eighteenth-century press was a truly Europe-wide phenomenon. The contributions to this volume demonstrate the importance of periodicals even in countries usually regarded as peripheral to the Enlightenment, such as Portugal and Sweden, as well as the great variety of this literature. João Luís Lisboa's study of manuscript newsletters in Portugal reveals that *nouvelles à la main*, so important in the dissemination of political news in seventeenth-century England and eighteenth-century France, also existed by the start of the eighteenth century in the Iberian peninsula. As in other parts of Europe, manuscript newsletters formed a complement to printed gazettes, narrating events that censorship kept out of the latter. These were, according to Lisboa, above all domestic occurrences: manuscript newsletters were essential for readers who wanted to know what had happened in the Portuguese provinces, whereas the printed court gazette devoted most of its attention to bulletins from the rest of Europe. The regularity of these series, some of which continued for many years, is testimony to the fact that the production of newsletters had become a well-established routine for their authors, and that the reading of these compilations was a regular routine for their subscribers. The practices of newsgathering and news reception that characterised the more 'advanced' European countries were thus already widespread in Portugal in the first half of the eighteenth century.

The gazette brought the readers of the Enlightenment news of distant lands, but Anne-Marie Mercier-Faivre's analysis of the coverage of the Islamic empires of Turkey, Persia and India at the precise moment when Montesquieu's imaginary Persians were visiting Paris shows that the images of these 'Oriental despotisms' in the periodical press were often quite different from those in the period's literature. Rather than emphasising the strangeness of these distant lands, the European press furnished primarily news of practical importance to merchants and diplomats: details of military campaigns, changes in government personnel, the spread of epidemics. The sultans and pashas that readers of the *Gazette d'Amsterdam* encountered in 1720 and 1721 were not the redoubtable despots about whom Montesquieu theorised, and the harem or seraglio was evoked, not as an erotic paradise in opposition to European *mœurs*, but as the site where the continuity of the Turkish dynasty was maintained. News reports attributed political decisions in these empires to the rulers' ministers and agents, rather than to the sovereigns themselves, and there was little in the gazette to justify the image of Asiatic government as arbitrary or cruel. The main news that filtered out from the seraglio confines concerned the birth of princes and princesses. The most frequently mentioned figure from this distant world in the *Gazette d'Amsterdam*'s pages was not a ruler, but the Turkish ambassador Mehmet Effendi, who visited Paris and Versailles in 1720-1721. The paper lavished so much attention on his public appearances that he overshadowed even the young Louis XV, who appeared as a secondary figure even at his own court.

Marie-Christine Skuncke's study of the Swedish press in the 1760s shows that the periodical had become an indispensable form of political action throughout the continent. The intentions of the political actors who utilised periodicals were not always revolutionary – indeed, they were often frankly conservative – but their resort to the medium of periodical publication often transformed the structures of their societies in radical and unexpected ways. As Skuncke's examination of the brief period of press freedom in Sweden from 1766 to 1772 demonstrates, Swedish political life, dominated by a long-standing rivalry between the aristocratic 'Cap' party and the royalist 'Hats', was still largely defined in traditional terms. Both of the country's factions understood, however, that periodicals could be important weapons in their struggle for power. When the 'Caps' gained the upper hand in 1766 and abolished prior censorship of political publications, they set off an explosive expansion of the country's press. By 1769, Stockholm had its first daily newspaper, eight years before Paris, and in the crisis year of 1772, there were two competing dailies representing the two rival parties. At a time when the right of the English press to print verbatim coverage of parliamentary debates was still contested, these Swedish papers regularly reported on the proceedings of the Riksdag. Whatever the intentions of their sponsors, the political papers of both factions made information about governmental affairs available to a broad audience. Journalism introduced readers to new words and concepts, changing the very way in which politics was conceptualised. By soliciting readers' contributions, periodicals encouraged this audience to not only follow public affairs but to take a role in them.

This episode of press freedom in Sweden was brief. When Gustav III defeated the 'Caps' in 1772, he reimposed authoritarian press controls. As Skuncke shows, however, the years from 1766 to 1772 were significant ones. A partisan political press whose effect was to create a public sphere open to commoners had arisen in a country not particularly known for a heritage of printed public debate, and one that lacked the British tradition of legal protection for press freedom. The dynamic potential of the periodical medium had been demonstrated even in a country that was not at the forefront of the Enlightenment movement. The Swedish experiment with press freedom was not entirely forgotten, even during the French Revolution: a week after Napoleon Bonaparte's coup of 18 brumaire, one Paris newspaper published the text of the 1766 Swedish press law in an effort to deter the new dictator from curtailing French freedom.[32] To be sure, Skuncke's study leaves some important questions open. Although periodical publication in Sweden itself had been limited up to 1766, periodicals published in other European countries, including the French-language gazettes from the Netherlands and German-language papers from Hamburg, circulated there and may have played a role in accustoming the Swedish public to the idea of political reporting. Whether Gustav III's coup really eliminated press discussion of Sweden's affairs or just forced it back into the columns of these foreign periodicals is also unclear. Skuncke's pioneering study is sufficient to demonstrate, however, the importance of integrating the press history of Europe's smaller states into our overall picture of eighteenth-century developments.

Whereas the articles by Lisboa, Mercier-Faivre and Skuncke concentrate on periodicals devoted to news and politics, the contributions of Martin Stuber and Bernadette Fort remind us of the press's important cultural role. Stuber's analysis of the correspondence the German journal editor Albrecht von Haller wrote and received in connection with his professional activities allows us to understand the relationship between this private medium of communication and the public content of the scholarly journal he edited. Its printed pages purveyed an image of the republic of letters as a community of equals united in the pursuit of truth. Haller's letters reveal a different story, one in which intellectuals were divided by ambition, jealousy, and personal rivalries, and in which the personal interests of authors, publishers, and reviewers combined to influence what was published. As editor of the *Göttingschen Gelehrten Anzeigen*, Haller conscientiously cultivated a network of correspondents that spanned the continent, and the conduct of the journal would have been impossible without this regular flow of hand-written missives. Stuber's study demonstrates the extent to which the public face of Enlightenment journalism, as the embodiment of a rational public sphere, depended on the existence of another medium of communication in which private concerns, many of them anything but rational, could find expression.

Bernadette Fort's analysis of the political elements in the art criticism published in the quasi-periodical *Mémoires secrets* demonstrates both the

32. *Diplomate*, 24 brumaire An VIII [16 November 1799].

extent and the limits of such discussion in the pre-revolutionary press, even those elements of it which were ostensibly 'underground' and supposedly uncensored. The outspoken art critic who wrote the *Mémoires secrets*'s reviews of the Salons – the public art exhibitions held in the Louvre every two years – treated representations of the king, the ministers, and other members of the French royal court as occasions for commentary that was often more political than aesthetic. His remarks frequently echoed the scurrilous *libelles* of the period, evoking the resistance to the Maupeou ministry of Louis XV's last years, the rumours of Marie Antoinette's involvement in the Diamond Necklace affair, and the opposition to the policies of Necker and Calonne. Commenting on the difficulty artists had in producing images of Louis XVI that were suitably majestic but nevertheless reflective of his unimposing personality, the *Mémoires secrets*'s critic underlined the monarch's loss of prestige. Nevertheless, the *Mémoires secrets* remained within the limits of *ancien régime* political discourse: the journal's acerbic art critic could not imagine an alternative to the absolute monarchy.

The remaining essays in this volume look at the press in the era of the French Revolution. Maria Pallares-Burke's examination of the career of Jacques-Vincent Delacroix raises the issue of the survival of one of the early eighteenth century's most durable journalistic formulas into the revolutionary era. Delacroix was one of the most indefatigable imitators of the Addison–Steele *Spectator* form of essayistic journalism: he used the term *Spectator* in the title of some fifteen different works published between 1767 and 1830. The journalist who wrote as a 'spectator' claimed to be detached from the events he described, to see beyond the surface appearances of things, and to be entitled to make moral reflections on the actions of his fellows. Delacroix himself was conscious of the fact that Addison and Steele had written in the aftermath of England's seventeenth-century revolutions, and that their journalism had helped consolidate a new social order. Neither in pre-revolutionary France nor in the atmosphere that followed 1789 could Delacroix win the acceptance that his English models had enjoyed, however. Prior to 1789, rival writers criticised him both for being insufficiently independent to play this role and for being too isolated from the society he claimed to describe. Although the revolutionaries abolished censorship and theoretically left the field open for critical journalists, they did not tolerate writers who claimed the kind of independence the *Spectator* title implied. Delacroix was imprisoned in 1793 and again after Thermidor, when he had the temerity to propose that the French people be allowed to vote on whether they wished to live in a monarchy or a republic.[33] *Spectator*-style journalism reappeared after the Revolution, in the columns of Delphine Gay, for

33. Jeremy D. Popkin, *The Right-wing press in France, 1792-1800* (Chapel Hill, NC 1980), p.127.

example, but Delacroix's experiences demonstrate the difficulty of gaining acceptance for this seemingly anodyne form of commentary in troubled political times.

The contributions of Susanne Lachenicht and Eric Négrel take us from the press of the Enlightenment to the press of the French Revolution. Lachenicht provides an overview of the German-language periodicals published in Alsace by writers who had crossed the Rhine from the Holy Roman Empire after in order to be able to realise what they saw as the implications of the German *Aufklärung*. These immigrant journalists participated in a many-sided process of cultural exchange. Their reports on French revolutionary politics transmitted subversive ideas to both the German territories that fell under French control after 1792 and to parts of German-speaking Europe that remained insulated from the Revolution. At the same time, they followed political developments in the Holy Roman Empire closely, and served as a source of information for the French public. Although there was little original about their political ideas, they helped amplify the impact of the Revolution, both in Alsace and in other German-speaking areas.

The *enragé* activist Jacques Roux, the subject of Eric Négrel's article, was one of several Parisian journalists who sought to claim the mantle of the assassinated Jean-Paul Marat in the summer of 1793, the high point of the radical sans-culotte movement. Roux, a former priest, delivered vehement sermons in print, dividing the political scene into the saved and the damned, and urging his readers to practice a popular politics of constant vigilance that would compel the deputies of the National Convention to follow the principles of the democratic constitution they had approved in June 1793 but never put into effect. Nevertheless, Négrel argues, Roux should not be seen as an insurrectionary journalist. In claiming the status of spokesman or *porte-parole* for the people, he sought to make the Convention adopt policies that would protect the citizenry, thereby making resort to insurrection unnecessary. To his surprise, however, the Montagnards used the powers conferred on them by the declaration of 'revolutionary government' to put Roux himself in prison and silence his newspaper. His populist vision of a union of people and legislature cemented by a genuinely democratic journalism proved illusory, and he committed suicide to avoid being sent before the revolutionary tribunal.

Finally, Philip Harling's study of the political rhetoric of the British Tory press from 1815 to 1832 shows that the conflicts of the revolutionary era remained alive for decades afterward, even in the press of what was supposedly Europe's most stable country. The victory at Waterloo did not end the use of the violent anti-French and anti-revolutionary language coined by Burke and others in the 1790s. Denunciations of French philosophy's atheistic tendencies and warnings of the spread of subversive French ideas among the English lower classes remained frequent, and the

Tories repeatedly called for repressive legislation to stop the circulation of radical propaganda. After a period of relative calm in the 1820s, anti-revolutionary rhetoric surfaced again at the time of the Reform Act crisis in the early 1830s. The evidence of the press, Harling argues, tells against the notion that this period was one in which Britain's ruling elites felt confident of their position, as the traditional political history of the country has usually suggested. Whether journalists simply echoed their patrons' and readers' anxieties, or whether the press itself inspired fears that might otherwise not have been so vivid remains unclear, but Harling's work demonstrates beyond question the importance of the press in perpetuating the memory of the revolutionary era long after the events themselves.

It is a long distance from the Portuguese *nouvellistes* of João Lisboa's study to the British political journalists of Harling's article. Nevertheless, these writers and their publications were both part of the development of one of the major features of European culture in the eighteenth century: the periodical press. Both understood the special attraction of this medium, with its unique relationship to current events and its unique capacity for bringing geographically dispersed readers together and forging them into 'imagined communities', in Benedict Anderson's well-known phrase.[34] In the eighteenth century and the revolutionary period, periodicals served the interests of elites and broad audiences, of the private members of civil society and of rulers, of supporters of the status quo and of dissidents. We are still far from having documented the full range of the press's functions in the long eighteenth century.

34. Benedict Anderson, *Imagined communities* (London 1991).

HANS-JÜRGEN LÜSEBRINK

Horizons médiatiques et ouvertures interculturelles dans la presse au dix-huitième siècle

i. Ancrages (inter)médiatiques et intertexuels

Les périodiques du dix-huitième siècle sont devenus, au cours des dernières décennies, un objet d'étude interdisciplinaire à part entière, et ont été explorés et analysés par des historiens de la culture, mais aussi par des littéraires, des linguistes, des spécialistes de l'histoire de l'art et des historiens du livre. Cet ancrage interdisciplinaire des périodiques, qui ont longtemps été un parent pauvre des études historiques, paraît pleinement justifié par leur facture textuelle et discursive qui associe, à travers des structures en l'occurrence spécifiques au dix-huitième siècle, textes fictionnels et non-fictionnels, informations et récits, commentaires et relations et, enfin, dans certains genres de périodiques comme les almanachs ou les journaux de mode, texte et image.

Interrogés dans la perspective d'une 'textologie historique' de la presse,[1] les périodiques du Siècle des Lumières révèlent, en effet, à la fois leur modernité et leur historicité profonde, distinguant ainsi radicalement le paysage de la presse de l'époque de celui de la presse contemporaine. Ces différences concernent des aspects matériels qui ont de plus en plus attiré l'attention des historiens du livre ces dernières années (format, qualité du papier, colonnes, rubriques, disposition typographique, etc.), à la suite notamment du travail de pionnier effectué par Stanley Morison.[2] Elles concernent également la structure textuelle impliquant des rapports spécifiques, très différents des rapports qui existent actuellement, entre presse, littérature et d'autres pratiques discursives comme la peinture, la chanson, le pamphlet politique, les occasionnels ou 'canards' (notamment sur des 'faits divers'), ou encore le livre religieux. Des écrivains comme l'abbé Prévost, Marivaux et Jacques-Pierre Brissot de Warville en France, Friedrich Schiller et Georg Forster en Allemagne, Daniel Defoe en Angleterre ou Torres Villarroel en Espagne, par exemple, furent à la fois

---

1. *Textologie du journal*, éd. Pierre Rétat, *Cahiers de textologie* 3 (Paris 1990).
2. Stanley Morison, *The English newspaper: some account of the physical development of journal printed in London between 1622 and the present day* (Cambridge 1932).

des journalistes, des fondateurs et des rédacteurs de périodiques visant un large public cultivé intéressé par la littérature, les sciences et les arts.

La Révolution américaine et la Révolution française, les deux grandes périodes de politisation de la presse au dix-huitième siècle, intensifièrent la relation entre presse périodique et discours politique tout en la déplaçant de la sphère de représentation monarchique vers un espace public de plus en plus critique et indépendant du pouvoir.[3] De nombreux journaux de la fin du dix-huitième siècle et de l'époque révolutionnaire, en France et aux Etats-Unis mais également dans de nombreux pays de l'Europe des Lumières, furent marqués par l'influence – et pratiquèrent souvent l'appropriation productive – de formes de discours politiques et judiciaires, comme les pamphlets, les mémoires judiciaires, l'Apostrophe au Roi ou les doléances. La transformation du rôle politique de la presse qui consistait, dans la *Gazette de France* par exemple, à diffuser les 'nouvelles de la cour' et une vision officielle et légitimée de la sphère du pouvoir, en une fonction foncièrement politique, paraît ainsi saisissable non seulement sur le plan des contenus et des visées idéologiques, mais aussi sur le plan des formes textuelles et discursives mises en place.

Pour leur part, les rapports et interférences entre le champ journalistique et le champ littéraire au dix-huitième siècle ont fait l'objet d'une attention croissante au sein de la recherche au cours des dernières décennies. Ces interférences se reflètent d'abord dans l'importance du littéraire au sein des périodiques, puis dans le recours à certains registres rhétoriques et, enfin, dans la dimension fictionnelle du discours journalistique lui-même qui renvoie à des homologies structurelles entre genres journalistiques et genres littéraires, en particulier dans les formes narratives et dialoguées. La présence de la littérature dans la presse au dix-huitième siècle est essentiellement cantonnée aux formes littéraires brèves (poésies, anecdotes, fables, sentences, maximes), l'introduction du roman-feuilleton survenant seulement au milieu du dix-neuvième siècle: il s'agit donc de formes de littérature 'recyclables' et utilisables dans la conversation – celle des salons ou celle des formes de sociabilités quotidiennes et populaires – ou mémorisables comme maximes morales de conduite.[4]

La contribution d'Anne-Marie Mercier-Faivre au présent volume montre, pour sa part, à côté de cette fonction 'anthropologique' de la littérature dans la presse périodique, et en particulier dans les almanachs, un second type d'ancrage entre discours littéraire et

---

3. Voir, sur ces catégories, l'ouvrage pionnier de Jürgen Habermas, *Strukturwandel der Öffentlichkeit: Untersuchungen zu einer Kategorie der bürgerlichen Gesellschaft* (Neuwied 1962) qui accorde une large place à la presse des dix-huitième et dix-neuvième siècles.

4. Voir, sur la fonction des formes littéraires brèves dans les almanachs populaires, Hans-Jürgen Lüsebrink, 'La littérature des almanachs: réflexions sur l'anthropologie du fait littéraire', dans *Etudes françaises* 36, n° spécial, *Presse et littérature*, éd. Micheline Cambron et Hans-Jürgen Lüsebrink (juillet 2000), p. 47-64.

journalistique. A partir de l'exemple des représentations du despotisme oriental dans la *Gazette d'Amsterdam* et dans les *Lettres Persanes* de Montesquieu, elle étudie, en effet, les nombreuses correspondances entre discours journalistique et discours littéraire, qui partagent une même vision d'un 'Orient fantasmé'. En analysant les récits parus dans la *Gazette d'Amsterdam* pendant les années 1720 et 1721, sur le séjour en France du plénipotentiaire persan Mehemet Effendi, les gazetiers accordent, comme Montesquieu le fait dans ses *Lettres persanes*, une attention toute particulière aux faits et gestes du visiteur oriental. Des études comme celle d'A.-M. Mercier-Faivre rapprochent ainsi, sous de nombreux points de vue, textes littéraires et presse périodique qui, à première vue, eurent tendance à diverger progressivement, sur le plan formel et sur le plan matériel, dès le dix-septième siècle.[5] Anecdotes, récits, dialogues, fables et chansons occupèrent également une place importante dans les journaux d'information générale du dix-huitième siècle comme la *Chronique de Paris* ou le *Deutscher Merkur*, et participèrent aussi, de manière directe ou indirecte, à la construction médiatique des réalités politiques et sociales de l'époque. Le même phénomène se retrouve dans des périodiques 'populaires' de large diffusion, notamment dans les almanachs populaires, où fiction et non-fiction sont souvent inextricablement liées. Des représentations de faits divers comme les récits concernant des crimes ou des animaux monstrueux (tels la 'Bête du Gévaudan' et d'autres monstres 'exotiques') furent, en effet, aussi bien puisées par les 'faiseurs d'almanachs' dans les gazettes et occasionnels de l'époque que dans des recueils littéraires comme ceux des *Mille et Une Nuits*, sans que les différences au niveau du discours ou de la rhétorique soient vraiment significatives.[6]

Les rapports entre littérature et presse peuvent, enfin, être vus, comme le suggère Bernard Andrès, sur le plan du 'fantasme' et de l'imaginaire nouveau de l'écrivain qui caractérisent la littérature du dix-huitième siècle. Conscient de l'importance du rôle socio-politique de la presse et de la littérature, vecteurs du progrès des connaissances et de l'avancement des Lumières, l'écrivain-journaliste du dix-huitième siècle aurait ainsi défini son nouveau rôle à travers un rapport critique au pouvoir politique, une nouvelle relation de dialogue et de connivence avec le lecteur et une conviction profonde de la puissance de l'impact social et politique de la parole imprimée. Ainsi, dans son étude sur l'émergence du champ littéraire et journalistique, à partir des premiers écrivains et journalistes comme Fleury Mesplet, élève de Benjamin Franklin, au Canada au dix-huitième siècle, Bernard Andrès constate: 'Dans leur désir effréné de *jouer la littérature*, les plus audacieux iront

5. P. Rétat (éd.), *Textologie*, p.3; S. Morison, *English newspaper*.
6. Voir à ce sujet les contributions de Hans-Jürgen Lüsebrink, Jean-Yves Mollier et Susanne Greilich, dans *Presse et événement: journaux, gazettes, almanachs (XVIIIᵉ-XIXᵉ siècles)*, actes du colloque international 'La perception de l'événement dans la presse de langue allemande et française', Université de la Sarre, 12-14 mars 1998 (Berne, Francfort 2000).

même jusqu'à l'épreuve qualifiante de l'emprisonnement politique et brandiront l'image d'une *Bastille Septentrionale* (1791).[7] Une figure symptomatique au sein du champ journalistique en Europe à la fin du dix-huitième siècle comme Louis-François Métra, imprimeur, journaliste, rédacteur et éditeur notamment de la *Correspondance littéraire secrète* et du *Nouvelliste politique*, ayant exercé d'abord près de Cologne puis à Neuwied en Rhénanie, se considéra lui-même également comme un porte-parole de l'humanité et de la vérité, comme un 'historien' du temps présent et en même temps un 'chymiste', s'appropriant, en les transformant, des discours sociaux d'horizons divers: 'Comme un chymiste habile qui de la combinaison des plus viles matières, tire une liqueur précieuse, il [le rédacteur] doit du mélange informe de bruits populaires et de faits souvent altérés extraire les couleurs avec lesquelles il formera un tableau fidèle des événements récents.'[8]

A une époque où les médias de communication orale et manuscrite jouaient encore un rôle important au sein de l'espace public, la presse montra également une large perméabilité, encore relativement peu étudiée, face au domaine des lettres et correspondances manuscrites[9] et face aux rumeurs, mots d'ordre et formes de communication et d'information orale présents sur la place publique. Des études récentes comme celle de Christine Vogel sur les *Père Duchesne* de l'époque révolutionnaire mettent en lumière les modes d'appropriation de la culture populaire inhérents à cette période, à partir d'une analyse fine des genres et formes rhétoriques intégrés dans les journaux de ce type. Ces modes caractérisent l'ensemble des périodiques visant un plus large public de lecteurs: on peut citer l'introduction d'un personnage populaire de narrateur, comme l'artisan Duchesne, servant à la fois de guide et de commentateur à travers le récit des événements et de figure d'identification, ou encore comme le *Messager Boiteux*, le *Mathieu Laensberg* ou le *Père Gérard*, figures emblématiques des almanachs populaires du même nom des dix-septième et dix-huitième siècles.[10] Les ancrages de journaux, comme les almanachs populaires des dix-septième et dix-huitième siècle ou

7. Bernard Andrès, 'Le fantasme du champ littéraire dans *La Gazette de Montréal* (1778-1779)', dans *Presse et littérature*, éd. M. Cambron et H.-J. Lüsebrink, p.9-26.

8. Louis-François Métra, 'Prospectus pour l'année 1781', dans *Nouvelliste politique d'Allemagne*, 1781, p.1; cité d'après Karin Angelike, *Louis-François Métra: ein französischer Zeitungsverleger in Köln (1770-1780)* (Cologne, Weimar, Vienne 2002), p.285.

9. Voir également sur ce point l'étude de Françoise Waquet, 'De la lettre érudite au périodique savant: les faux semblants d'une mutation intellectuelle', *Dix-septième Siècle* 35 (1983), p.347-359.

10. Christine Vogel, 'Die Pariser *Père Duchesne*-Zeitungen (1789-1794): Inszenierungen und Diskursstrategien einer plebejischen Revolutionspresse', *Jahrbuch für Kommunikationsgeschichte* 3 (2001), p.90-117, en particulier p.94-101; Hans-Jürgen Lüsebrink, 'Du "Messager Boiteux" au "Père Gérard": les figures de narrateurs populaires dans les almanachs, XVIIIe-XIXe siècles (texte et iconographie)', dans *De l'écrit à l'écran: littératures populaires. Mutations génériques, mutations médiatiques*, éd. Jacques Migozzi (Limoges 2000), p.53-71.

les *Père Duchêne* de l'époque révolutionnaire, au sein de la culture populaire sont attestés également dans le recours à un langage populaire, aux proverbes et aux jurons dans le discours du narrateur-commentateur, par exemple, dans l'utilisation de gravures sur bois proches, dans leur facture, des 'occasionnels' de l'époque, ainsi que dans l'intégration de formes de communication orale (dialogues, mots d'ordre, rumeurs).

L'étude de Martin Stuber dans le présent volume montre, à partir de la double analyse de la vaste correspondance du savant suisse Albrecht von Haller et de sa collaboration au périodique *Göttingische Gelehrte Anzeigen*, les interdépendances complexes entre les deux genres ou médias. Les réseaux de correspondants servirent, en effet, à la fois de support, de relais et de champ de résonance aux articles et comptes rendus publiés par Haller dans la presse périodique de l'époque. Les réseaux de sociabilité savants qui englobaient, dans son cas, l'ensemble de l'espace géographique de l'Europe des Lumières, ouvrirent ainsi un forum de débat, de controverses, mais aussi d'appuis collégiaux et de connivences réciproques. Les contributions de J. L. Lisboa et d'Eric Négrel au présent volume évoquent dans cette perspective, pour leur part à partir d'exemples français et portugais, la perméabilité de la presse du dix-huitième siècle à l'égard de la communication orale, telles les protestations populaires contre des taxes sur les marchés de Lisbonne, reprises dans la *Gazeta em forma de carta* à Lisbonne, ou tels les mots d'ordre de manifestations sans-culottes cités et adaptés par Jacques Roux dans son périodique, *Le Publiciste de la République Française*. Constituant, tout au moins en Europe Occidentale, la dernière époque où les formes de communication orale et manuscrite jouèrent un rôle important, voire un rôle de tout premier plan, comme médias de communication,[11] le dix-huitième siècle sut ainsi les intégrer, de manière complexe et encore peu étudiée dans le détail, dans ce monde en plein essor que fut celui du périodique imprimé au dix-huitième siècle.

La contribution au présent volume d'Eric Négrel sur la figure du journaliste-orateur, analysée à partir du journal *Le Publiciste de la République Française*, renvoie pour sa part également aux enjeux rhétoriques de la presse au dix-huitième siècle, et notamment à l'époque révolutionnaire. Des formes rhétoriques comme l'appel au peuple, la profession de foi, la justification, la dénonciation, la harangue et l'invocation d'un discours de la vérité, caractéristiques surtout des genres pamphlétaires de l'époque, mais aussi de certaines formes de la communication orale, se trouvent transposées dans le champ de la production journalistique. On peut y observer une grande perméabilité, symptomatique de l'époque révolutionnaire et, en amorce, déjà des années 1770 et 1780, entre le discours journalistique et de nouvelles

---

11. Brigitte Schlieben-Lange, *Traditionen des Sprechens: Elemente einer pragmatischen Sprach-geschichtsschreibung* (Stuttgart, Mayence 1983).

formes de rhétorique politique, souvent transposées du discours judiciaire.[12] Ces dernières témoignent de la transformation des fonctions de la presse à la fin du dix-huitième siècle et des processus de politisation qui l'accompagnent, aboutissant, comme le montre E. Négrel, à l'instauration d'un 'espace rhétorique' susceptible de soutenir des actions politiques, comme celles du sans-culotte radical Jacques Roux.

ii. Ouvertures interculturelles

La presse du dix-huitième siècle – le présent volume en témoigne – est loin de se limiter aux cultures française et anglaise qui ont pourtant été largement privilégiées au sein de la recherche dix-huitièmiste. Si l'espace géographique de l'Europe des Lumières s'étendit bien, comme le montre de manière paradigmatique le réseau des correspondants du savant suisse Albrecht von Haller, de Madrid ou de Londres jusqu'à Saint-Petersbourg en Russie, et de Göteborg en Suède jusqu'à Naples, il trouva son ancrage médiatique dans un paysage journalistique au moins de même dimension, souvent encore peu exploré en ce qui concerne ses marges et ses contours, en dehors des grands centres culturels. Par exemple, en 1750, l'Allemagne comptait quelque quatre-vingt-dix périodiques différents atteignant environ 250.000 lecteurs au total, une diversité de la presse qui dépassait celle de tous les autres pays d'Europe à cette époque. La Révolution Française vit le nombre de périodiques exploser partout en Europe. En Allemagne, il y eut alors de 170 à 200 journaux, une évolution parallèle à celle d'autres pays européens à l'époque, comme la Suisse, la Suède et l'Italie. Pendant la seconde moitié du dix-huitième siècle, les périodiques devinrent ainsi dans la plupart des pays d'Europe, pour la première fois depuis l'invention de l'imprimerie par Gutenberg au milieu du quinzième siècle, l'imprimé le plus largement diffusé, avant la Bible et d'autres écrits religieux.[13] Pour des raisons de censure, qui empêchèrent l'épanouissement de la presse française à Paris, du dix-huitième siècle jusqu'à la Révolution, la capitale européenne de la presse ne fut pas, si l'on prend en considération le nombre et la diversité des périodiques publiés, la capitale de la France, mais Londres où parurent pas moins de dix-sept périodiques, dont cinq quotidiens, dans les années 1770.[14]

12. Voir, sur cette problématique des formes d'énonciation d'un nouveau discours radicalement critique et subversif, les analyses et réflexions de Reinhart Koselleck, *Kritik und Krise: zur Pathogenese der bürgerlichen Gesellschaft* (Francfort-sur-le-Main 1973); trad. française, *Le Règne de la critique* (Paris 1983).

13. Voir sur ce point Margot Lindemann, 'Deutsche Presse bis 1815: Geschichte der deutschen Presse', dans *Abhandlungen und Materialien zur Publizistik* 5 (Berlin 1969); Martin Welke, 'Zeitung und Öffentlichkeit im 18. Jahrhundert: Betrachtungen zur Reichweite und Funktion der periodischen deutschen Tagespublizistik', dans *Presse und Geschichte: Beiträge zur historischen Kommunikationsforschung*, Studien zur Publizistik 23 (Munich 1977), p.71-99.

14. Jeremy Black, *The English press in the eighteenth century* (Londres 1987).

L'espace géographique de la presse des Lumières ne se limita toutefois pas au seul continent européen mais s'étendit aussi outre-mer, suite à la colonisation des Amériques. Une presse importante, servant de support à la diffusion des Lumières, vit ainsi le jour en Nouvelle-Angleterre à partir de la fin du dix-septième siècle, au Canada à partir de 1764, avec la *Gazette de Québec* fondée par Gilmore et Brown et la *Gazette de Montréal* publiée à partir de 1778 par un élève de Benjamin Franklin, Fleury Mesplet.[15] En Amérique Latine, la *Gaceta de México y Nueva España* parut en 1722 et fut suivie notamment par la *Gaceta de Guatemala* (1729-1814), la *Gaceta de La Habana* (1764-1783), la *Gaceta de Literatura de México* (1789-1792) et le *Mercurio Peruano* (1790-1795). Ce dernier eut pour modèle le *Mercure historique et politique* de La Haye, qui fut d'abord adapté et partiellement traduit en Espagne, où il parut sous le nom de *Mercurio histórico et político* de 1737 à 1783.[16]

Au sein de cette presse des Lumières née dans l'espace colonial d'outre-mer, qui allait d'abord en Nouvelle-Angleterre puis à partir des années 1819-1821 en Amérique, rompre le cordon ombilical politique qui la reliait à la métropole, on peut observer des processus à la fois d'*imitation* de modèles éditoriaux européens (notamment français, anglais et allemands) et d'*autonomisation* culturelle et politique. Ceux-ci sont susceptibles d'être saisis en détail par exemple à travers l'analyse d'almanachs populaires tels que le *Neuschottische Calender* publié en langue allemande à Halifax, en Nouvelle-Ecosse, à partir de 1788. Ce dernier fut, en effet, calqué quant à sa forme matérielle (format in-4, qualité du papier, disposition typographique, contenu thématique) sur les almanachs populaires allemands des dix-septième et dix-huitième siècles, comme les *Hinkende Boten* qui servirent également de modèle à de nombreux calendriers germano-américains publiés notamment en Pennsylvanie. Cherchant à remplacer auprès du lectorat germanophone de Nouvelle-Ecosse les almanachs de langue allemande de Pennsylvanie qui avaient jusque-là couvert le marché,[17] le rédacteur du *Neuschottischer Calender* avait aussi pour intention d'ancrer le contenu de son périodique plus largement dans la réalité quotidienne de ses lecteurs, non seulement dans les domaines de la météorologie et de la géographie, mais aussi sur les plans culturel, politique et administratif. On y trouve ainsi, à côté d'informations sur les saignées, les maladies du bétail et les moyens de les soigner, des anecdotes et des chansons en langue allemande que l'on retrouve à l'identique dans d'autres almanachs populaires allemands de l'époque, des indications sur les tribunaux et les administrations de

---

15. Voir sur ce point l'article de B. Andrès, 'Fantasme du champ littéraire', p.10-11.

16. Ce périodique avait pour titre complet: *Mercurio histórico y político, en que se contiene el estado presente de la Europa, traducido del f[r]rancés al castellano del 'Mercurio de La Haya' por M. le Margne*. Il prit en 1784 le nom de *Mercurio de España*.

17. Voir 'Vorerinnerung', préface de *Der Neuschottländische Calender: auf das Jahr Christi 1788* (Halifax 1787), p.2.

Nouvelle-Ecosse[18] et sur l'histoire du Canada, des informations sur les marées dans la région, sur les distances entre les villes de la côte atlantique ainsi que sur les particularités du port d'Halifax. Dans l'édition de 1788, on trouve aussi un long récit romancé s'étalant sur plusieurs pages qui se rapporte directement à la réalité historique du Canada français, en l'occurrence aux guerres entre Français et Indiens iroquois et hurons ('Azakia, eine kanadische Erzählung'[19]).

Les exemples évoqués de périodiques péruviens et canadiens du dix-huitième siècle, représentant des formes de réception productive de modèle éditoriaux de la presse européenne dans l'espace colonial, renvoient à la problématique plus générale des *transferts culturels* qui est l'une des caractéristiques majeures de la dynamique de production de la presse des Lumières sur le plan international. Ils montrent en particulier le rôle prédominant joué dans l'espace culturel des Lumières, en Europe et outre-mer, par la presse anglaise et la presse française. Les exemples, encore relativement peu explorés par la recherche dix-huitièmiste, abondent et concernent toutes les aires culturelles. On peut citer les nombreuses imitations et adaptations productives du *Spectator* d'Addison et Steele dans l'Europe des Lumières auxquelles la contribution au présent volume de M. G. Pallares-Burke fait référence: *Le Spectateur* en France, *Der Beobachter* en Allemagne, mais aussi *El Espectador* en Espagne notamment. On peut encore citer la réception productive des modèles de la 'gazette' et du 'mercure', les reprises coloniales de modèles d'almanachs populaires, d'origines française, suisse et allemande – les *Hinkende Boten / Messager Boiteux* et les *Mathieu Laensbergh* par exemple – en Italie et outre-mer, en particulier en Nouvelle Angleterre. On peut mentionner encore l'appropriation du genre éditorial de l'*Almanach des Muses*, créé en 1764 pour un public cultivé et passionné de poésie, en Allemagne (avec le *Musenalmanach* de Friedrich Schiller), mais aussi au Canada où un *Almanach des Muses* s'inspirant de ces modèles européens parut en 1807.[20]

La presse francophone hors de France, sous ses différentes formes parmi lesquelles les 'gazettes européennes' comme la *Gazette de Leyde* ou la *Gazette de Cologne* occupèrent un rôle de premier plan, représente un paradigme à la fois significatif et encore peu étudié dans l'ensemble de la presse au dix-huitième siècle. Son existence est due à la diffusion de la langue française comme langue de communication privilégiée des élites intellectuelles et politiques dans l'Europe des Lumières, et à la censure rigoureuse et centralisée exercée en France contre les organes de presse qui incita de

---

18. 'Die Provinz Nova-Scotia: oder Neuschottland', dans *Der Neuschottländische Calender 1788*, p.7-9.

19. *Der Neuschottländische Calender 1788*, p.[20-32].

20. Voir Jean-Pierre Clément, *Mercurio Peruano*, 53, 64; Hans-Jürgen Lüsebrink, 'Der *Almanach des Muses* und die französische Almanachkultur des 18. Jahrhunderts', dans *Literarische Leitmedien: Almanach und Taschenbuch im kulturwissenschaftlichen Kontext*, éd. Paul Gerhard Klussmann et York-Gothart Mix (Wiesbaden 1998), p.3-15.

nombreux journalistes et éditeurs à s'installer hors des frontières françaises. La moitié seulement des quelque 1267 titres de périodiques en langue française des dix-septième et dix-huitième siècles qu'inventorie le *Dictionnaire des journaux (1600-1789)*[21] fut, en effet, publiée en France. Pendant les années 1730, dix-neuf périodiques furent publiés en France même, tandis qu'il en paraissait soixante-cinq en dehors de l'Hexagone. Cinquante ans plus tard, au cours des années 1780, la constellation n'avait pas changé fondamentalement: le public français pouvait disposer de soixante-treize organes de presse publiés en France, un chiffre encore relativement modeste par rapport aux 167 périodiques de langue française édités en dehors de ses frontières. Parmi les territoires hors de France publiant un nombre important de périodiques en langue française, la Hollande arrive en tête avec 182 titres, suivie par les principautés allemandes (soixante-dix-sept titres) et la Suisse (soixante-neuf titres) où Genève, Lausanne et Neuchâtel constituèrent les lieux d'édition les plus importants.[22] Si le dix-septième siècle vit les premières créations de journaux francophones dans le Saint-Empire germanique, le dix-huitième siècle, et surtout sa seconde moitié, fut caractérisé par une vague importante de fondations de journaux, notamment dans les territoires allemands limitrophes de la France, à Mannheim, Neuwied, Deux-Ponts et Cologne, mais aussi à Hambourg, Berlin, Vienne et Gotha. Dans l'ensemble, environ 12 pour cent des périodiques publiés en Allemagne au dix-huitième siècle parurent en langue française. Dans certains territoires rhénans, comme le Palatinat ou la principauté électorale de Cologne, cette proportion atteignit même entre un tiers et un quart de la production totale.[23] Les périodiques en langue française, au contenu plus international que celui de la presse de langue allemande, et auxquels s'ajoutaient les livres français publiés en Allemagne, notamment des livres censurés en France, occupaient une fonction de complémentarité par rapport à la production en langue allemande, dont les contours thématiques précis restent toutefois largement inexplorés par la recherche.[24]

Le cas de la carrière de Louis-François Métra (1738-1804), éditeur notamment de la *Correspondance littéraire secrète*, analysée dans l'étude récente de Karin Angelike, permet de saisir de manière exemplaire les enjeux de cette presse francophone au dix-huitième siècle et le contexte socio-politique de son émergence et de sa diffusion. Métra, fils de commerçant, commença sa carrière comme agent de commerce, entre autres pour le compte du roi de Prusse et la *Société typographique de Neuchâtel*, avant de se lancer dans l'édition d'une gazette et la production ainsi que

---

21. *Dictionnaire des journaux (1600-1789)*, éd. Jean Sgard, 2 vols (Oxford, Paris 1989).
22. Voir Sgard, ainsi que Angelike, *Métra*, p.4-5; Henri-Jean Martin et Roger Chartier, *Histoire de l'édition française*, t.iii, *Le livre triomphant, 1660-1830* (Paris 1984), p.302-359.
23. Voir Angelike, *Métra*, p.7.
24. Voir Angelike, *Métra*, p.346-365.

la diffusion de nouvelles manuscrites. Etabli tout d'abord près de Cologne, entre 1772 et 1784, il poursuivit sa carrière à Neuwied, entre 1784 et 1794, où il fonda une maison typographique, publiant la *Correspondance littéraire secrète* et le *Nouvelliste politique d'Allemagne*. Il diffusa aussi un grand nombre de livres clandestins, en provenance notamment de la *Société Typographique de Neuchâtel*. Contraint par l'avancée de l'armée française de déménager à Leipzig et ensuite à Berlin, il ne réussit pas, en raison du renforcement des mesures de censure dans les principautés allemandes, à s'établir de nouveau comme éditeur et rédacteur de journaux et il termina sa carrière comme marchand d'objets d'art à Berlin.

Le cas de Métra paraît, à plusieurs égards, paradigmatique de la dimension transculturelle de la presse du dix-huitième siècle: d'une part, il témoigne de l'importance de la presse francophone hors des frontières françaises, basée sur des maisons d'édition spécialisées et un important commerce de livres en langue française, qui caractérise l'Europe des Lumières et qui trouvera sa fin avec l'expansion révolutionnaire et napoléonienne et avec les réactions de résistance nationaliste et les réactions de refus de la langue française que celle-ci entraîna. D'autre part, il montre l'étroite liaison entre commerce et Lumières, profit et diffusion des connaissances. Enfin, l'œuvre de Métra, caractéristique d'un nouveau discours de la presse, mais née d'abord d'une volonté de réussir et de gagner de l'argent dans un marché en pleine expansion au dix-huitième siècle, celui de la presse et du livre clandestin, donne à lire un nouveau rapport au pouvoir, critique et distancié, une perception neuve des lecteurs comme citoyens composant une 'opinion publique' et elle témoigne d'une ouverture, nouvelle et large, sur le plan international. A la fois parfaitement intégré, étant membre de plusieurs académies et loges maçonniques, et comptant parmi ses amis des personnalités haut placées des deux côtés du Rhin, Métra représente le modèle même du journaliste et éditeur ayant réussi son ascension dans le cadre de la République des Lettres, tout en anticipant un nouveau type de commerçant au sein du monde du livre et de l'imprimé. On ne perçoit ces nouvelles dimensions de la presse du dix-huitième siècle et leurs spécificités qu'à travers un regard comparatiste, dépassant à la fois les limites chronologiques du dix-huitième siècle et celles des frontières culturelles et linguistiques. Cette mise en perspective comparatiste, encore trop peu pratiquée, permet de mettre systématiquement en relation les contenus et les formes d'énonciation de la presse allemande et des gazettes françaises de la même époque, par exemple, révélant ainsi l'éclatante différence qui sépare, sur les plans quantitatif et discursif, un périodique comme les *Nouvelles politiques d'Allemagne* et le *Kölnischer eilfertiger Welt- und Staatsboth*, tous deux édités dans la région de Cologne dans les années 1780.[25]

25. Voir l'analyse comparative de K. Angelike, *Métra*, p.388-398.

Les dernières décennies du dix-huitième siècle, en particulier la période s'étendant de 1770 à 1792, virent ainsi la naissance d'un espace d'information et de communication européen et transculturel qui dépassait largement les frontières européennes. Les études récentes et les contributions au présent volume en ont fait ressortir la modernité et en même temps la spécificité historique, sur le plan de l'intensité des réseaux transnationaux et transculturels de communications, des registres rhétoriques employés, des dispositifs formels mis en place et des nouveaux rapports entre journalistes et public impliquant un lectorat critique et éclairé.

II

Political culture
and the communications media

Culture politique
et médias de communication

JOÃO LUÍS LISBOA

News and newsletters in Portugal
(1703-1754)

As has been well established, not only is there no antagonistic opposition between scribal and printed culture, but we must also see the manuscript world as one differentiated within itself. Even the narrow universe of the news was still a field of complexity. The news leaflet, news-sheet or newsletter was certainly less prestigious than the manuscripts produced by the 'scriptoria', but neither was it a conservative medium nor only a clandestine form of news.

Scribal publication satisfied a wide range of needs, some of which were relatively recent in eighteenth-century Portugal, such as the need to receive news of what was happening in distant towns on a regular basis, particularly news of war. Other needs were very ancient, like the appetite for criticism or playful short social narratives. The circulation of different sorts of manuscripts, shown by the relatively large number of copies that still exist in libraries and archives, filled several roles. At the beginning of the century they took the role of the momentarily absent press. Even after printed news-sheets appeared, the manuscript sheets allowed discussion of subjects which were deemed inappropriate for it, or comments judged unsuitable for publication. They were still the best way to reach certain audiences.

This article aims to identify and distinguish the manuscript newsletters produced in Portugal and to describe briefly some examples of two of the scribal news types that have the closest relationship with the printed *gazette*. It also discusses the relationship between these different genres of news-sheet and between scribal and print news during the first half of the eighteenth century in Portugal.

Four types of scribal news-sheets can be distinguished in this period:

1. The occasional sheet, containing the description of an event, commenting on some political decision or the behaviour of a member of society, or reproducing an allegedly genuine document;
2. The individual letter, written not in personal terms, but referring to some interesting information about political, social, military or cultural life in a specific place;
3. The collection of news compiled on a regular basis, corresponding to what Harold Love has called a 'user publication';[1]

---

1. Harold Love, *Scribal publications in seventeenth-century England* (Oxford 1993).

4. The newsletter, the content of which may seem similar to the previous type, corresponding to what the same author has called an 'entrepreneurial publication'.

As will be shown, all these types of scribal news have different purposes, different means of circulation, and a different relationship to the print press.

The first type has the two main distinguishing features of scribal news. In terms of subject, these sheets have the really alternative, clandestine narratives, but they appear irregularly, depending on the occurrence of newsworthy events. It was only through such sporadic publications that readers were able to follow the gossip surrounding the building of the Mafra Monastery from 1720 to 1732, the scandal about the luxury of the project and the fact that many people worked on it in conditions of misery or even forced labour. These publications revealed the masons' strike as the building was being finished, as well as the more general criticism against the despotic will of the king, who was described as a thief. A large number of pamphlets spread the conversations of small groups. Foreign visitors recorded these complaints in their travel journals. The French naturalist Charles de Merveilleux, who stayed in Lisbon several times between 1722 and 1726, made reference to the gossip opposing the building of the monastery in his book published in Amsterdam in 1738.[2]

The controversy over the monastery was an exception, as generally these pamphlets were aimed at particular figures, or social situations that had no relations to the Crown. But even some of these occasional leaflets could have a strong impact. The mockery after 1728 of the aspirations of the papal nuncio Bichi to become a cardinal also affected the Portuguese king, who supported Bichi's position in Rome. Other subjects were taken up in occasional scribal publications, some of which were innocuous, concerning curiosities, reproducing official documents or letters, or telling interesting stories. These were the kind of subjects also treated in periodicals and in occasional prints. But what is specific to these manuscript publications is the fact that the interest in the story itself determines the timing and format of the news-sheet.

In contrast, periodicity is characteristic of both user news publications and newsletters produced by enterprises. And even private letters frequently had a different relationship with time, as many correspondents observed a periodical routine. They would normally choose the same day of each week to write to those who were in contact with them, a pattern determined by the periodicity of the mail rather than the volume of gossip. Private letters pose fewer problems as far as form and content are concerned. Let us therefore turn to the other two forms of scribal news.

2. Charles Frédéric de Merveilleux, 'Memórias instrutivas sobre Portugal', in *O Portugal de D. João V visto por três forasteiros*, ed. and trans. Castelo Branco Chaves (Lisbon 1984), p.129-257.

'User publications' are a form that has frequently been discussed from perspectives that fail to consider their functions. One example is the *Gazeta em forma de carta* (*Gazette in letter form*). Often it was put together with titles that had a wide diffusion as if it were a copy of a large, subsequently lost, edition. If there were no other copies, it was not classified as a 'real' newspaper. There are several examples of such publications during the first half of the century. The *Gazeta em forma de carta* itself was produced by the future Academy member José Soares da Silva from 1703 to 1716,[3] and includes information from 1701 onwards. Another series, called the *Várias notícias de casos*, written by Salvador António Ferreira between 1709 and 1719, contained news going back to 1705, and was later revived by another author in 1782 and 1785. Other examples would include the *Notícias de Portugal* and *Notícias annuaes 1740 até 1749*, journals produced by Luís José de Figueiredo in 1749. In all these cases someone took care to record events on a regular periodical basis. These are clearly not intimate, personal journals (a genre that was not developed in Portugal at this time): the subjects are not at all personal, but deal with war, politics, society, and curiosities of the time, news that the author could glean from conversation and what he learned from publications from abroad or from other towns in Portugal. This was the kind of news that someone living in Lisbon would receive every time a boat docked, or every time he received mail from the provinces.

These news-sheets all reproduce the structure of a regular newspaper. Each has a title and sections, and the articles follow a certain pattern. In all the above cases, the retrospective records are presented in a different format from current news: in 1703, José Soares da Silva included references to the two previous years; Salvador António Ferreira began his paper with an account of the four previous years; Luís José de Figueiredo wrote a separate journal to register the ten years before the beginning of his own periodical record. Then they started writing down the relevant events of their time. José Soares da Silva and Salvador António Ferreira did so for more than ten years, while Luís José de Figueiredo apparently only did so in 1749.

The question here is not whether anyone else had access to those records. Close circles of relatives and friends probably read these publications, although there is no clear evidence for this. But even if no one other than the writer had these publications in his hands, they still are interesting as news publications. They must then be taken as the result of the spread of news reading. They should not be seen as useless exercises. None of the records of these publications is the result of its writer's work as a reporter (whom no one will read): they document instead the practices of a reader, or a listener. This is exactly what happened in the case of

3. He changed its title to *Carta em forma de gazeta escrita em Lisboa* (*Letter in gazette form written in Lisbon*) in 1704.

many other documents copied by someone who wanted to keep a record of something that for some reason was important at a particular time.

There are many such collections of manuscripts. For instance, there are large collections about the so-called 'sigillist' debate of 1746-1748, or collections of texts produced after the Lisbon earthquake of 1755, with the same texts copied by several different hands. While not every copy would circulate, the story did. The same happened with these news publications: they correspond to a 'real' circulation of news, and furthermore, they are the expression of how people understood the structure of a news publication.

Salvador António Ferreira kept his publication going for a long period. Between 1709 and 1719 the ink, the handwriting, and the way the news is developed changed over time. Through that period, the writer reflected the network of correspondents he was connected with. The records of the *Gazeta em forma de carta* do not follow always the same periodicity, but it is clear that there are regular units of time between each record. The basic unit was one week, although the gap between the records was often a fortnight. And the title of the publication reflects its frame of reference. It is conceived both as a gazette and as a letter, and the change of the title from *Gazeta em forma de carta* to *Carta em forma de gazeta* reflects the author's dilemma about the nature of the records. In fact, it is neither a gazette in the form of the old seventeenth-century Portuguese gazettes, nor a true letter with a specific addressee. However, its conception corresponds to both frames of reference, treating subjects usually found in gazettes in the personal voice of someone who reports the news regularly, as correspondents should do, and with the persistence and the care of a good news writer.

There is, however, something that brings these manuscripts closer to the letter form than to that of the gazette, which increases the interest of these publications. A printed gazette would never describe riots or signs of social tension directed against the Portuguese authorities. José Soares da Silva and Salvador António Ferreira, however, both record voices of dissatisfaction on specific issues: they registered events that everyone would have talked about at the time, such as the protests of people at the Lisbon market as the queen was passing,[4] or the rising of the people of Alcanena against a tax that made them imprison the local authorities for some time,[5] among others. They were certainly not the vehicles of criticism, as some of the pamphlets mentioned before could be; they simply recorded the existence of such voices – but this is still more than an official or legal publication could ever do.

Entrepreneurial publications have a different approach to the news. Like the printed gazette, they do not reproduce voices raised against the

---

4. See Salvador Ferreira, *Várias notícias de casos*, 1709.
5. See Soares da Silva, *Carta em forma de gazeta escrita em Lisboa*, 1710.

authorities, but unlike the gazette they do focus much of their attention on crimes and on social life and disputes of noblemen. Thus, there is also an expression of trouble, of the fragile internal situation, not found in the gazette. There is an obvious complementarity between the press and the scribal news in terms of their subjects. Apart from the question of what may be said in each article, there is a completely different balance between articles. The gazette was dedicated mostly to what was happening in other countries and the article under the heading 'Portugal' would not take up more than 10 per cent of each paper.

The converse is true as regards scribal news where a large amount of what was written concerned events in Portugal. In the newsletters, the gazette's structure of articles according to countries becomes typically a structure according to provinces, following a general article on world affairs. Nevertheless, some have a different organisation, starting with the most important news and then presenting the rest of the information according to the days of the week.[6]

Moreover, in both cases news of Portuguese origin dominates. One of the subjects that we may follow in these newsletters is the court and its sensitivity. The disputes between families may be very meaningful, especially if we distinguish versions and sides. Newsletters also report events where power is on display (weddings, funerals, and parties, for instance) as well as issues of protocol and convenience in many seemingly insignificant situations. How should a count address the nuncio? How should he respond? May we know about the more amusing episodes of noble disputes? Not only do the newsletters give us this kind of information, inappropriate for an official paper, but we may also understand the relationship and complicity of each newsletter with regard to the most important families of the court. This does not necessarily mean that the news writer is the agent of a certain family, but that he obtained his information from certain sources, and not from others, something relevant as far as the power structure of the court is concerned.

The examples of entrepreneurial publication during this period carry several titles from 1729 to 1754. However, only two big enterprises may be distinguished. In spite of the fact that there is a short period when there are three publications at the same time (1740), we may consider that the most important one ran from 1729 to 1754, from Santarém, a town 60 km from Lisbon. The editors were Luís Montez Mattoso and Rodrigo Pereira de Faria. From 1729 to 1740 they published a newsletter called *Diário*, or *Diário de Lisboa*, or *Diário de Lisboa occidental* or, from 1735, simply *Lisboa* or *Lisboa occidental*, with the date written together with the title. From the first issue known (9 August 1729) until December 1733 it consisted in a newsletter of four to eight pages long (15.5 × 21cm),

6. The format used in the *Addições à gazeta* in the period 1736-1738.

written in folded sheets (31 × 21cm). We do not know if this newsletter was published in 1734, but it appears again in 1735 with two to four pages (15 × 21cm) regularly until 1740. During this first period it is also known that Francisco Xavier de Meneses, conde de Ericeira, also took part at this project as its main member.

Does the *Diário de Lisboa* belong to the same enterprise as Luís Montez Mattoso's *Folheto de Lisboa*? Apart from the handwriting, there is a link between the two newsletters inasmuch as that, in his correspondence, in 1740, José Montarroyo Mascarenhas mentions that Mattoso started producing his newsletters eleven years before. Even so, as far as the *Folheto de Lisboa* is concerned, it corresponds to a new project starting in 1740. Like the printed gazette, whose title was *Historia anual, chronologica e politica do mundo* (*World political and chronological history of the year*) each year systematically, this publication had a different title each year for the volume collected. This means it had a weekly diffusion as a newspaper, but at the same time it could also be used as a book where the events of the year were registered. The yearly volume was called the *Anno noticioso e histórico*, and it was divided into several newsletters called *Folheto de Lisboa*.

Two aspects must be underlined. Firstly, the repetition of some words, such as 'year' and 'history'; secondly, this was a time when there was no clear distinction between books and periodicals, and those who devoted themselves to newspapers saw themselves not as 'journalists' (a concept that did not exist) but as literary authors. Accordingly, the final result of their work would be of the same nature as that of a book, adopting a name more suitable to the collection. From this point of view, the *Folheto* is the only newsletter that followed the printed gazette in its pretensions. Furthermore, the frontispiece of the annual volume was printed and contained all the elements of a printed book, including a symbolic name for the printer (*Officina da laboriosa curiosidade*).

For several months the *Folheto* coexisted with the *Lisboa*: the first was published every Saturday and the second every Tuesday. Rodrigo Pereira de Faria joined his friend later, probably in 1742, and the weekly *Folheto* changed its title to *Mercurio histórico de Lisboa* or, occasionally, simply *Mercurio de Lisboa*. Following the death of Mattoso in 1750, Pereira de Faria tried to keep the publication going; in 1753 it reverted to the title *Folheto* for a short period, but then disappeared in 1754.

The business seems to have been most successful between 1742 and 1745. We still have access to several copies of the same issue, in Lisbon, Coimbra and Evora for that period. There are as many as six copies of some issues. This is quite extraordinary considering that we are dealing with an edition of less than a hundred copies. Moreover, these newsletters are precarious objects, not bound and not mentioned in library inventories. Subscribers may have kept them, but they were not deemed valuable and rarely survived until the next generation.

The *Folheto* was sent to readers throughout the country, several of whom are known from correspondence. For many years it was completely handmade, but in 1742, with an apparent increase in production, the heading (title and picture) started being printed, together with a frame for the first letter of the first article. As the title changed to *Mercurio*, the picture changed too, the figure of Mercury replacing that of Fame. The copyists thus copied the articles on prepared sheets. In the copies kept today we distinguish more than ten different handwritings, which explains why some copies of the same issue had twelve pages while others had fourteen. In some cases, an article found in one copy would be omitted in a different copy of the same issue.

An interesting feature of these prepared sheets is that there are copies of the same issue with different headings and different titles, even after 1742. For some reason, there were sometimes not enough prepared sheets, and the copyist had to do the title himself. A copy of a 1745 issue, for example, has the picture of Mercury printed, but instead of the title *Mercurio histórico de Lisboa* found in other copies of the same issue, the copyist wrote *Mercurio de Lisboa*. This story shows how the enterprise worked, and the problems facing a critical edition nowadays.

The other newsletter published at the time was probably produced together with the official printed *Gazeta de Lisboa*. We know that José Montarroyo Mascarenhas, the editor of the gazette, also produced a newsletter. This is probably the same publication of which some copies are known for the years 1736-1738; but some years later (1741-1743) Montarroyo again mentions the existence of such a *folheto* in his correspondence, and even Montez Mattoso in his newsletter mentions Montarroyo's *folheto* as a source of information.[7]

This publication was called *Addições à gazeta* (*Additions to the gazette*) and was normally two to four pages long, written in folded sheets 31 × 21cm, rarely cut, and exceptionally reaching eight pages long. Every week, on Thursdays (together with the printed gazette), the writer had room to relate stories that could not be included in the official paper, as had happened with Théophraste Renaudot's *gazetins* in seventeenth-century France, or François Buchet's *Nouveau Mercure* (1717-1721)[8] and Eusèbe Chaspoux de Verneuil's *Gazette de France* (1726).[9]

In all probability, very few copies were made. From what we know from his letters, Montarroyo had no means to produce both the *Gazeta de Lisboa* and a large edition of newsletters, as he had very little support. But this *folheto* may be seen both as an extension of the printed paper for a chosen audience, and as an extension of his activity as a correspondent.

7. See Montez Mattoso, *Diário de Lisboa*, October 1743.
8. See Michel Gilot, 'Buchet, François', in *Dictionnaire des journalistes*, ed. Jean Sgard, 2 vols (Oxford 1999), no. 128, p.168.
9. See Gilles Feyel, 'Gazette de France', in *Dictionnaire des journaux*, ed. Jean Sgard, 2 vols (Oxford 1991), no. 492, p.443-49 (p.446-47).

In 1743 he explains in a letter to Rodrigo Pereira de Faria that after having sent his *folheto* to Mattoso, based on the news taken from the *Gazette d'Amsterdam*, he received other news from Germany that changed his views on the war.[10]

Montarroyo never had great political or social relevance in Lisbon, or in the Academy (where he failed to be elected). This corresponds to the low cultural status given to news work. But he had a central position among those who devoted themselves to the task of consuming and spreading the latest reports. He received foreign newspapers, and selected his own material from them. The fact that he had information that he did not publish in the gazette gave him a certain authority. He also had acquaintances at the court and was part of the most important newsletter networks in the capital.

Consequently, he was instrumental in several ways to the growth of interest in the news, especially after 1742, when the gazette started to be published twice a week and when more scribal news-sheets were read. The author of the gazette produced his newspaper, his newsletter, and he was still in touch with other authors of scribal news, supplying them with part of their material. At the same time, a Portuguese translation of the Spanish *Mercurio* started being published. By that time few authors were trying to publish their papers. José Barbosa with his *Expresso da Corte* was an unsuccessful exception and Francisco Xavier de Oliveira was an outsider with his *Cartas familiares, históricas, políticas* published in Holland, and which, apart from the title, hardly corresponded to the kind of publication Mattoso and Montarroyo were keeping in Portugal.

There was no real competition between scribal and printed news during this period. On the contrary, they seemed to provide mutual support, enhancing the reader's general interest and strengthening the new habits of expectation, reading, and discussing the news on a regular basis. This is something known in France and England at the time, as Laurence Bongie has explained.[11] But this is also the case of Portuguese readers, who often complain in their correspondence about the lack of details available in the *Gazeta*, even for stories that could be told in an official paper such as those concerning events in Europe. This means that the newsletters were valued for a number of reasons, not only for court gossip.

Given the scarcity of our sources, we are not able to give a full account of the manuscript newsletters of this period. We have merely isolated examples. But it is possible to draw a picture of the relationship between them. Being completely alternative, the occasional manuscript will always exist, depending on the urgency of the news. The perspective of these

10. Evora, Biblioteca Pública e Arquivo Distrital, 19.1.1743.
11. Laurence Bongie, 'Les nouvelles à la main: la perspective du client', in François Moureau, *De bonne main: la communication manuscrite au XVIIIe siècle* (Oxford 1993), p.135-42 (p.137-38).

publications is conflictual in the sense that several occasional publications make conservative comments on the activity of the newspeople, and on the conception of the periodicals, criticising both the scribal *folheto* and the printed *gazeta*.

In contrast, the 'user publication', at least as it existed at the beginning of the eighteenth century, seems to be much closer to the printed periodical. Eventually, other types of news, print or manuscript replaced it. The details belonging to this type of record that did not fit in the other periodicals could always circulate as an occasional publication. This was not the case of the 'entrepreneurial' publications. Not only did they survive after the arrival of the the the gazette, they seemed to exist as complement to it.

The choice between producing a newsletter or a printed newspaper depended on the writer's priorities. Luís Montez Mattoso justified his choice of the scribal publication, in 1740, stressing the advantages of speed and the possibility of treating internal news. In contrast, Bento Morganti, in 1754, explained why he had chosen the press. Reaching a wider audience in space and time mattered more to him. A larger edition allowed the newspaper to be found and still read many years after publication. But as long as the printed press was unable to cope with the needs for speed, ease of production, and diversity, the scribal publication provided this service. By 1754, when the *Folheto de Lisboa* definitively disappeared, and when the periodical printed press had new titles of various kinds, the world of Portuguese news had already changed.

Appendix: bibliography on Portuguese newsletters

i. Manuscripts

Evora, Biblioteca Pública
civ/1-5*d* to 1-8*d*: *Diario* (1729-1740).
civ/1-9*d* to 1-23*d*: *Anno noticioso, Folheto de Lisboa, Mercurio historico e político* (1740-1750, 1753-1754).
civ/1-24*d*: *Addições à gazeta* (1736-1738).
cxxvii/1-9, 2-8, 2-14; cxxviii/1-13, 2-16: Correspondence, Manuel do Cenáculo Vilasboas.
cviii/1-4: Correspondence, J. F. Montarroyo Mascarenhas to Rodrigo X. Pereira de Faria.
cix/1-4: Correspondence (Miscelâne).

Lisbon, Academia das Ciências de Lisboa
MSS series Vermelha, nº 835: Correspondence, Luís Montez Mattoso.
MSS series Vermelha, nº 873: *Mercurio historico* (1744).

Lisbon, Biblioteca da Ajuda
Cod. 51-v-39, f.91-233*v*: *Diario do Anno de 1731 que faz o conde de Ericeira*.

João Luís Lisboa

Lisbon, Biblioteca Nacional de Lisboa

Cod.779, 5717, 8581, 9636, 9887, 11234, 11628, 11693: *Cartas gazetárias.*

Cod.427, f.6o; cod.805, f.36-5ov, 292-99: other newsletters.

Cod.48o: Luis José Figueiredo, *Noticias annuaes do anno de 1740 athe o anno de 1749.*

Cod.512: *Gazeta em forma de carta* (1703-1716); first part published in José Soares da Silva, *Gazeta em forma de carta* (Lisbon 1933).

Cod.614: Luis José Figueiredo, *Noticias de Portugal, especialmente da cidade de Lisboa 1749.*

Cod.8065, 8066, 554: *Folheto de Lisboa, Mercurio historico* (1740, 1742-1745).

MSS cx2, nº 16; cx3, nº 22; cx135, nº 13: other newsletters.

Porto, Biblioteca Pública Municipal

MS F.A.15: Salvador António Ferreira, *Várias notícias de casos acontecidos em Portugal.*

MS 584: *Relação de alguns sucessos* (1709).

ii. Primary printed sources

Folheto de ambas Lisboas (Lisbon, Música, 1730-1731).

Gazeta de Lisboa (Lisbon 1715-1760, 1778-1800).

Manifesto viridico em que se expoem a rectidão [...] com que o R. P. Jacinto José Soares de Torres [...] se houve na collocação da sua imagem da Senhora da Boa Morte (Lisbon, Pedro Ferreira, 1749).

Menezes, Francisco Xavier, *Diario de D. Francisco Xavier de Menezes, 4º Conde de Ericeira (1731-1733)*, ed. E. Brasão (Coimbra 1943).

Merveilleux, Charles Frédéric de, 'Memórias instrutivas sobre Portugal' [1723-1726], in *O Portugal de D. João V visto por três forasteiros*, ed. and trans. Castelo Branco Chaves (Lisbon 1984), p.129-257.

Morganti, Bento, *O Anónimo, repartido por semanas, para divertimento e utilidade do público* (Lisboa, Pedro Ferreira, 1752-1754), ed. Marie-Helène Piwnik, *O Anónimo, journal portugais du XVIIIᵉ siècle* (Paris 1979).

Soares da Silva, José, *Gazeta em forma de carta* (Lisbon 1933).

iii. Secondary sources

Almeida, Luís Ferrand de, 'Motins populares no tempo de D. João V', *Revista de história das ideias* 6 (1984), p.321-43.

Anselmo, António, 'Alguns jornais manuscritos da Biblioteca Nacional', *Anaes das bibliotecas e arquivos de Portugal*, 2nd ser. 1 (1920), p.241-43.

Bond, Donovan H., and W. Reynolds McLeod (ed.), *Newsletters and newspapers: eighteenth-century journalism* (Morgantown, WV 1977).

Bongie, Laurence, 'Les nouvelles à la main: la perspective du client', in F. Moureau, *De bonne main*, p.135-42.

Cortesão, Jaime, *Alexandre de Gusmão e o Tratado de Madrid*, 4 vols (Lisbon 1984).

Cunha, Alfredo, *Elementos para a história da imprensa periódica portuguesa (1641-1821)* (Lisbon 1941).

Dantas, Júlio, 'Os jornais manuscritos do séc. XVIII', *Boletim do Sindicato nacional dos jornalistas* 4 (1941), p.37-49.

Delgado, Maria Rosalina, *Estudo crítico da obra de Luís Montês Matoso: anno noticioso e histórico 1742* (Lisbon 1990).

Favre, Robert, 'Une fonction du périodique: du manuscrit au livre', in P. Rétat, *Le Journalisme d'ancien régime*, p.257-69.

Feyel, Gilles, 'Réimpressions et diffusions de la *Gazette* dans les provinces: 1631-1752', in P. Rétat, *Le Journalisme d'ancien régime*, p.69-89.

Figueiredo, Violeta Crespo, 'Papeis volantes do séc. XVIII', *História* (1978-1979), p.1-6.

Lisboa, João-Luís, 'L'affirmation des périodiques au Portugal', in *Actes du neuvième congrès international des Lumières, Münster 23-29 juillet 1995*, SVEC 346-48 (1996), p.1301-1305.

– *Mots (dits) écrits: formes et valeurs de la diffusion des idées au XVIIIe siècle au Portugal* (Florence 1998).

Love, Harold, *Scribal publications in seventeenth-century England* (Oxford 1993).

Moureau, François, 'Pour un dictionnaire des nouvelles à la main', in P. Rétat, *Le Journalisme d'ancien régime*, p.21-25.

– (ed.), *De bonne main: la communication manuscrite au XVIIIe siècle* (Oxford 1993).

Rétat, Pierre, *Le Journalisme d'ancien régime: questions et propositions* (Lyon 1982).

Tengarrinha, José, *História da imprensa periódica Portuguesa* (Lisbon 1965; Lisbon 1989).

Weil, Françoise, 'Les gazettes manuscrites avant 1750', in P. Rétat, *Le Journalisme d'ancien régime*, p.93-100.

– 'La fonction du manuscrit par rapport à l'imprimé', in F. Moureau, *De bonne main*, p.17-27.

ANNE-MARIE MERCIER-FAIVRE

Une lecture fantasmatique de la *Gazette d'Amsterdam* au temps des *Lettres persanes* (1720-1721): le cas du despotisme oriental

LES *Lettres persanes*, dit leur traducteur fictif, sont 'une espèce de roman', bien qu'elles soient composées de lettres, donc censées être la trace d'une histoire réelle, 'où les acteurs ne sont pas choisis et [...] les sujets qu'on traite ne sont dépendants d'aucun dessein, ou d'aucun plan déjà formé'.[1] La fiction touche au réel, c'est-à-dire à la philosophie, à la politique et à la morale qui se mêlent au roman, comme liées par une fameuse 'chaîne secrète'.

Partons d'une hypothèse qui s'inspire, en la renversant, de cette situation. Prenons, pour parler de l'Orient, le type d'écrit qui est le plus éloigné de la fiction, plus encore que les récits de voyages marqués par la subjectivité: les gazettes d'information politique de l'Ancien Régime où, en apparence, 'les acteurs ne sont pas choisis et [...] les sujets qu'on traite ne sont dépendants d'aucun dessein, ou d'aucun plan déjà formé'. Prenons, pour rendre cette apparence de réalité brute encore plus forte, une gazette des plus sérieuses, des plus éloignées de la fiction et des plus célèbres, la *Gazette d'Amsterdam*, lue par Montesquieu lui-même.[2] Supposons que tout lecteur de gazette est avant tout un lecteur de romans, de philosophie, d'histoire ou de morale, et que la politique signifie pour lui un calcul savant et complexe, un jeu d'influences qu'il peut observer de cette 'sixième fenêtre'[3] qu'est la gazette. On peut alors imaginer que ce texte troué, lacunaire, contradictoire même, que serait la somme des nouvelles concernant l'Orient, bribes éparses livrées semaine après semaine, s'organiserait en fonction de structures préexistantes. Appelons celles-ci 'représentations', ou images: préfabriquées et fournies par le 'sens commun', lui-même nourri d'imaginaire romanesque, religieux, ou plus généralement mythique, comme de connaissances plus

---

1. 'Quelques réflexions sur les *Lettres persanes*' (1754), dans Montesquieu, *Lettres persanes*, éd. P. Vernière (Paris 1975), p.3.
2. Voir Robert Favre, 'Montesquieu et la presse périodique', *Etudes sur la presse au XVIIIᵉ siècle* (Lyon 1978), p.39-60.
3. Celle que l'on découvre dans le conte de 'La Belle et la Bête' et qui mime la gazette. Voir Denis Reynaud et Chantal Thomas, *La Suite à l'ordinaire prochain* (Lyon 1999), introduction, p.14.

précises qui s'amalgament plus ou moins consciemment aux premières. Ces bribes journalistiques s'agglutineraient à ce savoir préexistant, soit pour le conforter et l'enrichir, soit pour le modifier ou même le remettre en cause. Il en naîtrait un objet 'Orient', tout aussi fantasmé, aussi efficace que le texte de roman pour nourrir les rêves du temps.

De fait, la gazette elle-même est un roman, selon les *Lettres persanes*:

> Je te parlerai dans cette lettre d'une certaine nation qu'on appelle les *Nouvellistes*, qui s'assemble dans un jardin magnifique, où leur oisiveté est toujours occupée. Il sont très inutiles à l'Etat, et leurs discours de cinquante ans n'ont pas un effet différent de celui qu'aurait pu produire un silence aussi long. Cependant, ils se croient considérables parce qu'ils s'entretiennent de projets magnifiques et traitent de grands intérêts.
>
> La base de leurs conversations est une curiosité frivole et ridicule: il n'y a point de cabinet si mystérieux qu'ils ne prétendent pénétrer; ils ne sauraient consentir à ignorer quelque chose; ils savent combien notre auguste sultan a de femmes, combien il fait d'enfants toutes les années; et, quoiqu'ils ne fassent aucune dépense en espions, ils sont instruits des mesures qu'il prend pour humilier l'empereur des Turcs et des Mogols.[4]

Cette lettre affirme que la gazette fournit aux contemporains une connaissance qui se prétend totale et n'est que frivole et hasardeuse. Ainsi, le roman – sous la forme des lettres – peut vouloir rivaliser avec le texte qui se veut le plus proche du réel, le moins mis en forme, le plus dénué de fiction qui soit. On assiste à un renversement du statut des textes qui fait que le plus romancé peut accuser le moins fictif de n'être qu'un tissu de rêveries. De fait, ce qui touche à l'Orient et aux figures du despotisme apparaît comme marqué d'un rapport particulier au réel. La gazette, fenêtre, est aussi un miroir, de même que l'Orient est à la fois un lieu et une projection fantasmée que l'Occident s'invente: la figure du despote lointain que ce monde invente est esquissée comme on caresserait un rêve. Le mentir de la gazette est la vérité de son lecteur.

En m'appuyant sur l'analyse du fantasme du despotisme oriental dans l'occident classique à laquelle s'est livré Alain Grosrichard,[5] je propose d'examiner dans quelle mesure les nouvelles données par la *Gazette d'Amsterdam* (qui, malgré ses efforts de rigueur, sont le plus souvent la 'quintessence' de ce qui n'est pas nouveau, des stéréotypes[6]) peuvent conforter ou contredire de vieilles images occidentales à propos de l'Orient ou en amener de nouvelles, comme celle du despotisme qui ne s'affirmera dans toute son ampleur que dans les années quarante. Une comparaison entre différentes périodes d'un même journal pourrait indiquer comment une nouvelle connaissance de l'Orient se dessine, ou au contraire se brouille, tout au long du siècle. Ayant auparavant étudié

---

4. Montesquieu, *Lettres persanes*, lettre CXXX, p.272-273.
5. Alain Grosrichard, *Structure du sérail* (Paris 1979).
6. Voir le 'dictionnaire à l'usage des lecteurs des Gazettes', suite des idées reçues que l'on y trouve, publié à la fin de l'ouvrage *La Suite à l'ordinaire prochain*.

les livraisons de l'année 1775 de cette même gazette, je propose le parcours d'une période antérieure, celle de janvier 1720 à août 1721. Ce choix est justifié par deux raisons: il correspond à la parution des *Lettres persanes* et à la présence à Paris de l'ambassadeur du Grand Seigneur, Mehmet Effendi. D'autre part, c'est une période relativement pacifique: une guerre rapide entre l'Espagne et Alger devant Ceuta (parallèle au siège de Melilla en 1775), des inquiétudes en Suède sur les intentions des Russes, des escarmouches çà et là, rien de grave. Parmi les événements majeurs, on trouve la banqueroute de Law et celle de la Compagnie du Sud, qui occupent les esprits en France et en Angleterre, l'affaire de la Constitution, des querelles religieuses dans le Palatinat, la mort du Pape Clément XI, enfin l'épidémie de peste, dite en France 'peste de Marseille'.

A en croire Montesquieu, ou plutôt son personnage, Rica, la gazette saurait tout et dirait tout de l'Orient, et notamment de la Perse. Or, il faut immédiatement abandonner cet espoir: sur une période de dix-neuf mois, la Perse est évoquée une fois (un complot contre le roi déjoué, annoncé par des nouvelles du 6 juin, alors que la lettre d'Ispahan date du 10 janvier) et le Grand Mogol une fois (le 15 juillet 1721, dans les nouvelles de Londres, à propos d'une machine astronomique que la Compagnie des Indes achète à son intention). Restent la Turquie et ses alliés (les régences de Barbarie). Dans la mesure où, dans *De l'esprit des lois*, l'état despotique est souvent illustré par des exemples provenant des trois empires, déclinant le même à travers des différences légères,[7] et est caractérisé par un climat, une condition des femmes et un type de gouvernement similaires, la Turquie vaudra comme exemple de ce vaste thème de l'Orient. On peut ajouter que l'emploi par Rica du terme 'sultan', au lieu de celui de 'sophi', ou de 'roi', que l'on trouve chez Chardin,[8] tendait déjà à brouiller les frontières et que ces *Lettres persanes* pourraient aussi bien être ottomanes.[9]

Pour trouver des repères et rendre plus claire la stratification des différents 'savoirs' apportés par la gazette dans cette période, j'ai tenté d'organiser *tout* ce qui était dit du monde musulman, même les détails insignifiants, à la fois temporellement, spatialement et thématiquement. Pour ce qui est des premiers, je passerai vite puisque ce n'est pas mon sujet d'interrogation principal. Notons cependant que la provenance directe de nouvelles de Constantinople est rare (environ une par mois, soit

7. Par exemple, livre V, ch.16: 'Chaque prince de la famille royale ayant une égale capacité pour être élu, il arrive que celui qui monte sur le trône fait d'abord étrangler ses frères, comme en Turquie; ou les fait aveugler comme en Perse; ou les rend fous, comme chez le Mogol' (Montesquieu, *De l'esprit des lois*, Paris 1987, i.70).
8. Du moins dans le début de la relation de ses voyages intitulée 'Voyage de Paris à Ispahan' (1686) et publiée sous le même titre, avec des coupes: Jean Chardin, *Voyage de Paris à Ispahan* (Paris 1983).
9. De plus, certaines lettres proviennent de Turquie.

pour 9 livraisons), qu'elle est souvent reléguée à la *suite*, donc à une partie moins importante que ne l'est *l'ordinaire* de la gazette. Les plus nombreuses évocations passent donc par les 'filtres' que sont Vienne et Venise, essentiellement préoccupées des frontières pour la première et de la navigation pour la seconde. En dépouillant les gazettes de l'année 1775, j'avais observé un nombre globalement plus important de nouvelles venant directement d'Orient, mais moindre pour celles qui passaient par Venise.

Le temps de publication des nouvelles est assez régulier (un mois et demi environ), comme sa fréquence. Cependant, la durée est parfois 'trouée' par des aléas, comme lors de la peste et des inévitables quarantaines, et ce retard touche aussi les lettres. Dans la gazette du 28 mars, on apprend le trajet du traité passé entre le Maroc et la Grande Bretagne: quand le navire qui le transporte depuis l'Afrique arrive à l'embouchure du Tage, pour éviter le retard de la quarantaine, il est jeté depuis le pont sur celui d'un autre navire qui part pour l'Angleterre, et soigneusement passé au vinaigre. A signaler aussi, en 1720 et en 1775, une même zone de temps étrange, comme une 'poche temporelle': Rome, toujours en retard de plusieurs semaines sur les autres capitales, même pour annoncer la mort du Pape, Rome qui donne la 'nouvelle' de la troisième victoire des Espagnols le 21 février (lettres du 1ᵉʳ février, la nouvelle venant de Lyon), alors qu'on l'avait connue dès le 21 janvier, par des nouvelles de Madrid du 31 décembre.

Reste la répartition des nouvelles. Celle-ci, que j'ai disposée en trois rubriques dans le tableau auquel on peut se reporter en annexe (pour les premiers mois seulement, p.79-80), est contestable; on aurait pu en faire quatre, en divisant la deuxième en 'monde musulman', 'monde chrétien'. Mais surtout chaque nouvelle peut passer d'une catégorie à l'autre. Peu de nouvelles orientales sont strictement internes: les correspondants, et *a fortiori* le journaliste, donnent des nouvelles qui leur semblent intéressantes, donc qui *regardent* les occidentaux: traités, circulation des navires et des personnes. Ainsi, les cadeaux sont à la fois des événements apparemment sans conséquence directe à l'extérieur des frontières, des éléments de rencontre et de confrontation[10] ou des occasions de discorde et des échanges. Même chose pour les esclaves, le café, la peste,[11]

10. La raison essentielle des désaccords entre les nations chrétiennes et la Barbarie semble résider dans une question de cadeaux, à en croire l'analyse de la gazette. Chardin montre que les déboires de la France à Constantinople sous le vizir Köprülü Mehmed Pacha naissent d'un cadeau non fait (encore un thème de conte), dans *Voyage de Paris à Ispahan*, i.52-53.

11. Voir Montesquieu, *De l'esprit des lois*, XIV.11, où il est dit que les Turcs ne prennent aucune précaution contre ce fléau, suivant 'la doctrine d'un destin rigide qui règle tout, qui fait du magistrat un spectateur tranquille' (ii.256). De fait, la gazette montre des villes françaises qui multiplient les tentatives (apparemment peu efficaces) pour enrayer le mal, alors que les nouvelles de Turquie mentionnent l'arrivée de l'épidémie comme un événement saisonnier et non une calamité contre laquelle le pouvoir agirait.

principaux objets, outre les navires, dont on signale la circulation entre les deux mondes. Ce classement n'a donc pas d'autre valeur qu'opératoire; il permet de confronter les éléments textuels qui peuvent former un ensemble, sans nier le fait qu'ils fonctionnent en réalité en réseau avec les autres. A travers ces quadrillages, une tentative pour élaborer l'image du monde oriental, à travers ses acteurs, ses thématiques privilégiées, on peut voir se dessiner l'image du pouvoir dont il serait le décor. Face à ce pouvoir, celui du monde de la gazette, les cours européennes, la chrétienté, la monarchie française, enfin.

Une analyse du vocabulaire offre une première surprise: les termes orientaux, et notamment les noms des dignitaires sont systématiquement traduits, à l'exception de quelques-uns, ce qui est l'inverse de ce qui se passe dans la gazette de 1775. On trouve régulièrement 'Grand Seigneur' ('Grand Sultan' dans les nouvelles de Venise), mais très peu 'Sa Hautesse', version exotique d'Altesse; grand vizir devient parfois 'premier vizir', on trouve souvent la mention de janissaire, d'aga, de bassa (ou bacha), le titre de capitan bacha; la dignité d'"avec trois queues de cheval' est mentionnée dans son entier (au lieu de 'à trois queues' en 1775), et une seule fois, tout comme 'morabouto', 'celabat', 'chiaoux', 'sophi', 'imam'. On trouve un peu plus souvent, deux fois, 'ramadan', 'sérail', 'bey' et 'divan', et trois fois 'mufti'. Le Bairam n'est pas présenté comme un repère temporel, à l'égal du carême, mais comme une interruption dans les démarches diplomatiques; le mot n'apparaît qu'une fois. Cependant, le terme de 'ramadan' ou 'ramazan' apparaît lors de la relation du séjour de Mehmet Effendi à Paris et signale une curiosité. La référence à la religion islamique est absente, sauf dans les relations de ce séjour et dans celles qui relatent la fuite et la conversion de membres de la suite de l'ambassadeur turc à Vienne, donc en territoire chrétien. En comparaison avec ce que j'ai pu relever dans une période plus courte (neuf mois) de 1775, l'exotisme du vocabulaire est extrêmement réduit. Ainsi la description de la suite de Mehmet Effendi manque de relief et les périphrases commençant par 'celui qui', montrant que le mot manque en français, marquent la différence des mondes sans que les mots n'assument ni ne signalent cette étrangeté:[12]

D'Agde, le 30 janvier

Liste des personnes qui composent la suite de cet Ambassadeur

Son Fils, un Intendant, ou Iman ou Ministre, un Trésorier, un Garde-Sceau, un Maître de Garde-Robbe, un Maître d'Office, un Cafetier, celui qui a le soin de lui remplir & présenter sa pipe, un Blanchisseur, un Parfumeur, un Barbier, celui

---

12. On objectera, avec raison, que le correspondant d'Agde ne peut employer le même vocabulaire que celui qui réside à Constantinople. Mais on peut supposer que le correspondant lit la gazette, d'où qu'il écrive, et qu'il est familier du vocabulaire en cours dans ses lignes. En outre, on peut supposer aussi qu'il aurait pu, avec cette liste, obtenir les termes turcs et en donner les équivalents, s'il l'avait voulu.

qui a le soin des Chandeliers & de les garnir, celui qui appele à la priere, 13 Agas faisant fonction de valets de Chambre, un Maître de Cérémonies, un Maître d'Hôtel, un Ecuyer, un Chef de Cuisine, un Pourvoyeur, un Medecin avec un Valet; Soliman Capitan, esclave qu'il a racheté à Malte; 20 Valets de pié, 6 Aides de Cuisine, 4 Gardes-Tentes, un Jaca ou Porteur d'eau, 2 Palfreniers, 2 Pellissiers, un Tailleur, 5 Pourvoyers de sa Maison avec 2 Valets. (28 février)

Lui-même semble ne correspondre en rien à l'Oriental tel qu'il est imaginé très ouvertement. A part le café et les prières, il est tout à fait à sa place dans le monde policé de la gazette:[13]

Le 26 de ce mois, Mehemet-Effendi, Ambassadeur de la Porte Ottomane, arriva en cette Ville, après avoir achevé la Quarantaine à Maguelone. Il a été reçu avec toute la Magnificence possible à une petite Ville: les Consuls lui ont fait les Présens de la Ville, & l'ont complimenté: il les a reçus avec beaucoup de politesse, les a faits remercier par son interprete de l'honneur qu'ils lui faisoient, et leur a fait donner le Café. Il a aussi témoigné beaucoup d'honnêteté à toutes les Personnes qui ont été admises à lui faire la reverence, & sur-tout aux Dames. On a remarqué qu'il a été une demi-heure en priere avant que de donner audience au Corps de la Ville. (28 février)

La façon de prier n'est pas indiquée (à quoi a-t-on reconnu qu'il s'agissait d'une prière?), ni la présence ou l'absence de 'l'Iman', ou de 'celui qui appelle à la prière'.

Lorsqu'on entre dans la recherche des thèmes obligés du mythe oriental, le sérail est un grand absent de la *Gazette d'Amsterdam* du temps des *Lettres persanes*: on s'attendrait à voir la curiosité des Occidentaux exploitée, et confirmée la raillerie de Montesquieu dans la lettre CXXX ('ils savent combien notre auguste sultan a de femmes, combien il fait d'enfants toutes les années'). Il n'en est rien: le sérail est encore plus absent dans la première moitié du siècle que dans la seconde; les secrets sont-ils mieux gardés en 1720 qu'en 1775? Ou cette curiosité n'est-elle pas encore assez sensible pour affecter les journalistes des gazettes d'information politique, alors que les nouvellistes moins sérieux s'en repaîtraient? Je n'ai pour l'instant pas de réponse.

Le mot de 'sérail' apparaît à deux reprises mais ce lieu n'existe que par son dehors: à travers l'évocation d'une tête coupée exposée *devant* le sérail (20 juin 1721) ou celle de l'entrée du sérail refusée à un prince polonais disgracié (4 avril 1721). On n'y entre jamais. En revanche, quelques

---

13. On peut associer à ces remarques celles que fait explicitement *Le Nouveau Mercure* en août 1721: 'Le même jour 3 août, Celeby Mehemet effendi, ambassadeur de la Porte, est parti avec regret pour retourner à Constantinople. Ce Ministre oriental a fait briller dans toutes ses démarches et tous ses discours un goût européen. Il a visité tous les lieux que cherche la curiosité éclairée; il a parcouru les cabinets rares et feuilleté les bibliothèques choisies. Enfin, il estimait fort les mœurs et les manières de notre nation: elle a rendu justice à son mérite et lui a prouvé qu'elle ne juge pas toujours des hommes par le climat et par les habits' (cité dans Gilles Veinstein, *Mehmed Efendi: le paradis des infidèles. Un ambassadeur ottoman en France sous la Régence*, Paris 1981, p.204).

nouvelles filtrent et semblent vérifier les connaissances des nouvellistes des *Lettres persanes*. Le 20 février, on lit:

Le prince qui étoit né il y a trois mois mourut le 12 [décembre]. Le 17, une Sultane accoucha d'un autre Prince, qui mourut le jour suivant. Ces deux pertes ont causé d'autant plus d'affliction au Sultan, qu'il n'a plus qu'un seul Prince en vie. Le 22, une autre Sultane accoucha d'une princesse.

Peu d'exotisme, les termes de 'prince' et 'princesse' nous mettent dans le commun de la vie des Cours et le 'on' porteur de la nouvelle est neutre comme c'est le plus souvent le cas. Seul le terme de 'sultane', et surtout sa répétition accompagnée d'un déplacement de la référence (à chaque occurence, c'est un individu différent qui est désigné) indique que l'on est dans un univers régi par des lois différentes.

Le 12 avril, on lit: 'le 3 [février] la Sultane accoucha d'une fille mais on n'a fait aucune réjouissance publique à cette occasion'. Les sultanes font place à 'la' sultane; on ne sait ce qui justifie ce singulier soudain. On sent aussi l'ombre d'une déception, et comme un reproche dans la dernière remarque. Il est vrai que dans le monde chrétien des gazettes, on signale parfois, pour la naissance d'une princesse, des prières d'action de grâce (non tant pour cette naissance, peu intéressante en elle-même, que pour 'l'heureuse délivrance de la reine').

Toujours est-il que, malgré cette abondance d'épouses, le sultan n'a qu'un seul fils: la continuité du pouvoir est menacée. Malgré ou à cause de cette abondance, pour le lecteur, le sultan apparaît comme saturé de femmes (et de filles). Que l'héritier mâle soit rare semble répondre au fait que toute virilité autre que la sienne est exclue dans le sérail. Ce serait une autre version des méfaits de la polygamie chez Montesquieu.[14] Rien de tout cela, ici. Mais l'impression que le sultan est seul et que sa descendance est menacée (en 1720, le lecteur a encore en mémoire l'hécatombe qui a eu lieu dans la famille royale de France avant la mort de Louis XIV).

On pourrait dire que la gazette ne fait que refléter le réel, qu'il y a des hommes ou, croyait-on, des pays[15] qui ne font que des filles, et qu'il est vain d'extrapoler sur des signes aussi aisés à surinterpréter. Mais je parle d'effets de lecture: un premier effet de lecture pourrrait être formulé par la question: 'à quoi bon tant de femmes si c'est pour avoir si peu de fils?' Mais je parle de texte de gazette; le réel est autre chose, que d'ailleurs nous ne saurons sans doute jamais, puisque nous sommes condamnés bien souvent à ne le connaître que par des textes. L'avantage de la gazette sur les autres textes, c'est qu'elle s'affiche elle-même comme ce qu'elle est: la trace d'une vérité fugitive et partielle, ou même de mensonges et de dissimulation. Les correspondants sont mal informés, oublieux,

---

14. Voir Montesquieu, *Lettres persanes*, CXIV, et *De l'esprit des lois*, XVI.4 et 6.

15. Voir Montesquieu, *De l'esprit des lois*, XVI.4; XXIII.12: il naît en Europe plus de garçons que de filles, contrairement à ce que l'on dit du Japon et surtout de Bantam (dix filles pour un garçon).

et le lecteur a les moyens de le savoir. Donc, le sultan n'a plus qu'un seul fils.

Le 8 octobre (donc six mois plus tard), on lit: 'On fait de grands préparatifs pour la cérémonie du jeune Sultan qui est prévue au 17 [septembre]'.

Le 15 novembre, les lettres datées du 5 septembre annoncent que la cérémonie de circoncision des *deux* fils du sultan approche. Le fils unique a été redoublé, comme en un conte.

Et puisqu'en un conte, le roi a toujours trois fils, le 10 décembre, on lit, d'une lettre du 14 octobre, donc un mois après la date prévue initialement pour la cérémonie:

Le 9 de ce mois, le fils aîné du Grand Seigneur à cheval, et les *deux autres* en carrosse, parurent en public avec une magnificence extraordinaire et traverserent les principales rues de la Ville, accompagnés du Grand Vizir, du Mufti et gens de la Loi, de tous les Vizirs, Généraux, Officiers, etc., et suivis d'une foule innombrable de gens de toute Nation et Religion: On n'a jamais vu ici un pareil concours de monde. Le jour suivant, on fit la cérémonie de circoncire les 3 Princes.

Tout à coup, l'impression initiale s'inverse, les princes se multiplient d'une livraison à l'autre. Il est peu probable que deux fils soient nés entre septembre et octobre, encore moins qu'ils soient circoncis si jeunes alors que leur aîné monte déjà à cheval. Que peut penser le lecteur? La 'famille royale' de Constantinople apparaît comme un ensemble flou, extensible à volonté, et pourtant menacé: menacé par l'abondance de femmes, par les morts des fils. Fils anonymes et comme interchangeables dans ces années 1720-1721, sauf lorsqu'ils disparaissent: six mois après la cérémonie, des lettres de mai 1721 annoncent que 'le 4 avril [précédent], le Sultan Muret, fils puîné du Grand Seigneur, mourut dans cette Ville.'

De la vie du Grand Seigneur, on ne sait rien de ce qu'on peut apprendre de celle des autres souverains: pas de cérémonies d'anniversaire ou de baptême; il n'apparaît pas dans le texte qui présente celle qui a lieu pour la circoncision de ses fils. Les sultanes n'existent que lorsqu'elles accouchent, et ces événements ne sont pas annoncés à l'avance comme c'est le cas dans la plupart des cours européennes: leur grossesse ne s'inscrit donc pas dans une durée, qui tiendrait alors à l'ordre du vivant, mais dans une instantanéité purement mécanique.

Le Grand Seigneur existe-t-il lui-même? Lorsqu'il est mentionné en tant que personne, toujours par son titre, donc sa fonction, comme c'est le cas de tous les souverains, il est accompagné de son grand vizir. Il semble n'exister que comme rôle, il est celui qui donne audience, donne congé, mais il n'apparaît jamais corporellement en dehors de ces occasions, sauf lorsqu'on signale une maladie, ce qui est une façon de dire que la fonction est menacée. Il ne s'offre pas aux regards. On est donc loin du 'roi pour la montre', du roi solaire évoqué par Chardin.[16] Mais il est vrai que

16. Voir A. Grosrichard, *Structure du sérail*, p.105.

Chardin, dans ses récits, montre bien que la Turquie n'est pas la Perse: le grand vizir turc qui s'oppose aux ambassadeurs de Louis XIV, Jean et Denis de La Haye-Vantelet et le marquis de Nointel a des pouvoirs bien supérieurs à ceux du ministre persan qu'il rencontre, bafoué par son prince ivrogne.[17]

Le Grand Seigneur est celui à qui on ne s'adresse pas directement[18] et qui ne vous parle pas directement. Il écrit, en revanche. Mais ses lettres n'ont pas la force qu'on leur attribue dans la tradition.[19] Dans la gazette de ces années-là, pas de lettre de mort. Des lettres aux autres souverains, très nombreuses, sur des questions de frontières, de traités, de circulation de marchandises (comme le café, dans la livraison du 23 avril 1720). *De l'esprit des lois* donne comme 'propriétés distinctives du gouvernement despotique' une 'promptitude des résolutions [qui] supplée à la distance des lieux où elles sont envoyées; que la crainte empêche la négligence du gouverneur ou du magistrat éloigné'.[20] En réalité, beaucoup de ses lettres restent sans effet, lorsqu'elles s'adressent aux régences d'Alger, Tripoli, Tunis. Le 20 février, le 23 août 1720, le 18 février 1721, on apprend que le Grand Seigneur a envoyé des lettres pour obtenir des Régences qu'elles négocient avec les Hollandais ou les Vénitiens; le 28 mai 1720, le 16 mai et le 20 juin 1721, on apprend qu'il a envoyé un aga dans le même but, et toujours sans succès. Lorsque les envoyés des régences arrivent à Constantinople et déclarent qu'ils ne viennent pas pour négocier avec les Européens, comme le souhaite et a pu le croire le sultan, mais pour lui demander son aide pour chasser l'usurpateur de Tripoli, on apprend que le Grand Seigneur a été pris d'une grande colère (31 décembre 1720), et cette colère semble s'exercer dans le vide: aucune tête ne tombe, et patiemment, il [le Grand Seigneur de la gazette] recommence les négociations en y joignant cette nouvelle préoccupation (1er août 1721). Les beys sont contredits avec succès par les capitaines et les marchands; ils transmettent leurs désirs que le sultan, malgré sa colère, finit par faire siens (une flotte est régulièrement annoncée comme devant faire voile sur Tripoli). Il semble que les inférieurs aient tout le pouvoir. La machine despotique montrée par la gazette est à l'envers de celle que l'Occident fantasme, la verticalité du désir fonctionne de bas en haut, des peuples au souverain, et non de haut en bas, du moins en ce qui concerne les rapports entre Constantinople et les régences, car de la Turquie elle-même on ne sait rien.

---

17. Sur les La Haye (père et fils, l'un succédant à l'autre comme ambassadeur) et le marquis de Nointel, qui leur succède en 1670, voir Chardin, Voyage de Paris à Ispahan, i.52-92; sur le vizir du roi de Perse, voir Chardin, *Voyage de Paris à Ispahan*, ii.190, 219-20.

18. Ainsi, la harangue que Nointel fait au grand seigneur 'ne lui servit guère, car l'interprète n'en expliqua que le sens au vizir, et en peu de paroles, et le vizir le dit en deux mots au grand seigneur' (Chardin, *Voyage de Paris à Ispahan*, i.74).

19. Voir A. Grosrichard, *Structure du sérail*, p.81 et suiv.

20. Montesquieu, *De l'esprit des lois*, VIII.19.

Dans le régime despotique, les individus n'existent pas en dehors de la volonté souveraine, ce qui a pour conséquence le règne de la crainte. Mais, selon Alain Grosrichard, face au courage évident des Orientaux, le fantasme occidental s'adapte en supposant qu''à la crainte de la mort se substitue, chez les peuples d'Asie, une sorte de joie ou même de fureur frénétique de souffrir et de mourir',[21] paradoxe que Montesquieu lève, en déclarant chez un peuple où l'honneur ne peut jouer aucun rôle,[22] où le climat rend lâche,[23] 'c'est la même lâche sensibilité qui les fait fuir tous les périls et les leur fait tous braver'.[24] Le mépris de la mort, corollaire de celui de la vie, apparaît à travers les descriptions que la gazette donne de batailles, celles qui se déroulent devant Ceuta. La relation de ces combats, imprimée à Madrid et dans la gazette du 21 janvier, évoque sur un ton admiratif l''intrépidité extraordinaire' ou le 'courage et l'intrépidité extraordinaire' des Mores, 'le soin avec lequel ils retirent leurs morts et leurs blessés'. 'Ils tombèrent sur nos chevaux de frise avec beaucoup de furie, s'exposant au feu continuel de notre Infanterie et de diverses batteries [...] si violent que tous nos vieux officiers furent obligés d'avouer qu'ils n'en n'avoient jamais vu de pareil en Europe.' Et pourtant, la suite surprend: 'leur fuite précipitée causa autant de surprise que leur attaque intrépide'. Héroïsme auquel succède ce qui ressemble à de la couardise, manque de suite et de principes, on retrouve les poncifs habituels et il est curieux de voir combien la guerre de Melilla de 1775 dresse un tout autre tableau.

Dans la gazette, le pouvoir du 'Grand Turc' semble bien émoussé. Certes, il détient toujours le pouvoir de faire et défaire les carrières; cet univers est toujours celui où 'toute valeur – et la seule valeur – des individus dépend du marquage opéré sur eux par le sceau du maître', ce qui fait que personne n'est 'grand par soi-même', ce qui est un des traits du despotisme selon Montesquieu dans l'analyse d'A. Grosrichard.[25] Par exemple, on apprend qu'il nomme Mehmet Effendi celebi, avant son départ, pour que son ambassade soit plus prestigieuse (12 avril) et qu'à son retour l'ambassadeur de la Porte à Vienne est nommé bacha à trois queues de cheval et vizir (6 septembre).

Le retour de ce dernier ambassadeur est accompagné de drames, ou de supposés drames: des membres de sa suite se cachent au moment du départ (comme ceux de Mehmet Effendi); il fait mettre aux fers son mufti, étrangler en arrivant à la frontière ceux de ses janissaires qui se sont mutinés pendant l'ambassade (6 septembre). Lui-même n'est pas épargné: l'empereur envoie à son maître un état des présents donnés à l'ambassadeur et à sa suite (ce qui signifie qu'il ne peut rien dissimuler et

---

21. Voir A. Grosrichard, *Structure du sérail*, p.55.
22. Montesquieu, *De l'esprit des lois*, III.8.
23. Montesquieu, *De l'esprit des lois*, XVII.2.
24. *De l'esprit des lois* cité par A. Grosrichard, *Structure du sérail*, p.55-6.
25. A. Grosrichard, *Structure du sérail*, p.83, sur *De l'esprit des lois*, V.xvi.

retenir pour lui sans danger; le cas de Mehmet Effendi, dépouillé progressivement de tous ses cadeaux est assez connu[26]), de même qu'‘un détail de leur conduite en cette Cour, afin que le Sultan voie la différence qu'il y a avec celle du comte Virmont et ceux de sa suite, qui ont observé un aussi bon ordre que les janissaires en ont peu observé’ (28 mai 1720). Le 8 novembre, comme pour illustrer le thème de la rapidité des fortunes et de leur soudain effondrement dans les empires despotiques, on apprend que cet ambassadeur a été arrêté ‘aux instances des janissaires’, ce qui prouve que tout pouvoir est menacé par ceux qu'il commande. Le 21 février, on apprend qu'il est tombé malade de contrariété et en est mort; le 18 mars, on lit qu'il est mort de maladie: renversements subits de la fortune. Quelle date est la bonne? De quoi le nouveau vizir est-il mort? Mystères.

Le sultan n'apparaît pas comme un souverain sanguinaire: on lui voit confier à un vizir disgracié autrefois une mission de confiance (dangereuse, il est vrai), deux décisions d'exil pour des comploteurs qui en voulaient, dit-on, à sa vie (15 avril et 17 juin 1721), ce qui est une bien faible punition pour un tel crime.[27] Peu de choses donc. On n'apprend pas qu'il ait décrété la mort de qui que ce soit. On peut deviner que certaines des morts violentes de dignitaires dont l'annonce revient assez fréquemment ont été voulues par lui, à travers ces fameuses lettres, ou tacitement acceptées par lui, mais la gazette ne le dit jamais. Elle ne fait que suggérer que cela est dans les habitudes: le 4 juin, elle signale que le précédent grand vizir exilé à Salonique après la bataille de Belgrade, étant revenu en secret à Constantinople, ‘a été reconnu, enlevé et envoyé à Rhodes, où il court grand risque d'être étranglé’. Mais on signale le risque sans en donner d'autres nouvelles qui confirment ou démentent ce risque.

Seuls les subordonnés du sultan sont montrés comme agissant. C'est bien là l'un des paradoxes de la figure du despote, tout-puissant, n'agissant pas par lui-même, ne partageant pas mais ‘communiquant’, selon la formule d'A. Grosrichard, un pouvoir immense. Ainsi, si le pouvoir de son vouloir n'apparaît pas dans le texte de la gazette, la transmission de son pouvoir effectif demeure: chaque potentat, chaque janissaire semble dépositaire de tout l'arbitraire qu'il est censé incarner. Mais il apparaît aussi comme menacé, et le lecteur peut bien supposer que ceci est expliqué par cela. On apprend régulièrement de fausses nouvelles annonçant sa disparition: sa mort un jour (6 août 1720), puis sa dé-position par les janissaires un autre (7 janvier 1721), deux complots dont l'un tramé par un de ses premiers ministres et favoris (17 juin 1721). Ces fausses nouvelles sont relayées par d'autres qui semblent vraies. En novembre 1720, un ex-bacha prend d'assaut Tripoli; pour l'année 1721,

26. C'est ce qu'indique le témoignage du marquis de Bonnac (voir Veinstein, *Le Paradis des infidèles*, p.38, 161).
27. Montesquieu voit la clémence comme la ‘qualité distinctive des monarques’ et non des despotes (*De l'esprit des lois*, VI.21).

le 7 janvier, on lit que la garnison de Sophie s'est soulevée et a tué le bacha; le 9 mai suivant, on lit qu'en Egypte, le bacha a 'fait couper la tête à plusieurs grands et en dernier lieu au vieux Bacha, dont il avait fait jeter la tête devant son fils, en le voulant contraindre par les tourments à déclarer où étaient ses biens'. La tête sera exposée devant le sérail, à Constantinople, ce qui prouverait que le Grand Seigneur a eu part à cette mort sans que cela soit affirmé précisément:

Le 28 mars dernier, le nouveau Bacha d'Egypte envoya ici la tête de son prédécesseur, laquelle a été exposée pendant 3 jours consécutifs devant le Serail du Grand Seigneur. Le Bacha du Caire pourrait bien avoir un pareil sort: les principaux du Pays l'ont fait mettre en arrêt et ont nommé le gouverneur en sa place, en attendant que la Porte envoie un nouveau gouverneur. (20 juin 1721)

Le 31 mai, la gazette annonçait la déposition de l'empereur du Mogol et son supplice: 'on l'a fait mourir après lui avoir brûlé les yeux'. Le 6 juin, on lit que le sophi de Perse a dispersé les rebelles, et découvert 'à temps la conspiration tramée par son Premier Ministre contre sa Personne et son Gouvernement, en faveur des Rebelles; et il lui a fait trancher la tête, après qu'on lui eut crevé les yeux' (6 juin). Une tête coupée devant le sérail, quelques yeux brûlés dans l'empire du Mogol ou crevés en Perse, on retrouve enfin les images traditionnelles.

L'insubordination des inférieurs et des intermédiaires prend des proportions étranges lorsqu'elle se manifeste parmi les accompagnateurs des ambassadeurs: en 1720 et en 1775 à Vienne, en 1721 à Paris, les janissaires causent des troubles. Il semble que l'éloignement défasse cette *communication* du pouvoir central, comme si, dans un autre climat, la soumission devenait moins naturelle, tant à l'égard du politique que du religieux[28] – ce qui conforterait l'idée que l'islam et l'esclavage ne seraient possibles que sous des climats chauds. Mehmet Effendi est l'ambassadeur le plus épargné par ces petites révoltes dans les suites des ambassadeurs ottomans, tant qu'il séjourne à Paris, mais il n'en est pas exempt et on comprend qu'il ne reste le maître que tant qu'il maintient sa suite dans le quasi-esclavage qui est l'ordre de l'Orient du despote.

D'Agde, le 30 janvier. Le 26 de ce mois, Mehemet-Effendi, Ambassadeur de la Porte Ottomane, arriva en cette Ville [...]. On a remarqué qu'il a été une demi-heure en priere avant que de donner audience au Corps de la Ville, & qu'il a fait coucher tous ses gens dans la Maison où on l'avoit logé, pour les empêcher de boire du vin. (25 février 1721)

Il semble que les interdits religieux se défassent dès que le pays de cette religion s'éloigne et que seule l'autorité puisse les maintenir, par un

---

28. Les nouvelles de Lisbonne, dans la suite du 18 juillet 1721, racontent la fuite du frère du gouverneur de Ste-Croix, en Barbarie, meurtrier du fils de son roi, sa conversion au christianisme et son baptême, avec le roi du Portugal comme parrain, sous le nom de Jean de Dieu et, coup sur coup, sa première communion et sa confirmation.

enfermement tout aussi réel que métaphorique. Autorité et religion vont de pair; les deux mondes se scindent nettement sur ce critère.

Les transfuges, quand ils arrivent à s'échapper comme c'est le cas à Vienne en 1720, se convertissent immédiatement au catholicisme. Dans ce cas précis, cela prend des proportions symboliquement graves: il s'agit de l'interprète, du mufti et de l'aga des janissaires, les trois personnages clefs de l'ambassade, les deux derniers représentant le pouvoir militaire, la religion et la loi. Ainsi, les particuliers que sont les membres d'une ambassade miment l'insubordination des peuples et officiers vis-à-vis du pouvoir central. La cohésion de l'Empire turc ne peut apparaître, dans les gazettes, que comme extrêmement fragile. La hiérarchie des pouvoirs connaît des troubles de transmission dès que l'espace s'élargit entre le maître et ses représentants.

Le 11 juin, la gazette rapporte que, selon les lettres de Constantinople, le Grand Seigneur et le grand vizir ont observé ensemble incognito le défilé de départ du comte Virmont, ambassadeur de l'Empereur:

> le Comte Virmont, apres avoir eu son audience de conge du Sultan, du Grand Vizir, et de tous les Ministres Ottomans, desquels il a été reçu avec toutes les marques d'honneur et d'amitié imaginables, partit de Pera de Constantinople le 27 avril, avec toute sa suite, au son des trompettes, Tambour battant, Enseignes déployées, etc. Sa Marche fut très magnifique, et il y eut un grand concours de Spectateurs. Il fut accompagné jusqu'à une lieue hors de la Ville par les Ambassadeurs des Princes Chrétiens, qui pour augmenter la pompe et la magnificence, avoient envoyé leurs Nations, sous la conduite de leurs Chanceliers; Les Français marchoient les premiers, les Vénitiens suivoient, et puis les Hollandais et autres Nations: le Comte Virmont venoit ensuite, avec toute sa suite; les Gardes de Grenadiers fermoient la marche, avec leurs drapeaux déployés et toute la Musique militaire. Le Grand Seigneur et le premier Vizir qui s'y étoient rendus incognito avoient admiré cette magnificence, dont on n'avoit pas vu pareille depuis long-tems. (11 janv. 1720, suite)

Le Grand Seigneur, absent des rues de Constantinople, ne se manifeste pas en public; il est toujours doublé de son vizir. Il apparaît ici comme doublement invisible et muet, incognito. On ne sait où il est, de quel lieu il regarde; le temps même employé par la gazette, le plus-que-parfait, fait qu'au moment où il apparaît dans le texte, il a déjà disparu de la scène.

Face à cette invisibilité, il semble que l'image du monarque solaire ne soit pas à l'Orient mais bien dans l'imaginaire du Couchant. L'audience que le très jeune roi de France donne à Mehmet Effendi est frappante: il semble que la théâtralité toute orientale de cette scène soit le fruit d'un désir d'éblouir l'ambassadeur oriental en lui présentant l'analogue de ce qu'on imagine être le faste d'une cour orientale. On lui offre du même,[29] en espérant qu'il soit supérieur tout en restant de l'ordre du même, seule

---

29. *Le Nouveau Mercure* signale que 'le roi avait décidé avec M. le Régent que les mêmes cérémonies qui s'observent à l'audience des ambassadeurs de France à la Porte se pratiqueraient à celle-ci' (cité dans Veinstein, *Le Paradis des infidèles*, p.190).

façon semble-t-il d'établir une comparaison, et le texte de la gazette reflète cette volonté d'éblouir.

Cet Ambassadeur entrera d'abord chez M. le Duc, pour y prendre une espèce de Robe:[30] il montera ensuite dans la galerie dite des Ambassadeurs, que l'on a réparée et qui est très bien meublée. Il y verra le Roi sur son trône, revêtu d'un habit de velours *couleur de rubis*, doublé d'une Moire *d'argent*, garni des plus *beaux diamans* de la Couronne [dont le 'Régent' appelé ici 'celui de M. Pitt'] Les Princes et Princesses seront aussi magnifiquement parés, et il y aura 20 Dames sur des gradins, avec des Ornemens superbes. Il n'entrera dans cette galerie que les Princes, les Ducs, les Maréchaux de France, les grands Officiers de la Couronne et les Ministres étrangers. On ne sera point même admis dans le reste du Palais qu'avec des Billets. Il faudra être mis d'une certaine façon et porter l'Epee pour entrer dans le jardin. (18 mars 1721; souligné par moi)

La théâtralité gagne tout le palais, le jardin même; pour un peu toute la ville se ferait autre. L'espace si libre du palais pendant la Régence se referme, on n'y entre qu'en portant le 'billet', lettre 'de noblesse' – ou du moins autorisation de *paraître* – ou l'épée, accessoire ici de pure fantaisie, apparence. Après le récit de l'audience, la livraison suivante revient sur les détails manquants, ceux du décor, comme la gazette le fait rarement:

Description de la galerie où le Roi donna audience à l'ambassadeur de la Porte Ottomane, etc.

   Cette Galerie, au fond de laquelle étoit le trône du Roi, sur une estrade de huit marches, étoit tapissée de belle tenture des Gobelins, représentant les principales actions de la vie du feu Roi Louis XIV. Le trône étoit *séparé du reste* de la Galerie par une Balustrade. Le haut du dais étoit en gros relief de broderie d'*or en bosse*, orné de cartouches de soie à Personnages naturels au petit point. Le Trône étoit d'un bois *doré* sculpté à jour, surhaussé de deux Génies tenant une couronne. Le Dossier étoit d'une étoffe à fond d'*or*, sur laquelle brilloit un *grand soleil à rayons*, enrichi d'une *quantité prodigieuse de pierreries, et de perles d'une richesse infinie*. Le Socle du trône doré étoit sur *un beau Tapis de Perse* qui descendoit jusqu'au bas de l'estrade. (11 avril 1721; souligné par moi)

Lors de l'audience le texte s'éblouit, le roi prend sa place dans ce décor et redouble le luxe:

L'Habit qu'avoit le Roi étoit si *chargé* de Diamans et & autres Pierreries qu'il *pesoit* 35 livres: il y avoit aussi beaucoup de Pierreries au Dais et au Fauteuil, entr'autres un Soleil. Ce, joint à la magnificence de la Cour produisit un effet admirable. (28 mars)

La place du roi, c'est d'être celui qui endosse un habit si lourd qu'il ne peut que gêner les mouvements de celui qui l'endosse, à plus forte raison si celui qui l'endosse est un enfant. Il apparaît comme paralysé. Roi enfant,

---

30. Dans la livraison suivante, il est dit: '[Il] entra chez M. le Duc, où on lui présenta du Café' – *Le Nouveau Mercure* opte pour du chocolat et un changement de turban. Café, robe de cérémonie, ou les deux? Toujours est-il que ce don du café (préféré au chocolat) est symptomatique de toute l'image d'ensemble que suggère la gazette: ne pas le dépayser.

il est un roi d'image. Il est aussi un roi muet: son 'Vizir'[31] répond à sa place à l'ambassadeur. Comme le potentat oriental selon Chardin,[32] roi encore soumis au monde des femmes, il est roi pour 'la montre' et par 'la montre', tandis que le pays est gouverné par un autre.

Le Régent comme vizir. Philippe d'Orléans, absent de ce décor, mais pourtant présent, autre image du Vizir caché, tandis que, présent dans le décor, décor lui-même, le fondateur mythique de cette monarchie tentée par l'Orient despotique, Louis XIV (roi magicien admirateur de la politique orientale[33] selon Montesquieu) vit encore une vie d'actions éclatantes, en images. Sur le trône de bois doré, la Monarchie – la couronne – est soutenue par des génies: métaphore d'un pouvoir soutenu par de l'imaginaire pur – pur et bien réel comme tout imaginaire vivant.

Autrement dit, ce qui apparaît dans cette mise en scène, c'est ce que dit Montesquieu dans les *Lettres persanes*: la monarchie française tend vers le despotisme, elle en prend des aspects tout en restant radicalement différente (tout cela n'est qu'un rêve, et ce n'est que ce qu'en a voulu retenir l'observateur, ce n'est que de la gazette). La *Gazette d'Amsterdam*, dans les nouvelles de Paris, semble aussi fascinée que les Parisiens des *Lettres persanes*, tant la place qu'elle accorde aux faits et gestes de l'ambassadeur et la fréquence des nouvelles qui s'y rapportent est exceptionnelle (on trouvera en fin d'article le relevé complet de ces passages). Le spectacle que l'on s'offre et que l'on offre, tant à l'ambassadeur qu'à la Cour ou au pays, qui sera informé par les lettres et les gazettes, c'est le reflet d'un désir qu'on suppose réciproque. Désir sans doute réel, vu la foule qui suit Mehmet Effendi à chacun de ses pas. On imagine un pays pris d'un désir d'Orient. Plus qu'un désir de pacotille, qui se porterait sur des objets ou des modes alimentaires, de l'exotisme somme toute, ce désir porte sur ce qui fait le centre du fantasme oriental, le despotisme. Est mis en scène un désir de fascination pour un Etre central qui soit absolument souverain – tout en n'existant pas.

Chose inimaginable: la Sorbonne elle-même se rêve en mosquée.

Le 7 de ce mois, l'ambassadeur de la porte Ottomane se rendit à la Maison de la Sorbonne pour la voir; mais comme il était un peu tard, les Directeurs de cette Maison lui firent entendre qu'il pourrait mieux satisfaire sa curiosité le jour suivant où l'on devait soutenir une Sorbonique dans la salle de ladite maison; ce qui fit que l'*on orna cette salle avec des tapis de Turquie les plus riches qu'on put trouver*. Mais cet Ambassadeur ne put y assister ce jour là. Les uns disent qu'une

---

31. Le maréchal de Villeroy ('A quoi le maréchal Duc de Villeroi répondit au nom du Roi: L'Empereur mon maître est satisfait de la marque d'Amitié que lui donne l'Empereur des Ottomans, & du choix qu'il a fait de l'Ambassadeur qui l'en assure'), alors que le Régent répond lui-même à l'audience qu'il accorde à l'ambassadeur, et dans des termes très similaires à ceux du porte-parole du roi ('Mgr le Régent répondit à ce Discours qu'il étoit charmé du choix que le Grand Seigneur avoit fait de sa Personne') (1er avril 1721).

32. Voir A. Grosrichard, *Structure du sérail*, p.105.

33. Montesquieu, *Lettres persanes*, XXXVII.

indisposition l'empêcha de s'y rendre; d'autres croient qu'une raison politique ne lui a pas permis de s'exposer aux disputes ordinaires touchant la religion chrétienne. (18 juillet 1721, suite)

D'autres détails montrent que tout est fait pour que l'ambassadeur se sente comme chez lui, ce qui revient à tirer la France vers ce rêve oriental.[34] Le café qu'on lui offre, chez le duc de Bourbon, simple marque d'attention, peut aussi être vu comme une soumission excessive à ce modèle, excessive parce que toucher au cérémonial, à cette époque, c'est déjà se rapprocher du politique.

Mais ne pas dépayser un ambassadeur, c'est aussi faire de lui un sujet imaginaire du roi, lui qui représente son maître, et donc remplacer l'un des monarques par l'autre, installer le roi de France en sultan. Si l'on pense au conte oriental allégorique des *Amours de Zéokinizul, roi des Kofirans* – et bien sûr, à ce qui l'a inspiré, la vie de ce roi bien des années plus tard – ces quelques images de l'enfance de Louis XV ne sont pas sans saveur.

Néanmoins, le roi de la gazette, ou plutôt son sultan, celui que les femmes entourent, c'est l'ambassadeur. Bien sûr, il est roi par la place qu'il y prend: rarement un personnage, même un monarque à son couronnement, suscite autant de texte, en quantité et en fréquence. Même s'il est courant que les faits et gestes des ambassadeurs soient relatés de façon régulière, jamais je n'ai constaté de traitement similaire à celui-là dans la *Gazette d'Amsterdam*. L'inscription de cet ambassadeur dans le texte fait qu'il prend réellement souvent la deuxième place après le roi, ou la première quand celui-ci n'est pas mentionné: en tête des nouvelles de Paris, entouré de noms illustres, présenté dans des activités souvent anodines, mais qui déploient toute la sociabilité du moment.

Paris, 12 mai [représentation de *Dom Japhet*] La Cour y fut fort nombreuse et parut fort contente de ce spectacle. Mademoiselle de la Roche sur Yon fit plusieurs questions à l'Ambassadeur sur ce qu'il pensait de ces divertissements, à quoi il répondit, entre autres choses, d'une manière fort polie, que ses charmes l'avaient si fort occupé qu'il n'avait pu donner l'attention nécessaire à ceux du Ballet. (20 mai 1721)

Parfois, il passe au second plan, comme ici, après les ventes d'actions:

Le Roi va presque tous les jours jouer chez Madame de Ventadour [santé de Mme d'Orléans, nouvelles de vente d'actions]. Le 13 au soir, l'Ambassadeur de la Porte Ottomane se rendit à l'Opéra où l'on représenta *Omphale*; et hier il alla voir l'Eglise et le Couvent des Chartreux. (23 mai)

Parfois c'est le roi qui est comme éclipsé. Dans l'exemple qui suit, on peut cependant dire que l'ambassadeur est en premier plan du fait du salut qu'il donne au roi, donc que c'est par ce salut qu'il a, momentanément, une existence 'royale'.

---

34. *Le Nouveau Mercure* donne d'autres détails qui montrent que la *Gazette d'Amsterdam* n'est pas la seule à renvoyer cette image: le 9 mai, chez le marquis de Canillac, on le reçoit à l'orientale.

Le 20 de ce mois, l'Ambassadeur de la Porte Ottomane alla rendre visite à M. le Duc de Villeroi qui lui donna un régal magnifique et le conduisit à l'appartement du Roi, qu'il eut l'honneur de saluer. Le soir, cet Ambassadeur fut à la Comédie Italienne, où l'on représenta *Arlequin enfant, statue et perroquet*. Hier, il alla voir les Invalides, où il fut régalé splendidement à dîner: la table étoit de 60 couverts, et M. Le Blanc, Ministre de la Guerre, qui depuis Dimanche avoit ordonné tous les préparatifs nécessaires dans cet Hôtel, y fit rendre tous les honneurs dûs à son Excellence. [nominations] (30 mai)

Dans d'autres passages, le roi s'efface progressivement et il arrive que ce soit l'ambassadeur qui devienne le point de référence de la distinction honorifique:

Lors que l'Ambassadeur de la Porte Ottomane eût été régalé à dîner Mercredi dernier chez le Maréchal Duc de Villeroi, il alla voir les pierreries de la couronne, et les plans qui sont dans la grande Galerie des Tuileries [...] Le Roi se trouva incognito chez M. le Maréchal. Le jour suivant, cet Ambassadeur ne s'étant rendu aux Invalides que sur les quatre heures après midi, il n'y dina point, comme on l'avait dit, mais on lui servit une collation magnifique, accompagnée d'un très beau concert, exécuté par la Musique de S. M. Le Cardinal de Polignac y vint aussi, et l'Ambassadeur le fit asseoir à sa droite. Les Officiers et les Soldats eurent ce jour là une double portion. (3 juin)

La gazette donne en spectacle un jeune roi fasciné qui semble suivre les mouvements de l'ambassadeur, observant son entrée chez la Maréchale de Boufflers (25 mars), puis contemplant, de la fenêtre de la salle des Suisses, son arrivée aux Tuileries lors des deux audiences (28 mars et 22 juillet). On le voit même l'imiter, visitant Bercy peu après Mehmet Effendi (13 juin et 20 juin). Leurs rencontres qui ont l'air d'être le fait du hasard, dans l'allée des Champs Elysées (2 mai) et chez le duc de Villeroi (3 juin) font que leurs apparitions semblent liées, ce qui fait que le nouvelliste se trompe en indiquant à tort leur présence en un même lieu, lors de la procession du Saint Sulpice (27 juin): la gazette donne un démenti dans la livraison suivante (1er juillet).

Enfin, peu avant son départ, l'ambassadeur se rend à Versailles. Ce séjour à Versailles est l'aboutissement d'annonces réitérées: on l'annonce dans cinq livraisons, indiquant la nouvelle tenue des domestiques qui doivent l'y accueillir (11 mars), la préparation de ses appartements (6 mai), son départ proche (27 mai, 30 mai, 6 juin)[35] et, après la relation de sa visite, on revient sur celle-ci pour d'autres détails, comme si cette visite était le but et la justification de son voyage depuis Constantinople. Dans le texte de la gazette, l'ambassadeur connaît à Versailles une apothéose qui le fait devancer le roi, non plus dans le temps, comme à Bercy, mais dans l'ordre des nouvelles:

35. Une des raisons de cette insistance est due à l'incertitude des dates: son voyage est annoncé pour le 26 mai et n'a lieu que le 9 juin, et il n'y séjourne que trois jours, au lieu de huit à dix annoncés auparavant.

Paris, 12 juin. Dimanche au soir, l'Ambassadeur de la Porte Ottomane se rendit de Meudon à Versailles, où il coucha. Lundi, après le dîner, son Excellence vit jouer les Eaux, dont elle fut charmée. Il s'y était rendu de Paris et des environs une foule extraordinaire de monde. Mardi, cet Ambassadeur alla voir la Machine de Marly. Il se rendit ensuite à Marly, où il vit jouer les Eaux après la Collation. Le soir, il retourna à Versailles. Hier, il devait aller voir Trianon, et l'on attend ce soir son retour en cette Ville. Hier, les Comédiens français représentèrent dans la petite Galerie du Palais des Tuileries, en présence du roi, Athalie. (20 juin)

Il fait revivre pour un instant les fastes de Versailles et de Marly (les Eaux 'jouent' pour lui), attirant à nouveau une foule immense dans ces lieux désertés, et il semble incarner pour un instant la figure royale perdue, celle du monarque solaire que condamne Montesquieu. Fait exceptionnel, dans ce texte les activités du roi passent après les siennes et elles y sont décrites sans détails, sans mention des personnes présentes, comme si toute la Cour avait déserté Paris pour Versailles, en remontant le temps. Enfin, il est celui dont on attend le retour, comme si le maître de la ville était absent. Un prince enfant, un vizir discret dans ses plaisirs, et toute une ville désire le retour du despote oriental, ou du moins de son image.

La gazette est une 'fenêtre', elle présente un univers qui n'est pas celui de la fiction et 'où les acteurs ne sont pas choisis et [...] les sujets qu'on traite ne sont dépendants d'aucun dessein, ou d'aucun plan déjà formé'. Mais elle est faite par des lettres de correspondants qui décident par eux-mêmes de ce qui intéressera ou non les lecteurs: Lettres de Constantinople ou Lettres parisiennes, elles offrent un double curieux des *Lettres persanes*, leur envers (l'Occident parle de l'Orient) et leur semblable (c'est toujours l'Occident qui se mire en son miroir). Le lecteur lui-même est un regard qui ne voit que ce qui le regarde, et le texte de la gazette ne lui donne justement que cela. Mise en scène de vieux fantasmes, méconnaissance qui tente cependant de se frayer un chemin dans les fausses rumeurs et les vrais événements, langage qui tente de ramener l'inconnu au connu, la gazette est à la fois le reflet des fantasmes et leur contraire. Plus qu'une fenêtre ouverte sur la figure d'un despotisme dont la nature n'apparaît pas clairement et qu'elle présente souvent comme un empire déclinant en proie à des débuts d'anarchie, elle offre au temps un miroir: on peut y voir la confirmation de la vraie vie imaginaire du despotisme oriental, dans le regard que l'on porte sur une monarchie française qui semble prise entre la nostalgie de l'or et du vieux roi solaire, et la fascination d'un monde nouveau où le pouvoir n'est plus qu'une image et où l'argent n'est plus que du papier.

Annexe A: le séjour de Mehemet Effendi en France dans la *Gazette d'Amsterdam* (avril 1720-août 1721)

En tête est donnée la date de la livraison, puis sont données la provenance et la date des nouvelles. Dans les nouvelles de Paris, lorsque celles qui concernent Mehmet Effendi ne sont pas données dès le début de cette rubrique, on les a fait précéder, entre crochets, de la liste – non exhaustive mais indicative – de ce qui les devançait.

12 avril 1720

Constantinople, 23 février: Le Grand Seigneur a nommé Celabat Mehemet Effendi, qui a été second plénipotentiaire au Congrès de Possarowitz, pour aller en France en qualité d'Ambassadeur, & feliciter le jeune Roi sur son élevation au Trône: il doit partir au commencement d'avril.

21 mai 1720

Constantinople, 4 avril: Le Grand Seigneur avoit résolu il y a quelques tems, d'envoyer une Ambassade extraordinaire en France, pour féliciter le jeune Roi sur son avenement à la Couronne et il avoit même nommé pour cet effet Celebi Mehemet Effendi, ci-devant second plénipotentiaire au Congrès de Possarowitz, avec ordre de dresser un Compte des Deniers nécessaires pour cette Ambassade, outre les Présens: Mais Sa Hautesse ayant trouvé que la dépense monteroit à des sommes excessives, Elle a changé de sentiment; d'autant plus que si cette Ambassade avoit eu lieu, il auroit fallu en envoyer une aussi au Roi de la Grande-Bretagne, pour le féliciter pareillement sur son avenement à la Couronne.

8 octobre 1720

Constantinople, 29 août: On assure que Celebi Mehemet Effendi, qui est nommé pour l'Ambassade à la Cour de France, partira incessamment pour s'y rendre, accompagné d'un des principaux Interprètes de l'Ambassadeur de France.

29 octobre 1720

Paris, 21 oct.: La Cour défraye Mehemet Efendi, Ambassadeur de la Porte ottomane, avec toute sa suite, qui est nombreuse. Dès qu'il aura achevé sa quarantaine à Cette, il se rendra à Toulouze et de là à Bordeaux, où l'on va lui envoyer quatre carosses du Roi à 6 chevaux, lesquels avec ceux de main et de bagage devroient monter à 200 chevaux.

10 décembre 1720, suite

Constantinople, 14 oct.: Mehemet Effendi, ci-devant second plénipotentiaire au Congrès de Possarowitz, s'embarqua le sept de ce mois à bord d'un Vaisseau Marchand François destiné pour Marseille, d'où il se rendra à la Cour de France en qualité d'Ambassadeur Extr.: il a une suite de 70 personnes, et le Marquis de Bonac, Ambassadeur de France, lui a cèdé un de ses Truchemens. Dès que l'Ambassadeur du Roi de la Grande-Bretagne eut été informé de son départ, il dépêcha un Exprès à Londres par la voye de Vienne, pour en donner avis à S. M. Britannique.

14 février 1721, suite

Extrait de quelques lettres de Montpellier du 27 janvier: Avant-hier, l'Ambassadeur Turc partit avec Sa suite de *Maguelone*, où il avoit fait Quarantaine, pour se mettre en chemin vers Paris; il prend la route de Toulouze et de Bordeaux. Le Marquis de la Beaume, qui a été envoyé par la Cour pour l'accompagner jusqu'à Paris, le fut prendre Samedi en grand Cortège; et on lui fait partout de grands honneurs. On se loûe fort de lui, et en particulier les Dames, qui le trouvent fort poli et fort gracieux. On dit que c'est un homme de beaucoup d'esprit, et qu'il a plus de Littérature que n'ont communement les personnes de ce Païs-là. Les Etats commenceront à s'assembler le 30 en cette ville.

18 février 1721

Paris, 9 Février: Hier au soir, on suspendit le divertissement du Ballet du roi, parce que S. M. étoit encore un peu enrhumée […]. Le Duc de Chartres est entierement rétabli de son indisposition. Outre les Gardes Françoises et Suisses qui ont ordre de se tenir prêtes au 2 du mois prochain, pour la réception de l'Ambassadeur du Grand Seigneur, qui fera alors son entrée publique en cette ville; il y aura encore un gros détachement de la Maison du Roi à cheval, habillé de neuf et bien remonté: On y joindra d'ailleurs tout ce qui conviendra le plus à la magnificence de nôtre jeune Monarque, tant en cette occasion, que dans les divertissemens qu'on donnera à cet Ambassadeur.

28 février 1721

Agde, 30 janvier: Le 26 de ce mois, Mehemet-Effendi, Ambassadeur de la Porte Ottomane, arriva en cette Ville, après avoir achevé la Quarantaine à Maguelone. Il a été reçu avec toute la Magnificence possible à une petite Ville: les Consuls lui ont fait les Présens de la Ville, & l'ont complimenté: il les a reçus avec beaucoup de politesse, les a faits remercier par son Interprete de l'honneur qu'ils lui faisoient, et leur a fait donner le Caffé. Il a aussi témoigné beaucoup d'honnêteté à toutes les Personnes qui ont été admises à lui faire la reverence, & sur-tout aux Dames. On a remarqué qu'il a été une demi-heure en priere avant que de donner audience au Corps de la Ville, & qu'il a fait coucher tous ses gens dans la Maison où on l'avoit logé, pour les empêcher de boire du vin. Il partit le jour suivant, pour se rendre par le canal à Toulouze. Le Comte de La Beaune [*sic*], Gentilhomme ordinaire de la Chambre, qui est venu le recevoir à Maguelone, l'accompagnera jusqu'à Paris.

Liste des personnes qui composent la suite de cet Ambassadeur
Son Fils, un Intendant, ou Iman ou Ministre, un Trésorier, un Garde-Sceau, un Maître de Garde-Robbe, un Maître d'Office, un Caffetier, celui qui a le soin de lui remplir & présenter sa pipe, un Blanchisseur, un Parfumeur, un Barbier, celui qui a le soin des Chandeliers & de les garnir, celui qui appelle à la priere, 13 Agas faisant fonction de valets de Chambre, un Maître de Cérémonies, un Mâitre d'Hôtel, un Ecuyer, un Chef de Cuisine, un Pourvoyeur, un Medecin avec un Valet; Soliman Capitan, esclave qu'il a racheté à Malte; 20 Valets de pié, 6 Aides de Cuisine, 4 Gardes-Tentes, un Jaca ou Porteur d'eau, 2 Palfreniers, 2 Pellissiers, un Tailleur, 5 Pourvoyeurs de sa Maison avec 2 Valets.

4 mars 1721

Paris, 13 février: On donnera une Garde à l'Ambassadeur de la Porte Ottomane pour plus grande distinction; il n'est attendu ici que le 6 ou 8 du mois prochain, à cause du grand froid qui retarde son voyage.

Paris, 24 février: On apprend de Bordeaux que l'Ambassadeur de la Porte Ottomane y a été reçu avec de grandes marques de distinction: il arriva avant-hier à Amboise, d'où il doit se rendre par Blois à Orleans, où il restera 5 ou 6 jours. On meuble le Château de Rambouillet, au Faubourg St Antoine, pour la réception de cet Ambassadeur.

11 mars 1721

Paris, 2 mars: [commerce suspendu entre France et Espagne; Law projete de marier sa fille et paye ses dettes] Il y aura à l'entrée de l'Ambassadeur du Sultan, outre les Troupes de la Maison de S. M., les 4 Bataillons du régiment du Roi Infanterie, le Colonel General Cavalerie, et le Régiment d'Orleans Dragons. On dresse le Trône du Roi au bout de la Galerie des Tuileries, où S. M. donnera audience à cet Ambassadeur. Les Gouverneurs & Officiers des Chateaux de Versailles, Meudon et autres Maisons royales, ont reçu ordre d'avoir des Habits bleus uniformes, galonnez d'or, lors-que ledit Ambassadeur ira les visiter. [annonce de décès; suite de l'affaire du duc de La Force]

18 mars 1721

[Paris, 9 mars: congrès de Cambrai, affaire du duc de La Force]

Paris, 10 mars: L'Ambassadeur de la Porte Ottomane, qui arriva avant-hier au Faubourg St Antoine, a une garde de 50 hommes du Régiment du Roi. Dimanche prochain, il fera son Entrée publique, dans laquelle il sera précédé du Régiment d'Orleans Dragons, et suivi de 100 Grenadiers à cheval. Le Mardi suivant, il aura son Audience publique du Roi: on le fera passer par l'Allée des Champs Elysées: il trouvera, depuis la Barriere de Chaillot jusqu'au Rond, les 4 Bataillons du Régiment du Roi Infanterie; au Rond, d'un côté, le Colonel Géneral, Cavalerie, & de l'autre, le Regiment d'Orleans Dragons, qui le precedera encore; depuis ce Rond jusqu'au Fossé, les Gardes Françoises et Suisses; dans l'Esplanade jusqu'au Pont tournant, les Troupes de la Maison du Roi à cheval; et depuis le Pont tournant jusqu'au Pavillon, un autre détachement des Gardes Françoises & Suisses. Cet Ambassadeur entrera dabord chez M. le Duc, pour y prendre une espèce de Robe: il montera ensuite dans la Galerie dite des Ambassadeurs, que l'on a réparée et qui est très-bien meublée. Il y verra le Roi sur son Trône, revêtu d'un Habit de Velours couleur de Rubis, doublé d'une Moire d'Argent, garni des plus beaux Diamans de la Couronne [dont le 'Régent' appelé ici 'celui de M. Pitt']. Les Princes et Princesses seront aussi magnifique-ment parés, et il y aura 20 Dames sur des Gradins, avec des Ornemens superbes. Il n'entrera dans cette Galerie que les Princes, les Ducs, les Maréchaux de France, les grands Officiers de la Couronne et les Ministres étrangers. On ne sera point même admis dans le reste du Palais qu'avec des Billets. Il faudra être mis d'une certaine façon et porter l'Epee pour entrer dans le jardin.

21 mars 1721

[Paris, 13 mars: affaire du duc de La Force]

Paris, 14 mars: [arrangement entre le roi et la Cie des Indes] Le Roi a fait envoyer de riches étoffes d'or et d'argent à l'Ambassadeur de la Porte ottomane pour en faire des vestes. [nominations; un cocher fouetté; émeute]

25 mars 1721

Paris, 16 mars: Voici l'ordre que l'on a tenu cet après-midi à la magnifique Entrée de Celebi Mehemet Effendi, Ambassadeur Extraordinaire du Grand Seigneur auprès de S. M. très-Chrétienne.

I.   Les Inspecteurs de Police, à cheval, en Habit d'écarlate, galonnez d'Or.

II.   Le Carosse de Mr l'Introducteur des Ambassadeurs.

III.   Deux Carosses du Maréchal d'Estrées, qui étoient précedez de ses 2 Suisses, de 6 Pages, de 10 Ecuyers, tous à cheval; et de 12 Palfreniers, tenant chacun un Cheval de main, avec de très-belles housses à ses Armes.

IV.   Le Régiment d'Orleans, Dragons.

V.   La Suite de l'Ambassadeur, consistant en 12 Fuzeliers, & autant qui portoient des Lances, tous à cheval, tenant outre cela chacun un Cheval de main; les Officiers de son Exc. à cheval, dont l'un entr'autres portoit un Turban verd, dans un Crêpe blanc à fleur d'Or.

VI.   L'Ambassadeur seul à cheval, parce qu'il avoit souhaité de n'avoir personne à cheval à ses côtez. Il étoit environné des Esclaves à pié.

VII.   Un peu derriere, à la droite, le Maréchal d'Estrées à cheval, précédé d'une vingtaine de Valets de pié; & à gauche l'Introducteur des Ambassadeurs aussi à cheval.

VIII. Un Lieutenant, un Maréchal des Logis, & 20 Maîtres du Colonel Général, à droite & à gauche de S. E. & de sa Maison.

IX.   Les Grenadiers à cheval.

X.   Le Régiment Colonel Général.

XI.   Les carosses du Roi & des Princes, à 6 & 8 chevaux

XII.   La Compagnie du Prévost de la Connétablie.

Il y avoit en haie depuis l'Hôtel où étoit l'Ambassadeur jusqu'à la Porte St Antoine, le Regiment du Roi, Infanterie: sur le Rempart de la Bastille, la Compagnie de la Bastille: à la Porte St. Antoine, une Compagnie de Fuzeliers du roi: Dans les Ruës St. Antoine & Royale, des Détachemens du Guet à pié: Sur la Place Royale, de laquelle on est sorti par la Ruë de l'Echarpe, les Archers de Ville entre les Barreaux: dans les Ruës de l'Echarpe, Ste Catherine, St. Antoine, Place Baudoyer, Cimetierre St. Jean, de la Verrerie, des Lombarts, St. Denis, de la Feronnerie, St. Honoré & du Roule, des Escouades du Guet à pié: dans la Ruë de la Monnoye, la Compagnie du Prévost de la Monnoye: sur le Pont-Neuf, 100 hommes des Gardes Françoises: vis-à-vis le Cheval de Bronze, le Guet à cheval: dans la Ruë Dauphine, la Compagnie de Robe-Courte: Dans la Ruë de Condé, une Escouade de Guet à pié: Dans la Ruë de Vaugirard, devant le Luxembourg, la Compagnie du Prévost de l'Isle: Dans la Ruë de Tournon, les Troupes du

Cortege s'y sont mises en haye, et s'y sont retournées à leurs Quartiers, après que l'Ambassadeur a eu mis pié à terre dans la Cour de l'Hôtel des Ambassadeurs. Il y avoit dans la marche un Aide Major de chaque Corps à portée du Maréchal d'Estrées, pour exécuter ses ordres.

Le Roi est venu voir l'Entrée dans la Place Royale, chez la Maréchale de Boufflers, accompagné de M. le Duc, du Comte de Clermont, et d'une grosse Cour. Mgr. le Duc & Mme la Duchesse d'Orleans étoient aussi chez la Grande Duchesse; & la Duchesse Douairiere avec Mles de Charolais et de Clermont chez la Princesse d'Epinoy, dans la même Place Royale. Les fenêtres et les balcons étaient parés des plus riches étoffes, ce qui faisait un coup d'œil superbe. Rien n'est comparable à l'affluence qui s'est trouvée sur la route de la Marche.

Paris, 17 mars: L'Ambassadeur de la Porte Ottomane n'ira qu'à l'Audience du Roi, & à celle de Mgr. le Duc d'Orleans, en qualité de Régent de France. Cette Audience est renvoyée à Samedi prochain ou au Lundi suivant. On mande d'Espagne.

28 mars 1721

[Paris, 19 mars: constitution]

Paris, 20 mars: L'Audience que le Roi doit donner à l'Ambassadeur de la Porte Ottomane, ayant été fixée à demain au matin, il partira de l'Hotel des Ambassadeurs sur les 10 heures et demie et sera encore escorté des mêmes troupes à cheval qui étoient à son Entrée. Après l'Audience, S. M. dinera ensuite dans le jardin des Tuileries afin d'y passer en revuë les Régimens des Gardes Françoises et Suisses qu'on y fera défiler comme l'année dernière. [Cie de Indes]

Paris, 21 mars: [arrivée d'un plénipotentiaire anglais] On dit que les Présens dont l'Ambassadeur de la Porte Ottomane est chargé pour le Roi consistent en une couronne et un sceptre d'or, enrichis de Diamans, et estimés deux Millions; outre douze beaux chevaux de Turquie, parmi lesquels il y en a un petit, magnifiquement harnaché.

1er avril 1721

Paris, 23 mars: Avant-hier, l'Ambassadeur de la Porte Ottomane partit de la Ruë de Tournon, pour se rendre au Palais des Tuileries: voici l'ordre de la Marche.

I.   Les Inspecteurs de Police, à cheval[36]
II.   Le Carosse de l'Introducteur[37] et du Prince de Lambesc.
III.   Le même nombre de Palfreniers Chevaux des Ecuries du Roi, que lors de son Entrée.[38]
IV.   Le Régiment d'Orleans, Dragons.

36. Pour tout ce passage, les notes signalent le moment où le compte rendu diffère de l'annonce, l'absence de note indique une correspondance totale. Ici, on avait comme variante 'en Habit d'écarlate, galonnez d'Or'.

37. 'Mr l'Introducteur des Ambassadeurs.'

38. 'Deux Carosses du Maréchal d'Estrées, qui étoient précedez de ses 2 Suisses, de 6 Pages, de 10 Ecuyers, tous à cheval; et de 12 Palfreniers, tenant chacun un Cheval de main, avec de très-belles housses à ses Armes.'

V.   La Suite de l'Ambassadeur,[39] sans Fuzils ni Lances; parmi lesquels étoit le Fils de son Exc., portant dans un Bassin la Lettre du Grand Seigneur à S. M. T. C.

VI.   L'Ambassadeur[40] à cheval, entre le Prince de Lambesc à droite et l'Introducteur à gauche, aussi à cheval.

VII.   Un peu derriere,[41] un Lieutenant, un Maréchal des Logis, & 20 Maîtres du Colonel Général, à droite & à gauche de S. E. & de sa Maison.[42]

VIII.   Les Grenadiers à cheval.

IX.   Le Régiment Colonel-Général.

X.   Le carosse du Roi.[43]

XI.   La Compagnie du Prévost de la Connétablie.

Il y avoit dans les Ruës du passage, les mêmes Troupes que Dimanche dernier, excepté à la Porte St. Honoré: le Regiment du Roi, Infanterie, bordait le Rempart sur 4 lignes, jusqu'aux Troupes de la Maison de S. M. à cheval, qui étoient près du Pont tournant; savoir à droite, les Gardes du Corps, les Mousquetaires gris et les Chevaux legers; & à gauche les Gendarmes de la Garde, les Mousquetaires noirs & les Grenadiers à cheval: dans le Jardin, depuis le Pont tournant jusqu'aux premiers Degrez, vis-à-vis le gros Pavillon étoient à droite les Gardes Françoises sur 4 lignes, & à gauche les Suisses sur 3 lignes. La Prevote de l'Hôtel; et dedans la Garde ordinaire. L'Ambassadeur et sa suite, le Prince de Lambesc & l'Introducteur entrerent tous à cheval dans le Jardin des Tuileries & avancerent ainsi jusqu'aux premiers Degrez qui sont vis-à-vis le gros Pavillon: Il eacute;toit alors 11 heures. L'Ambassadeur ayant décendu de cheval entra dans l'Appartement de Mr le Duc, où on lui présenta du Caffé. Trois quart d'heure après, l'Introducteur des Ambassadeurs vint lui dire, que le Roi étoit prèt à le recevoir: surquoi il se mit en marche, et trouva au bas de l'Escalier le Grand Maître d'Hôtel & le Maître des Céremonies, qui le prierent de nommer les personnes qu'il souhaitait qui assistassent à l'Audience; ce qu'il fit, et le reste de sa Suite fut obligé de l'attendre dans l'Anti-Chambre. L'Ambassadeur ayant ensuite été introduit dans la Galerie, il s'avança jusqu'au Trône, en faisant les reverences accoutumées; & il présenta ses lettres de créance au Roi, en disant:

Voici la lettre du très-Magnifique et très-Puissant Empereur des Ottomans, le Sultan Achmet, Fils du Sultan Mehemet; accompagnée de celle du Grand Vizir, Ibrahim Bacha, son Gendre.

L'Ambassadeur s'étant arrêté un moment, reprit ensuite la parole et fit le Discours suivant:

Le Grand Seigneur m'envoye en Ambassade auprès du très-Puissant et très-Magnifique Empereur des Francs, pour témoigner l'estime qu'il a pour votre Sublime Majesté, et pour lui

---

39. 'consistant en 12 Fuzeliers, & autant qui portoient des Lances, tous à cheval, tenant outre cela chacun un Cheval de main; les Officiers de son Exc. à cheval, dont l'un entr'autres portoit un Turban verd, dans un Crêpe blanc à fleur d'Or.'

40. 'seul à cheval, parce qu'il avoit souhaité de n'avoir personne à cheval à ses côtez. Il étoit environné des Esclaves à pié'.

41. 'à la droite, le Maréchal d'Estrées à cheval, précédé d'une vingtaine de Valets de pié; & à gauche l'introducteur des Ambassadeurs aussi à cheval'.

42. C'est très exactement ce que l'on trouvait en VIII dans la liste précédente; toute la suite est décalée.

43. 'Les carosses du Roi & des Princes, à 6 & 8 chevaux.'

donner des marques de la sincere et constante amitié qui regne depuis long-tems entre les deux Empires: Quelle gloire n'est-ce pas pour moi, d'avoir été revêtu d'une Dignité qui m'a procuré l'honneur de voir la face d'un si grand Empereur, & d'un Soleil si brillant et si majestueux à son lever. Je souhaite qu'il daigne repandre sur moi ses rayons les plus doux, & que ma personne lui puisse être agréable.

A quoi le maréchal Duc de Villeroi répondit au nom du Roi:

L'Empereur mon maître est satisfait de la marque d'Amitié que lui donne l'Empereur des Ottomans, & du choix qu'il a fait de l'Ambassadeur qui l'en assure.

L'Habit qu'avoit le Roi étoit si chargé de Diamans & autres Pierreries qu'il pesoit 35 livres: il y avoit aussi beaucoup de Pierreries au Dais et au Fauteuil, entr'autres un Soleil. Ce, joint à la magnificence de la Cour produisit un effet admirable. Lors que l'Ambassadeur arriva au Jardin des Tuileries, le Roi vint à la fenêtre de la Salle des Suisses, pour le voir; et S. M. se rendit au Pavillon vis-à-vis le Pont Royal, quand il y passa. Après l'Audience, qui finit à midi et demi, ce ministre fut reconduit avec le même cortege à l'Hôtel des Ambassadeurs.
Aujourd'hui à midi, il s'est rendu au Palais Royal où il a eu Audience de Mgr le Duc Régent dans sa belle Galerie; et comme la Cour s'y est trouvée fort nombreuse et d'une magnificence extraordinaire, cela a fait un très beau coup d'œil. Voici l'ordre de la Marche.

I.   Le Carosse de Mr de Marpré, Introducteur chez S. A. Royale.

II   Un Détachement du Régiment d'Orleans, Dragons.

III   Trente-six Valets de pié de S. A. R.

IV.   Vingt de ses Pages à cheval.

V.   Dix-huit de ses Palfreniers à cheval, tenant chacun un Cheval de main par la bride.

VI.   La Suite de l'Ambassadeur à cheval, sans Fuzils ni Lances.

VII.   L'Ambassadeur à cheval, ayant à son côté l'Introducteur.

VIII. Un Détachement du Régiment d'Orleans.

IX.   Les Carosses de Mgr le Duc et de Madame la Duchesse d'Orleans.

X.   Et un troisième Détachement du Régiment d'Orleans.

Après l'Audience, l'Ambassadeur est monté dans le Carosse de S. A. Royale, et s'en est retourné à la Ruë de Tournon avec le même Cortege. La Place du Palais Royal étoit gardée par le Guet à cheval, et les dehors du Palais par la Compagnie des Fuzeliers du roi: Il y avoit aux avenues des Ruës, le Guet à pié, les Archers de la Monnoye, & la Maréchaussée. Cet Ambassadeur est fort satisfait des honneurs qu'il a reçûs le jour de son Entrée, & dans ses deux Audiences.

Paris, 24 mars.
Les Gardes Françoises et Suisses qui devoient défiler Vendredi dernier devant le Roi reçurent ce jour-là un contre ordre [...]. Hier après-midi, le Roi alla se promener aux Champs Elyzées; et pendant ce tems-là on permit au public de voir la Salle où S. M. avoit donné audience à l'Ambassadeur de la Porte Ottomane.

4 avril 1721

Paris, 27 mars: [activités du roi; audience de l'ambassadeur des Provinces Unies (7 lignes)]. Hier, sur le midi, Mehemet Effendi, Ambassadeur Extr. du Grand

Seigneur, vint au Palais-Royal chez Mgr l'Archevêque de Cambrai, qui lui avoit envoyé 6 carosses pour lui et pour ses Officiers. Ce soir, il est venu à l'Opera de *Thésée*, dans l'Amphithéâtre qu'on lui a destiné, & pour sa Maison: l'Assemblée étoit nombreuse et magnifique. [Cie des Indes; projet de vente des biens de Law]. Le Régiment du roi, Infanterie, le Colonel-Géneral, Cavalerie, & le Régiment d'Orleans, Dragons, sont retournez à leurs Quartiers, tout ce que l'on souhaitait d'eux étant achevé. Voici la liste des Présens du Grand Seigneur envoyez au Roi.

Deux petits chevaux de l'Isle de Metelin, dont l'un est magnifiquement harnaché: Plusieurs Peaux et Fourures d'Hermine.
Dix Pièces de très-belles Etoffes d'Or.
Huit Pièces de Mousseline.
Six vases de Baume de la Mecque.
Un Arc avec son Etuy en broderie et 60 Flêches.

8 avril 1721, suite

Paris, 31 mars: [politique étrangère; la traité de la Quadruple alliance] C'est sur un faux rapport qu'on a mandé, lors de l'Entrée publique de l'Ambassadeur de la Porte Ottomane, que Mr le Maréchal d'Estrées et Mr l'Introducteur avoient marché derrière cet Ambassadeur, puis qu'il est certain qu'ils marcherent tous trois de front. [affaire des Appellants]

Extrait de quelques lettres de Paris du 31 mars: l'Ambassadeur de la Porte Ottomane n'a été qu'à l'Audience du Roi et de Mgr le Duc Régent, et il n'a rendu visite qu'à Mgr l'Archevêque de Cambrai, comme Ministre des Affaires étrangères, le comparant, dit-on, au Grand Vizir. Lorsqu'il alla voir ce Prélat, celui-ci lui envoya 6 Carosses avec ses Armes; en sorte qu'on vit pour la premiere fois, la *Croix* conduire en céremonie le *Turban*, ce qui a fait un spectacle assez extraordinaire en cette Ville.

11 avril 1721

Paris, 4 avril
Description de la Gallerie où le Roi donna Audience à l'Ambassadeur de la Porte Ottomane, etc.

Cette Gallerie, au fond de laquelle étoit le Trône du Roi, sur une Estrade de 8 marches, étoit tapissée de la belle Tenture des Gobelins, représentant les principales actions de *la vie du feu Roi Louis XIV*. Le Trône étoit séparé du reste de la Gallerie par une Balustrade. Le haut du Dais étoit en gros relief de broderie d'or en bosse, orné de Cartouches de soye à Personnages naturels au Petit Point. Le Trône étoit d'un bois doré sculpté à jour, surhaussé de deux Génies tenant une Couronne. Le Dossier étoit d'une étoffe à *fond d'or*, sur laquelle *brilloit un grand Soleil à rayons, enrichi d'une quantité prodigieuse de Pierreries, et de Perles d'une richesse infinie*. Le Socle du Trône doré étoit sur un *beau Tapis de Perse* qui descendoit jusqu'au bas de l'Estrade, tout le long de la Gallerie, il y avoit des Tapis de pié, de la Manufacture des Gobelins, d'une grande beauté. Aux deux côtez du Trône, on voyoit de grandes pieces de *Brocard d'or* sur un fond de Tapisserie *Velours cramoisi*. Ces pieces de Brocard, dans leur dessein, formoient des colonnes torses. Le Roi étoit sur son Trône, avec un Habit *couleur de feu*, enrichi d'agrémens en boutonneries *des plus beaux Diamans de la Couronne, autour desquels regnoit une broderie d'or pour rehausser les Diamans*: Cet Habit étoit *chargé de plus de 25 Millions de Pierreries*. S. M. avoit à son Chapeau une Agraffe de gros *Diamans*, parmi lesquels *brilloit* celui qu'on nomme le Cenci. Sur l'épaule, dont le nœud étoit tout de *Perles et de Diamans, brilloit* encore plus le *Diamant* acheté depuis peu de Mr Pitt, Beau-Père du feu Comte de Stanhope, pour *2 Millions 500 mille livres*, lequel n'avoit point été encore montré. Mgr le Duc Régent avoit un Justaucorps de Velours bleu, *brodé d'or:* le Duc de Chartres en avoit un enrichi de *Pierreries & de Diamans, de même* que Mr le Duc, le Comte de Charolois, le Prince de Conti, l'Abbé de Clermont en Manteau et Soutane longue, & le Comte de Toulouze: les Grands Officiers de la Couronne, & ceux qui ont droit d'être sur le haut Dais, y parurent tous magnifiquement vêtus Mr l'Archevêque de Cambrai & Mr. de Frejus, precepteur du Roi, étoient sur l'Estrade, en Soutanes & Manteaux violets. Il y avoit environ 300 Dames des plus qualifiées de la Cour placées dans la Gallerie, sur des Gradins à trois rangs, couverts de *Velours cramoisi*; à la tête desquelles étoient Mles de Charolois, de Clermont, & de la Roche-sur-Yon, en Habit de Ville: Elles étoient parées d'un *nombre infini de Pierreries*. Voici la Traduction de la Harangue que Celebi-Mehemet Effendi, l'Ambassadeur Extr. du grand Seigneur, fit à Mgr le Duc Régent, en lui présentant la Lettre d'Ibrahim Bacha, Grand Vizir, Gendre de sa Hautesse.

Le très-Puissant Empereur des Ottomans, mon Maître, a choisi le tems de la Régence de V. A. Royale, pour donner des marques publiques à tout l'Univers, du cas qu'il fait de la sincere & constante amitié qui regne depuis un tems immemorial entre les deux Empires: Elle ne peut que s'affermir sous le Regne d'un Prince aussi Grand, aussi Magnanime & aussi éclairé que l'est V. A. Royale. Quelle gloire ne sera-ce pas pour mon Ambassade, si je puis mériter l'honneur de sa bienveillance!

Mgr le Régent répondit à ce Discours qu'il étoit charmé du choix que le Grand Seigneur avoit fait de sa Personne: A quoi l'Ambassadeur répliqua, qu'il tâcheroit pendant le séjour qu'il feroit à la Cour de France, de conserver la bonne opinion que S. A. Royale avoit conçue de lui.

18 avril 1721

[Paris, 10 avril: Cie des Indes]

Paris, 11 avril: [congrès de Cambrai] On assure que l'Introducteur des Ambassadeurs a été débouté des prétentions qu'il pretendoit avoir, au préjudice des Gentilshommes ordinaires de S. M. par rapport à l'Ambassadeur de la Porte Ottomane. Lundi au soir, le Marquis de la Beaume sortant d'un Cabaret, qui est vis-à-vis l'Hôtel des Ambassadeurs, eut querelle et se battit avec un Mousquetaire: surquoi un Turc, Cuisinier de l'Ambassadeur, survint avec une chandelle et voulut les séparer; mais il reçut un coup d'Epée, & le Guet étant accouru, ces Messieurs furent arrêtés et conduits à la Prison de l'Abbaye St Germain des Prez. Le lendemain, Mme de la Beaume, Mère du prisonnier, alla faire des excuses à l'Ambassadeur qui la reçut fort gracieusement: cependant, on dit que l'affaire est grave.

22 avril 1721

[Pezenas, Montpellier: nouvelles de la peste]

Paris, 14 avril: [le roi et la constitution; conclave] L'Affaire du Marquis de la Beaume n'est point aussi grave qu'on l'avoit mandé l'Ordinaire dernier: Il mit bien l'Epée à la main, mais ce ne fut que pour séparer deux Mousquetaires qui se battoit; & le Turc ne reçut un coup d'Epée que parce qu'il voulait aussi les séparer à coups de bâton; en sorte que l'Ambassadeur de la Porte Ottomane lui a même fait un [*sic*] vive Mercuriale de ce qu'il s'étoit mêlé d'une chose qui ne le regardoit en aucune façon. [réforme des troupes; Cie des Indes]

2 mai 1721

[Paris, 24 avril: baptême princier; maladie de M. le Duc; billets de banque]

Paris, 25 avril: Hier, à 6 heures du soir, le Roi alla se promener dans la grande Allée des Champs Elisées. l'Ambassadeur de la Porte Ottomane y salua S. M. lors qu'Elle monta dans sa Caleche: le Carosse de cet Ambassadeur & celui de son Fils suivirent ceux du Roi. Depuis 5 jours, ce ministre a rendu visite aux Maréchaux de Villeroi, de Villars & d'Estrées, & au duc de Noailles. [billets de banque; dettes de Mlle Law; nominations] S. A. Royale a ordonné de faire des Tapisseries aux Gobelins sur le Tableau que Mr Coypel vient de faire, représentant l'Audience que le Roi a donnée à l'Ambassadeur de la Porte Ottomane.

6 mai 1721

Paris, 28 avril: [rétablissement de M. le Duc] On a fait la repetition du Ballet du Roi, que l'on doit representer devant l'Ambassadeur de la Porte Ottomane, sur le Théatre de la Salle des Machines du Palais des Tuileries. On continue à disposer les Appartemens et les Jardins de Versailles où ledit Ambassadeur doit aller faire un tour au commencement du mois prochain. [nominations; retour de la princesse de Modène; un jésuite face à la constitution]

13 mai 1721

Paris, 5 mai: [revue des troupes par le roi] Mgr le Duc Régent s'y trouva aussi, de même que le Duc de Chartres, le Prince de Conti, l'Ambassadeur de la Porte Ottomane et son Fils, avec une nombreuse Cour.

Paris, lettres du 5 & 7 mai: l'Ambassadeur de la Porte Ottomane a remis au Comte de Toulouze, en qualité d'Amiral de France, une Lettre du Capitan Bacha.

20 mai 1721

Paris, 12 mai: [représentation, dans la salle des machines des Tuileries, du Ballet du Roi, intermède à la comédie de *Dom Japhet d'Arménie*] La Cour y fut fort nombreuse et parut fort contente de ce spectacle. Mademoiselle de la Roche sur Yon fit plusieurs questions à l'Ambassadeur Turc sur ce qu'il pensoit de ces divertissemens, à quoi il répondit, entr'autres choses, d'une manière fort polie, que ses charmes l'avoient si fort occupé qu'il n'avoit pu donner l'attention nécessaire à ceux du Ballet.

23 mai 1721

Paris, 16 mai: [élection du cardinal de Conti, Innocent XIII] Le Roi va presque tous les jours jouer chez Madame de Ventadour [santé de Mme d'Orléans; nouvelles de vente d'actions]. Le 13 au soir, l'Ambassadeur de la Porte

Ottomane se rendit à l'Opéra où l'on représenta *Omphale*; et hier il alla voir l'Eglise et le Couvent des Chartreux. [nominations; mariages]

27 mai 1721

Paris, 19 mai: [élection du cardinal de Conti; congrès de Cambrai; nominations; Law et son frère à la Conciergerie] l'Ambassadeur de la Porte Ottomane ira le 26 à Versailles pour y passer 8 ou 10 jours: On lui avoit offert dès son arrivée en cette Ville 1000 livres par jour pour sa dépense, mais il s'est contenté de 800.[nouvelles des rentes]

30 mai 1721, suite

Paris, 23 mai: Le 20 de ce mois, l'Ambassadeur de la Porte Ottomane alla rendre visite au Maréchal Duc de Villeroi, qui lui donna un Regal magnifique & qui le conduisit ensuite à l'Appartement du Roi, qu'il eut l'honneur de saluer. Le soir, cet Ambassadeur fut à la Comédie Italienne, où l'on representa *Arlequin enfant, Statue et Peroquet*. Hier, il alla voir les Invalides, où il fut régalé splendidement à dîner: la Table étoit de 60 couverts, et Mr Le Blanc, Ministre de la Guerre, qui depuis dimanche avoit ordonné tous les préparatifs necessaires dans cet Hôtel, y fit rendre tous les honneurs dûs à son Excellence. [nominations]

Paris, 23 mai [peste à Beaucaire: pas de foire; inondations au Pérou] l'Ambassadeur de la Porte Ottomane, qui doit aller le 26 à Versailles, partira au commencement du mois d'Août pour retourner par terre à Constantinople.

3 juin 1721

Paris, 24 mai: Lors-que l'Ambassadeur de la Porte Ottomane eut été regalé Mécredi [*sic*] dernier chez le Maréchal Duc de Villeroi, il alla voir les Pierreries de la Couronne, & les Plans qui sont dans la grande Galerie des Tuileries, dont le Marquis d'Asfeld, Lieutenant-Général, qui est à la tête des Fortifications, donna l'Explication à son Exc.: Le Roi se trouva *incognito* chez Mr le Maréchal. Le jour suivant, cet Ambassadeur ne s'étant rendu aux Invalides que sur les 4 heures après-midi, il n'y dina point, comme on l'avoit dit; mais on lui servit une Colation magnifique, accompagnée d'un très-beau Concert, exécuté par la Musique de S. M. le Cardinal de Polignac y vint aussi, & l'Ambassadeur le fit asseoir à sa droite: Les Officiers et les Soldats eurent ce jour-là une double portion. Hier, vers les 6 heures du soir, S.M. alla se promener aux Champs Elyzées. [actions brûlées en public; nouvelles du 25 et du 26 mai]

6 juin 1721

[Paris, 28 mai: prise de fonctions, bal, combats de rue, arrestation, promenade du roi, Cartouche]

Paris, 30 mai: [peste] Samedi dernier, M. le Duc donna un magnifique repas à l'Ambassadeur de la Porte Ottomane dans son chateau de Chantilli [nominations; Cartouche] Le 28, l'Ambassadeur de la Porte Ottomane alla se promener à Saint-Cloud accompagné du Maréchal de Biron, premier écuyer de Mgr le Duc

Régent, qui lui fit servir une très belle Collation. Hier, ce Ministre se promena dans les Jardins du Roi, où Mgr l'Archevêque de Cambrai le régala de Confitures et de Liqueurs. Lundi prochain, son Exc. se rendra à Versailles. [décès; arrêts du roi]

13 juin 1721

[nouvelles de Marseille et Montpellier]

Paris, 6 juin: Le 2 de ce mois, le Roi alla se promener au chateau de La Muette. Avant hier, l'Ambassadeur de la Porte Ottomane se rendit à Berci, Maison de campagne de Mr Pajot, Comte d'Onsambray, Directeur général des Postes qui lui avait fait servir une Collation magnifique. Hier, ce ministre fut aussi régalé splendidement chez le Marquis de Biron. [congrès de Cambrai; constitution]

17 juin 1721

Paris, 9 juin: Hier, l'Ambassadeur de la Porte Ottomane alla se promener au Chateau de Meudon, & après qu'il eut visité les Appartemens, il vint se raffraîchir chez Mr Dumont, Gouverneur du Château, qui lui donna une Collation magnifique. Cet Ambassadeur prit ensuite la route de Versailles où il restera quelques jours. [troupes; peste; Cartouche]

Vienne, 4 juin: [nouvelles de Constantinople; exil du Bacha Alif] le 22 avril, on avoit dépêché un Exprès en France, pour faire hâter le retour de l'Ambassadeur de la Porte Ottomane.

20 juin 1721

[Paris, 11 juin: Parlement]

Paris, 12 juin. Dimanche au soir, l'Ambassadeur de la Porte Ottomane se rendit de Meudon à Versailles, où il coucha. Lundi, après le dîner, son Excellence vit jouer les Eaux, dont elle fut charmée. Il s'y étoit rendu de Paris et des environs une foule extraordinaire de monde. Mardi, cet Ambassadeur alla voir la Machine de Marly. Il se rendit ensuite à Marly, où il vit jouer les Eaux après la Collation. Le soir, il retourna à Versailles. Hier, il devoit aller voir Trianon, et l'on attend ce soir son retour en cette Ville. Hier, les Comédiens français représentèrent dans la petite Galerie du Palais des Tuileries, en présence du roi, *Athalie, Tragédie de M. Racine*. Il y eut des Intermèdes de la musique de S. M. [congrès de Cambrai; nouvelles ecclésiastiques]

24 juin 1721

Paris, 15 juin [nouvelles de la peste] Le Roi, qui jouit d'une parfaite santé, prend presque tous les jours le plaisir de la Promenade. L'Ambassadeur de la Porte Ottomane, qui revint vendredi de Versailles, est fort content de tout ce qu'il a vu & des honneurs qu'on lui a rendus. Plusieurs Dames de distinction lui ont presque toujours tenu compagnie dans les Collations qu'on lui a données. Son séjour à Versailles y avoit attiré une si grande multitude de curieux qu'on y avoit loué des lits jusqu'à 25 £ par nuit. Un Turc de sa suite prit querelle avec un autre Turc, pendant que son Exc. étoit dans les Appartemens du Roi, & l'un des deux frappa l'autre d'un coup de Couteau. Il y eut aussi quelques désordres aux grilles du Parc, à cause de la trop grande affluence de monde. [procès; Cartouche; la constitution]

27 juin 1721

Paris, 20 juin: Le 16, le Roi [...]. Le même jour, l'Ambassadeur de la Porte Ottomane donna à dîner à Mr Pajot d'Onsembray, Directeur général des Postes, & à Mrs les Frères Geoffroy, chimistes de l'Académie Royale des Sciences. Le 17, le Roi alla à Bercy, maison de campagne de Mr Pajot d'Onsembray. S. M. y vit avec beaucoup de plaisir le beau Cabinet de Curiositez. Le 18, le Roi se rendit à La Muette, d'où S.M. revint hier au Palais du Luxembourg, pour voir passer la Procession de St Sulpice. L'Ambassadeur de la Porte Ottomane s'étoit aussi rendu dans ce Palais, pour la voir passer. La nuit du 17 au 18 le Prince de Conti donna à Clichi une fête magnifique au Fils de cet Ambassadeur. Aujourd'hui, son Exc. ira voir l'Abbaye de St Denis. Dimanche prochain, on donnera à cet Ambassadeur un grand Bal sur le Théâtre de l'Opéra, qui sera précédé d'un Concert en Langue Turque.

1ᵉʳ juillet 1721

Paris, 23 juin: Hier au soir, il y eut Bal à l'Opéra, en faveur de l'Ambassadeur de la Porte Ottomane. Mais on ne put y exécuter le Concert en Langue Turque, à cause que certaines Machines dans lesquelles on devoit faire descendre les Voix et les Instrumens, ne purent réussir. Lors que ce Ministre vit passer la Procession du St Sulpice, il étoit à son Hotel & non au Palais du Luxembourg: Il a admiré cette Cérémonie qui étoit l'une des mieux entenduës que l'on ait vû depuis long-tems.

4 juillet 1721

Paris, 26 juin: [passage de l'ambassadeur de Grande-Bretagne (Gibraltar); annonce du congrès de Cambrai] Il y eut bien un Concert à l'Opéra, avant que de commencer le bal; mais ce fut seulement avec des Instrumens, & l'on n'y prononça aucunes paroles turques, ainsi qu'on se l'étoit proposé d'abord. L'Ambassadeur Ottoman qui y resta pendant 4 heures, en fut très-content. Il y eut une telle affluence, que l'on reçut 12 à 13 000 £ à la porte, & que l'on fut même obligé de renvoyer plus de 500 personnes. Lundi au soir, cet Ambassadeur se rendit à l'Hôtel de Ville pour y voir le Feu d'artifice que l'on a coutume de tirer dans la place de Grève, la veille de la St Jean: son Excellence y fut régalée de toutes sortes de Confitures & de rafraîchissemens. [comptes de la Cⁱᵉ des Indes; décès; nominations]

8 juillet 1721

Paris, 29 juin: [le roi]. Le 26, [...] Mgr le Duc Régent [...]. Le même jour, l'Ambassadeur de la Porte Ottomane & les Turcs de sa suite commencerent leur Ramadan ou carême, qu'ils observent avec beaucoup de régularité. Il doit durer pendant un mois Lunaire, & l'on croit que cet Ambassadeur aura alors son

Audience publique de congé, avec les mêmes Céremonies observées à sa premiere Audience.

18 juillet 1721, suite

Paris, 11 juillet: [l'ambassadeur de Grande-Bretagne (Gibraltar); approche du congrès de Cambrai] L'Ambassadeur de la Porte-Ottomane aura demain son Audience de congé du Roi, avec beaucoup de pompe, & il sera escorté par un Régiment d'Orléans, Dragons: cependant, il restera encore ici 15 jours ou 3 semaines. On n'a pu penetrer jusqu'à présent, si cet Ambassadeur a été chargé de quelque Négociation de la part du Grand Seigneur; & l'on croit en général que le sujet de son Ambassade n'a été que pour complimenter le Roi de son avenement à la Couronne. [nouvelles de la peste]

22 juillet 1721

Paris, 14 juillet: [affaire du duc de La Force] Le même jour samedi, sur les 4 heures après-midi, l'Ambassadeur de la Porte Ottomane se rendit au Palais des Tuileries, accompagné de Mr. de Sainctot, Introducteur, qui avoit été le prendre dans le Carosse du Roi. Il étoit escorté de 100 hommes du Régiment d'Orleans, Dragons, des Inspecteurs de Police & du Prévost de la connétablie. Une partie de la Maison de l'Ambassadeur étoit à cheval, & l'autre en Carosse, à la réserve des Valets de pié. Il prit sa route par les Ruës de La Comédie & Dauphine, le quai des Théatins et le Pont Royal. Il trouva à son passage, depuis ledit Pont jusqu'à la Place du Carousel, des détachemens des Gardes Françaises & Suisses, au nombre de 3 000 hommes: la Garde ordinaire, derrière laquelle étoient 100 Mousquetaires Gris d'un côté, & autant de Noirs de l'autre côté: le Guet à cheval vis-à-vis les Quatre Nations: Le Guet à pié, les Archers de Ville et de la Monnoye dans les avenües, depuis la Ruë de Tournon jusqu'au Pont Royal. Après que l'Ambassadeur eut eu son Audience de congé du Roi dans la petite Galerie, il retourna à son Hôtel par les mêmes endroits où il avoit passé. S. M. qui avoit vu la Marche de son Exc., de la Salle des Suisses, la vit encore passer le Pont Royal, de l'Appartement de Mr. L'Evêque de Fréjus. Les Mousquetaires Gris et Noirs défilerent ensuite par le même endroit devant S. M.

25 juillet 1721

Paris, 17 juillet: On a publié la Relation suivante de l'Audience de congé de l'Ambassadeur Turc, qui est plus ample et plus correcte que celle dont on fit mention l'Ordinaire dernier. [Suit la relation, sur trois colonnes: son trajet, son audience, les troupes]

Le 15 à trois heures après-midi, cet l'Ambassadeur eut aussi Audience publique de Mgr. Le Duc Régent, ayant été conduit par Mr. de Marpré, Introducteur des Ambassadeurs auprès de S. A. Royale, qui étoit allé prendre son Exc. dans le beau Carosse de Sadite Altesse. Une partie de la Maison de l'Ambassadeur étoit à cheval, & l'autre en Carosse. Il étoit escorté d'une cinquantaine de Dragons du Régiment d'Orleans. Le Guet à cheval étoit dans la Place du Palais Royal, & les avenües étoient gardées par le Guet à pié, par des Archers de Ville & de la Monnoye. On présenta à l'Ambassadeur & à sa suite toutes sortes de

Rafraîchissemens, mais ils ne prirent rien, étant encore dans leur *Ramazan* ou Carême. Les Présens que le Roi a faits à l'Ambassadeur du Grand Seigneur consistent en son Portrait enrichi de Diamans, outre 6 Pendules magnifiques, 6 Montres & 6 Tabatières d'Or, & de très-belles Glaces des plus hautes & des plus larges. Son Exc. a témoigné qu'elle n'avoit point de termes assez forts pour exprimer toutes ses obligations envers S. M.

29 juillet 1721

Paris, 21 juillet: Le Portrait enrichi de Diamans, dont le Roi a fait présent à l'Ambassadeur de la Porte Ottomane est estimé 50000 Ecus. On assure que cet Ambassadeur partira le 28 de ce mois, pour retourner par mer à Constantinople.

8 août 1721, suite

Paris, 1ᵉʳ août: [maladie du roi; bruits de changements dans le ministère] l'Ambassadeur de la Porte Ottomane & son Fils allerent mardi au matin à Chantilli où Mr. le Duc l'avoit fait inviter de même qu'une nombreuse Compagnie: il y eut un grand Repas, Musique Illuminations et parties de Chasse. Cet Ambassadeur part aujourd'hui pour retourner à Constantinople.

12 août 1721

Paris, 3 aôut: [maladie du roi; constitution] l'Ambassadeur Ottoman, qui revint avant-hier de Chantilli extrêmement satisfait n'est partie que ce matin de cette Ville: Il n'y avoit qu'une partie de ses Equipages qui avoit pris les devans. Il a témoigné qu'il ne pouvoit assez se louer des honneurs qu'il a reçus à la Cour & dans tous les lieux du Royaume où il a passé: son fils ne quitte ce séjour qu'avec beaucoup de regret. Son Exc. doit rester deux jours à Fontainebleau où le Comte de Toulouze doit lui donner le Divertissement de la Chasse. On lui prepare à Lyon une reception magnifique. Il se rendra ensuite par Montpellier à Cete, où il s'embarquera.

12 août 1721

Lyon, 30 août: Mehemet Effendi, Grand Trésorier de l'Empire Ottoman, & Ambassadeur Extr. du Grand Seigneur en France, a reçû dans toutes les Villes par lesquelles il a passé depuis son départ de Paris, les honneurs dûs à son caractère. Le 20 de ce mois, il arriva en cette Ville, où les Magistrats, après lui avoir rendu tous les honneurs possibles, lui ont fourni tous les jours des divertissemens diférens. Il s'est aussi trouvé à la Fête magnifique que Mr nôtre Archevêque a donnée dans son Palais Archiepiscopal [...]. Ces actions de grâces [pour le rétablissement du roi] ont été suivies le soir d'une Illumination presque générale, dont le spectacle a plu infiniment à l'Ambassadeur Turc. Il partit avant-hier, fort satisfait des manières gracieuses et polies de nôtre Archevêque, & des attentions que toute la Ville a euës pour lui pendant le séjour qu'il y a fait.

Annexe B: l'Orient dans la Gazette d'Amsterdam, janvier-juillet 1720

GS = Grand Seigneur; GV = grand Vizir; PO = Porte ottomane; V = Virmont, ambassadeur de l'Empereur

date	lieu de la nouvelle	relations monde chrétien-musulman	événements intérieurs à ces deux mondes	autres (échanges)
19 janvier	Vienne	Retour V à Constantinople prévu		
23 janvier	Constantinople (6 décembre)	Ambassadeur du czar remercié		
13 février	Vienne (30 janvier)	Complot contre GS et V démenti		
16 février	Vienne (3 février)	Départ V le 24 février, ambassadeur PO le 25		
20 février, suite	Alger	Traité avec la France renouvelé	Demande GS de faire de même avec la Hollande; députation au GS part le 3 janvier	
	Constantinople (9 janvier)	Séjour de l'ambassadeur du czar autorisé	Naissances et morts d'enfants du sultan	
23 février	Alexandrie (15 décembre)	Ordre GS au roi de Teniens de ne pas vendre de café aux étrangers: il chasse tous les marchands européens		GS fait acheter beaucoup de café à Mocca. Egyptiens inquiets: fournira Constantinople, Salonique & Smyrne?
8 mars	Vienne (24 février), de l'ambassadeur PO		Incendie à Constantinople le 15 janvier	
12 mars, suite	Hambourg (8 mars), de Constantinople		Incendie à Constantinople	
15 mars, suite	Vienne (2 mars)	Ambassadeur PO: retour par mer		
22 mars suite	Marseille (1er mars)			Retour de 92 esclaves d'Alger
29 mars	Vienne (16 mars)	Cadeaux de V distribués	Ambassadeur PO indisposé	
2 avril	Alger (13 décembre)			Naufrage, enlèvement, rachat de captifs
9 avril	Vienne (27 mars)	Congé de V le 2 avril, ambassadeur PO même jour?		
12 avril	Constantinople (23 février)	Promotion de Mehemet Effendi pour son ambassadeur	Naissance d'une princesse à la PO	
19 avril	Vienne (6 avril)	Ambassadeur PO 'regalé' par le gouverneur de la ville (coût)		
	Paris (12 avril), de Venise et Constantinople	GV libère tous les esclaves vénitiens		
26 avril	Vienne (13 avril)	Audience de congé de l'ambassadeur PO; cadeaux à lui et à sa suite		
3 mai	Vienne (20 avril)	Audience de congé de l'ambassadeur PO le 23		
10 mai, suite	Vienne (27 avril)	Audience de V; départ des officiers turcs: ils font des aumônes		
14 mai	Constantinople (26 février), de Jérusalem	Bonac œuvre pour la construction d'une chapelle sur le St Sépulcre	GV envoie le Patriarche Jérémie chez les Chiaoux Bacha à cause de la désunion des Grecs	Libération de galériens de Marseille paiera une partie de la chapelle

79

	Chio Vienne (1er mai)	V sollicité pour la reconstruction des églises	Ambassadeur PO calme les janissaires, qui embarquent; partira le 5 mai?	
17 mai	Vienne (4 mai)		ambassadeur PO embarqué le 4, mais toujours là (vents contraires); une barque des janissaires coulée	
	de Constantinople	Tartares calmes; Sultan: vœux de paix avec le czar		
21 mai	Constantinople (4 avril)	audience GV-Coljer, promesse de fermeté avec Alger; audience GS-V; éloignement du	ambassade ME trop chère: interrogations sur intentions des ambassadeurs en	
suite	Vienne (8 mai)	Prince Ragoski, ennemi de l'empereur	Europe	Ambassadeur français rend 80 galériens turcs
	Vienne de Constantinople	Les turcs fortifient trois forts pour l'annonce d'une flotte avec le capitaine Bacha, suivant le plan d'un ingénieur français		Fin de la peste à Constantinople
24 mai	Vienne (11 mai)	Ambassadeur PO parti le 10; discours du truchement au Prince		Procession des captifs d'Alger devant
	Paris (17 mai)	Eugène; son cadeau		le roi et le régent
28 mai	Tunis (12 février)	Arrivée d'Hassain Aga, envoyé PO à d'Alger: griefs d'Alger contre les Hollandais	Le 10, V 'régalé' par le GV; départ le 25	Du Sault (envoyé français) ramène 102 esclaves; cadeaux à la régence de Tunis et Tripoli
	Constantinople (13 avril)	Remplacement futur de Bonac (Fr) par Champigny; envoi au GS d'un état des présents donnés à	Aga des janissaires noyé, ivre dans une barque pleine d'or et de pierreries	13 avril, départ de 400 esclaves, libérés par V
	Vienne (11 mai)	l'ambassadeur PO et à sa suite, et de leur conduite		
31 mai suite	Madras (21 octobre)		Empereur du Mogol détrôné, son supplice	
4 juin, suite	Vienne (22 mai)		Aga pas noyé, mais caché ds un cloître	
7 juin	Lisbonne 18 mai Vienne 25 mai		Ambassadeur PO à Bude, abandonné par interprète etc.; son Mufti arrêté	Rachat d'esclaves à Alger, corsaires d'Alger en mer
11 juin	Turquie (Smyrne) (9 avril) d'Ispahan	L'interprète Mustapha Aga à Bude; conversion, projets de services Départ	Sophi empoisonné par ses officiers	
suite	Vienne (25 mai)	de V; marche magnifique;		
	Vienne (29 mai)	GS et GV, incognito, admirent le défilé		
21 juin	Vienne	Echange des ambassadeurs sur la frontière le 12		
2 juillet suite	Constantinople (17 mai) Florence	Refus de la paix par Alger Arrivée d'un consul de Perse (le même qu'à la cour de Louis XIV?)		
5 juillet (suite)	Florence	Audience du consul de Perse		

MARIE-CHRISTINE SKUNCKE

Press and political culture in Sweden at the end of the Age of liberty

'LES Suédois, ce peuple de tous les Germains le seul esclave du tems de Tacite, & l'un des plus barbares dans les siecles d'ignorance, sont devenus de nos jours une nation du Nord des plus éclairées, & l'une des plus libres des peuples européens qui ont des rois.' This characteristic description appeared in the French *Encyclopédie* in 1765, in the article 'Suède'; the author, Jaucourt, went on: 'Outre que la monarchie y est mitigée, la nation suédoise est encore libre par sa belle constitution, qui admet les paysans mêmes dans les états généraux.'[1] The *Encyclopédie* presented to its readers the image of Sweden as a free and enlightened northern nation. Six years later, the French ambassador in Stockholm, Vergennes, was conveying an altogether different view of Sweden in his reports to the French foreign ministry, denouncing 'la corruption qui a infecté tous les ordres de la Suède, ou pour mieux dire la masse entière de la Nation'; 'l'argent', he said, 'est maintenant le seul, l'unique mobile qui fixe les opinions, et qui détermine la conviction'.[2]

The country described by the encyclopedist Jaucourt and the diplomat Vergennes had an original political system – one might talk of an eighteenth-century 'Swedish model'. Jaucourt points to two important features of the Swedish 'Age of liberty', the period from 1720 (following the death of Charles XII) to 1772. First, political power was concentrated in Parliament – the Diet or 'Riksdag' – while the king's power was strictly limited; the members of government, the Council of the Realm, were responsible to the Riksdag. Second, social representation within Parliament was broad by European standards, as the Riksdag, according

1. *Encyclopédie, ou Dictionnaire raisonné des sciences, des arts et des métiers*, vol.xv (Neuchâtel 1765), p.623-24. In quotations I have retained the original spelling, with one important exception: I have systematically modernised the spelling in diplomatic sources, since these are generally not autograph (diplomats' reports, for instance, are often written in cipher and have been deciphered at the receiving end). Translations from Swedish are my own. My warm thanks are due to Professor Bo Bennich-Björkman, Uppsala, Docent Birgitta Ericsson, Stockholm, Docent Ingemar Oscarsson, Lund, and Professor Michael F. Metcalf, University of Mississipi, for their comments on this article. I am also grateful to Professor Bo Lindberg and the members of his Seminar in history of ideas in Stockholm, where I presented my work in May 2000.
2. Vergennes's report (5 September 1771), Correspondance politique, Suède, vol.260, f.174, Archives du Ministère des Affaires Etrangères, Paris. On Vergennes's situation in Stockholm at this time, see Stig Hallesvik, *Axel von Fersen och gustaviansk politik 1771-1779*, doctoral dissertation (Göteborg 1977), p.28-29.

to Swedish tradition, included not three but four estates: the nobility, the clergy, the burghers and the peasantry. Vergennes's criticism hinges on another factor. The two competing parties within the Swedish Riksdag received financial support from foreign European powers, the 'Hats' from France and the 'Caps' from Russia and England.[3]

In Swedish historiography, the Age of liberty has been assessed in widely different ways. Conservative nineteenth-century historians shared Vergennes's negative view of the Swedish parliamentary system; to them, the 'Age of liberty' was in fact an age of party, corruption and foreign interference, from which Sweden was happily delivered when the young King Gustav III restored a strong monarchy with a bloodless coup in 1772. Liberal Swedish historians and political scientists, like Fredrik Lagerroth in his monumental dissertation from 1915, re-evaluated the Age of liberty: Swedish eighteenth-century parliamentarism laid the foundations for civil liberties and modern democratic institutions.[4]

However one evaluates the Age of liberty, this was an era of intense political debate. Politics was discussed in the Riksdag and the Council, at court, in coffee-houses and private homes. Yet for a long time printed media played a limited part in shaping opinion. There were few newspapers, and censorship ensured that domestic and foreign policy was not debated in print. Instead, oppositional views were spread in manuscript pamphlets.[5] From around 1755 to 1765 – the last decade of the Hat party's long rule – censorship was, in practice, gradually relaxed. But the real breakthrough came at the Riksdag of 1765-1766, when the Cap party overturned the Hats and radical Cap members succeeded in enforcing the first Freedom of the Press Act (December 1766). This pioneering act, which was included among the fundamental laws of the

3. For general presentations in English of the Swedish political system in the Age of liberty, see Michael F. Metcalf, 'Parliamentary sovereignty and royal reaction, 1719-1809', in *The Riksdag: a history of the Swedish parliament*, ed. Michael F. Metcalf (Stockholm 1987; New York 1987), and Michael Roberts, *The Age of liberty: Sweden 1719-1772* (Cambridge 1986). The standard work on Swedish political history in the age of liberty is still Carl Gustaf Malmström, *Sveriges politiska historia från konung Karl XIIs död till statshvälfningen 1772*, 2nd edn, 6 vols (Stockholm 1893-1901), the relevant volume for this article is vol.vi (1901); see also Sten Carlsson's contributions to *Den Svenska historien* [1967], 2nd edition, vol.viii-ix (Stockholm 1978-1979). On Swedish political culture 1766-1772, see *Riksdag, kaffehus och predikstol: frihetstidens politiska kultur 1766-1772*, ed. Marie-Christine Skuncke and Henrika Tandefelt (Stockholm, Helsinki 2003), articles in Swedish with English summaries. For English equivalents of Swedish terms (for example 'Riksrådet'/'Council of the Realm'), I have followed Metcalf, 'Parliamentary sovereignty and royal reaction'.

4. On Swedish historiography see Michael F. Metcalf, *Russia, England and Swedish party politics 1762-1766: the interplay between great power diplomacy and domestic politics during Sweden's age of liberty* (Stockholm, Totowa, NJ 1977), p.1, 4-5. For negative views see, for example, C. G. Malmström, *Sveriges politiska historia*, and in modern times Roberts, *The Age of liberty*. For positive views see Fredrik Lagerroth, *Frihetstidens författning: en studie i den svenska konstitutionalismens historia* (Stockholm 1915).

5. See Ingemar Carlsson, *Olof Dalin och den politiska propagandan inför 'lilla ofreden'*, doctoral dissertation (Lund 1966).

kingdom, abolished prepublication censorship in all areas except for religious matters. At the same time, it established the principle of openness in public affairs; most official documents became accessible to the citizens and could freely be published. The liberty of the press was a means for the public to control the administration.[6]

The 1766 Act led to an explosion in the field of printed media. In the last years of the Age of liberty, newspapers, pamphlets and official documents poured forth from the printers in increasingly hectic debates. This was a time of economic crisis and social insecurity, with a maze of conflicting interests – Hats versus Caps, royalists versus defenders of the constitution, noblemen versus commoners, etc. Prominent issues were the economic and financial crisis, the constitutional question – with Crown Prince Gustav, king from 1771, as a central actor striving to restore royal power – and also, looming larger and larger from 1770, the question of social equality, with the non-noble estates – burghers, clergy and peasantry – attacking the privileges of the nobility. The decision-making process in the Swedish Riksdag, which gave one vote to each of the four estates, gave unique opportunities to the three non-noble estates to overrule the nobility and enforce their claims, some twenty years before the French Revolution.

This essay studies printed media as a part of Swedish political culture in the last years of the Age of liberty, from the Freedom of the Press Act in 1766 to Gustav III's coup – his 'revolution' as he termed it – in 1772, which brought discussions to a halt.[7] A central concern is the part played by commoners in the organisation and the contents of the media. To what extent was the expansion of printed political media accompanied by a social broadening of the Swedish public sphere? After giving some general background, I shall proceed in two stages: first, a discussion of the control of printed media in the years 1769-1772, from the vantage point of foreign diplomats in Stockholm; and second, a brief survey of the contents of Stockholm newspapers in 1772, on the eve of Gustav III's 'revolution'. The results presented are preliminary; this is work in progress, to be followed by a fuller investigation.

6. On the Freedom of the Press Act see for example Anders Burius, *Ömhet om friheten: studier i frihetstidens censurpolitik*, doctoral dissertation (Uppsala 1984); Rolf Nygren, 'Medborgaren och samhällsinformationen – en historisk betraktelse kring offentlighets-principen', in *Medborgaren och rättsinformationen: rapport från det fjärde nordiska juridiska biblioteksmötet* (Stockholm 1998), p.8-12; Bo Bennich-Björkman, 'Affärer i politiskt tryck: offentlighetsprincipen och spelet om den politiska makten', in *Riksdag, kaffehus och predikstol*, ed. Skuncke and Tandefelt.

7. For the term 'political culture', I follow Eckhart Hellmuth's tentative definition in his introduction to *The Transformation of political culture: England and Germany in the late eighteenth century*, ed. E. Hellmuth (Oxford 1990), p.8-9. See also Keith Michael Baker on 'competing claims' in *The French Revolution and the creation of modern political culture*, vol.i, *The Political culture of the old regime*, ed. K. M. Baker (Oxford 1987), p.xii. On Gustav III's coup, see for example Erik Lönnroth, *Den Stora rollen: Kung Gustaf III spelad av honom själv* (Stockholm 1986), ch. 'Förberedelsen'.

Marie-Christine Skuncke

Sweden in the 1760s was an agrarian country. The kingdom, which included not only present-day Sweden but also Finland, had a population of around two and a half million inhabitants. Of these more than 90 per cent lived in the countryside, and more than 75 per cent were engaged in agriculture, fishery and forestry. The Swedish towns were small; the capital, Stockholm, numbered only around 70,000 inhabitants. Still, Sweden had a high degree of literacy – the highest in Europe, according to Egil Johansson's estimates. And the country had long-standing traditions of local self-organisation among peasants and burghers.[8]

Among the four Estates represented in the Riksdag, the nobility made up about one-half of 1 per cent of the Swedish population, the Lutheran clergy about 1 per cent and the burghers (these included merchants and craftsmen in towns as well as city magistrates) around 2 per cent, while the peasantry – that is to say peasant proprietors – formed about one half of the population. The nobility and the clergy each had its set of privileges, which were part of the kingdom's fundamental laws. By virtue of its privileges the nobility was granted the exclusive right to hold high offices in the civil and military services, and it was also entitled to own certain types of land.

Even though social representation in the Riksdag was broad by European standards, several categories of the population were not represented and lacked formal political power. The most influential group was the 'non-noble persons of standing', civil servants and military officers (beneath the top positions occupied by noblemen) for instance, together with iron-masters (who held a key position in the Swedish economy), and physicians. In the countryside, the large groups which did not own any land were excluded from political representation, as were many groups in the towns such as servants and labourers. Moreover, women lacked formal representation, though recent research suggests that in various cases they were able to exert informal political influence.[9]

The Swedish system of political representation was beginning to appear antiquated to some critics; the reformer Anders Nordencrantz condemned the division in four estates and called for representation to be based on property.[10] Above all, the privileges of the nobility were becoming

8. For the social structure of Swedish population see Sten Carlsson, 'Sverige under 1760-talet', in *Från fattigdom till överflöd*, ed. Steven Koblik (Stockholm 1973), p.17-18, 29; Metcalf (ed.), *The Riksdag*, p.110-11. For literacy see Egil Johansson, 'The history of literacy in Sweden', in *Literacy and social development in the West: a reader*, ed. Harvey J. Graff (Cambridge 1981), p.151-82.

9. For non-noble persons of standing ('ofrälse ståndspersoner') see Sten Carlsson, *Ståndssamhälle och ståndspersoner 1700-1865*, 2nd edn (Lund 1973), p.17-21. For women in politics see Ann Öhrberg, *Vittra fruntimmer: författarroll och retorik hos frihetstidens kvinnliga författare* (Hedemora 2001), p.161-242, and Birgitta Ericsson, *Bergsstaden Falun 1720-1769* (Uppsala 1970), p.198.

10. [Anders Nordencrantz], *Til Riksens höglofl: ständer församlade wid Riksdagen 1760. En wördsam föreställning* (Stockholm 1759), for example p.88-89, 158-75; Lars Herlitz, 'Anders

obsolete for well-educated groups in the middling classes. Wealthy burghers in Stockholm, as Ing-Mari Danielsson shows in a recent thesis, were building elegant residences with interior decoration inspired by French taste. Among the peasantry an elite of dynamic entrepreneurs was emerging, as Birgitta Ericsson points out in the case of the northern province of Jämtland. Lutheran country clergymen sought to improve the medical and agricultural standards of their parishioners. A typical example is Gustaf Fredrik Hjortberg, a vicar in the province of Halland, who had travelled to the East Indies, was a member of the Royal Swedish Academy of Sciences, and edited a weekly with pious religious medi- tations and advice on modern agricultural methods.[11] (In the Sweden of Linnaeus, religion went hand in hand with natural science and technological progress.)

For the new elites that were forming, the nobility's exclusive right to hold top offices in the civil and military services was especially objectionable. Why should their own children be barred from such offices, simply because they were not noblemen? In earlier days, it had been usual for non-noble civil servants and military officers to be ennobled when they reached a certain point in their career. But in 1762 the possibility of ennoblement was cut off as the estate of the nobility refused to introduce new noble families. The nobility became a closed caste, in a process of 'aristocratisation' reminiscent of other European countries.[12]

The Swedish Riksdag normally assembled every three years, for periods of varying length. For the three lower estates, the meeting was preceded by elections in the whole kingdom. For the nobility there were no elections, since the head of each noble family was granted a seat; if the head of a family was unable to attend the Riksdag, he could be represented by proxy. Among the Swedish parties, the Hat party was supported by big entrepreneurs and merchant houses in alliance with civil

Nordencrantz', *Svenskt biografiskt lexikon* 27 (Stockholm 1990), p.191; Lars Herlitz, 'Det civila samhället och Sveriges underutveckling: Anders Bachmanson från Arcana till Anatomia', *Scandia* 57:2 (1991), p.283-356. Anders Bachmanson was Nordencrantz's name before he was ennobled.

    11. Ing-Mari Danielsson, *Den bildade smaken: målade dekorationer hos borgerskapet i frihetstidens Stockholm*, doctoral dissertation (Stockholm 1998); Birgitta Ericsson, 'Från strömregleringsprojekt till Döda fallet-katastrofen', in *Döda fallet och Ragundasjön: en naturkatastrof i nytt ljus*, ed. Harald Ivarson (Ragunda 1990), p.66-70. For G. F. Hjortberg see Lars Lönnroth, 'Upplysning och romantik', in *Den Svenska litteraturen*, ed. Lars Lönnroth and Sven Delblanc, vol.ii (Stockholm 1988), p.10-11; Ingemar Oscarsson, 'Med tryckfrihet som tidig tradition (1732-1809)', in Claes-Göran Holmberg, Ingemar Oscarsson and Jarl Torbacke, *Den Svenska pressens historia*, vol.i (Stockholm 2000), p.116-17 (Docent Ingemar Oscarsson kindly allowed me to read his contribution in proof).

    12. For 'aristocratisation' see Robert Roswell Palmer, *The Age of the democratic revolution: a political history of Europe and America, 1760-1800* (1959; Princeton, NJ 1969), i.22-23, 101; John Brewer, *Party ideology and popular politics at the accession of George III* (1976; Cambridge 1981), p.6.

servants; its rule lasted for almost three decades, from 1738 to 1765. The Cap party traditionally had its base among old aristocratic landowning families. In the 1760s, prominent Caps among the nobility also included entrepreneurs in the Swedish iron industry; and in the non-noble Estates, radicals from new groups – such as small entrepreneurs and members of the lower clergy – were playing an increasing role.[13]

At the Riksdag of 1765-1766 the Cap party defeated the Hats. The new Cap government tried to curb inflation and pursued a policy of austerity, but it failed to master the economic crisis. At the following Riksdag, in 1769-1770, the Hat party succeeded in regaining power; yet the political situation remained unstable. In February 1771, the king, Adolf Fredrik, suddenly died, and his son Gustav, aged twenty-five, found himself king of Sweden. The estates were therefore summoned to an extraordinary meeting, the stormy Riksdag of 1771-1772, which was to be the last Riksdag of the Age of liberty.

i. Party or class? The problem of media control

The Freedom of the Press Act in 1766 led to a flood of publications. Never before had printed media played such a part in Swedish political life. In 1769 the first Swedish daily newspaper was launched: *Dagligt allehanda*, which supported the Cap party. It was soon challenged by a royalist organ edited by the publicist Carl Christoffer Gjörwell, *Almänna tidningar* (*General news*), which started in 1770 and became a daily in 1772. ('Dailies' were in practice issued six times a week, that is to say not on Sundays.) In the last year of the Age of liberty, 1772, the Swedish capital thus had two competing dailies from opposed parties. True, Swedish newspapers were modest in format and layout as compared to the technologically sophisticated English dailies from those years. Their physical appearance – mostly four pages in quarto, printed in black letter in one or two columns – seems to have been modelled on German newspapers.[14]

In addition, political periodicals were popping up on the market, often serious, but sometimes satirical. Titles such as *Hatten, Myssan, Folkets röst, Gå på!* (*The Hat, The Cap, The Voice of the people, Go ahead!*) were generally short-lived.[15] At the same time, hundreds of anonymous pamphlets were

13. For the parties see Sten Carlsson, 'Sverige under 1760-talet', p.19-25; Roberts, *The Age of liberty*, p.133-48. On the development of party organisation during the age of liberty see Michael F. Metcalf, 'Structuring parliamentary politics: party organization in eighteenth-century Sweden', *Parliaments, Estates and representation* 1 (1981), p.35-49.

14. Basic works on the Swedish eighteenth-century press are Bernhard Lundstedt, *Sveriges periodiska litteratur: bibliografi*, vol.i (Stockholm 1895); Otto Sylwan, *Svenska pressens historia till statshvälfningen 1772* (Lund 1896); and Ingemar Oscarsson, 'Med tryckfrihet som tidig tradition'.

15. See for example Sylwan, *Svenska pressens historia*, ch.15.

pouring forth, ranging in length between four pages and over a hundred pages; often a pamphlet triggered off answers and counter-answers. Moreover, as a consequence of the 1766 Act, vast quantities of official documents from the Riksdag, the Council of the Realm (the government) and the lawcourts were being published. This was a golden age for Swedish printers, firms like Wennberg & Nordström, Carl Stolpe and Peter Hesselberg.[16]

The different categories of publications – newspapers, pamphlets and official documents – belonged to the same circuit, and the boundaries between them were not sharp. A political tract could be published in periodical form, the text being portioned out in four-page issues; this was the case of *Uplysning för Swenska folket* (*Enlightenment for the Swedish people*), which was issued twice a week by the Cap party ahead of the 1769 Riksdag.[17] Newspapers and pamphlets were constantly referring to each other. And printed official documents could be used like pamphlets to arouse indignation or sympathy. My discussion in this section will therefore not be limited to the press but will also include instances from other printed media.

Political publications were particularly numerous in conjunction with the meetings of the Riksdag, first during the electoral campaigns, then when the Riksdag was assembled – for the present study, that is to say in 1769-1770 and 1771-1772. Nearly 400 titles have been listed for the Riksdag of 1769-1770 alone.[18] Who controlled the media in these years: the parties, or other forces?

In order to answer this question, I have turned to the reports of foreign diplomats from countries which subsidised the Swedish parties. In the years 1769-1772, France supported the Hats and the court, while Russia, England and Denmark supported the Caps. I have studied the reports of the English minister in Stockholm Sir John Goodricke, at the Public Record Office in Kew,[19] and those of the successive Danish ministers Gregers Christian Juel and Christian Frederik Guldencrone (with legation secretary Rosencrone between them for an interim period), in the Danish national archives, Copenhagen.[20] In the Archives of the

16. See Marie-Christine Skuncke, 'Den svenska demokratidebatten 1766-1772', in *Ordets makt och tankens frihet: om språket som maktfaktor*, ed. Rut Boström Andersson (Uppsala 1999), p.286-92; Bennich-Björkman, 'Affärer i politiskt tryck'.

17. This was also the case of the Hat party's organ *Ärlig Swensk* in 1755-1756. Such periodicals are on a borderline between press and serial publication. This has been pointed out to me by Professor Bo Bennich-Björkman, whom I warmly thank; it does not appear to have been noted by earlier Swedish press historians.

18. Sylwan, *Svenska pressens historia*, p.463-64.

19. Britain, Public Record Office (henceforward PRO), SP 95: Sir John Goodricke's reports, vols.114-115, 117-120; accounts 1769-1770 in vol.116.

20. Copenhagen, Rigsarkivet, 1769-1770: Tyske Kancellis udenrigske afdeling, Sverige (henceforward TKUA), vol.163 (reports: Juel), vol.165 (reports: Juel, Rosencrone); vol.181 (enclosures); vol.184 (printed enclosures); vol.356 (Juel: drafts of reports); vol.358 (Juel: originals and copies of enclosed documents). 1771-1772: Departementet for

French Foreign Ministry in Paris I have examined the accounts of the French embassy in Stockholm and some of the reports from the French minister Modène and the French ambassador Vergennes (who took over in 1771).[21] The Danish diplomatic archives have proved particularly rewarding, as the Danish envoys provided insider information on Swedish political publications and often included pamphlets, periodicals, etc. as enclosures. I have not yet seen the Russian minister Osterman's reports.[22] This investigation will be completed at a later stage by a detailed study of Swedish sources.

For foreign diplomats in Stockholm and for their courts, financial support to Swedish parties was subordinated to overriding goals in the sphere of great power politics – in Jeremy Popkin's words, 'the Old Regime world of amoral *raison d'état*'. As the ever cynical John Goodricke put it in 1769, Sweden in itself was not interesting to England; what mattered was the treaties of commerce and alliance with Russia, the formation of a system to balance the Family Compact, and the destruction of France's influence in the North.[23] (The Family Compact was the alliance between the Bourbons in France, Spain, Naples and Parma, directed against England.) Roughly speaking, France favoured increased royal power in Sweden in so far as this would secure an ally in Northern Europe, while Russia, England and Denmark opposed any change to the Swedish constitution that might strengthen the influence of France.

As for the Swedish party leaders, their goal was to secure a majority in the Riksdag, and thereby, as a consequence of the Swedish parliamentary system, to control the Council of the Realm. During the electoral campaigns preceding the Riksdag, the parties fought seat by seat in the whole of Sweden and Finland to conquer representatives in the three lower estates and capture proxies in the nobility. This required propaganda, both written and oral, as well as money to buy votes and proxies. From the electoral campaign in 1769, systematic lists are extant of elected representatives of the burghers and clergy in all Swedish towns and dioceses, with the labels 'Cap', 'Hat' and 'equivoque'. When the Riksdag assembled, the parties would have to pay for their supporters'

Udenlandske Anliggender, vol.2665 (reports: Rosencrone, Guldencrone); vol.2666 (reports: Guldencrone).

21. Paris, Archives du Ministère des Affaires Etrangères: Accounts: Mémoires et documents, Suède, vol.32 (Dépenses de l'ambassade du roi en Suède 1759-1772). Reports: Correspondance politique, Suède, vol.256 (Modène 1769), vol.260 (Vergennes 1771).

22. On foreign diplomats and Swedish political propaganda in earlier decades of the Age of liberty, see Ingemar Carlsson, *Olof Dalin och den politiska propagandan*, p.55-56.

23. Jeremy D. Popkin, *News and politics in the age of revolution: Jean Luzac's 'Gazette de Leyde'* (Ithaca, NY, London 1989), p.256. PRO, SP 95: Goodricke, 19 December 1769, vol.115, f.226. A basic work on foreign diplomats' activities in Sweden in the years 1762-1766 (shortly before the period studied in the present article) is Metcalf, *Russia, England and Swedish party politics*.

travel expenses and maintenance, to fund clubs for the different estates, and again to spread written and oral propaganda, and to buy votes at decisive ballots. These activities had to be subsidised from abroad.[24] Among France's allies, tension was rising between Hats loyal to the parliamentary constitution, and supporters of the court and the young Gustav, whose long-term goal was to overturn the power of the Riksdag.

On both sides, propaganda plans were set up. I shall concentrate on the activities of the Caps, but there is no doubt that propaganda was equally systematic on the side of the Hats and, above all, the court; Prince/King Gustav was keenly aware of the importance of the media of his day.[25]

Let us begin with the Riksdag of 1769-1770. It took place in dramatic circumstances. In December 1768 King Adolf Fredrik, by threatening to abdicate, forced the Cap-dominated Council to convene the Estates; his demands were supported by a strike (to use a modern term) of civil servants in the central administration, loyal to the Hat party. The elections in the first months of 1769 were disastrous for the Caps, and the party was in great danger of losing its supremacy. In March 1769, shortly before the opening of the Riksdag, the party leadership submitted to the Russian, the English and the Danish ministers a 'Projet du Plan d'opération qui sera suivi à la diète prochaine 1769' (in French, the enemy's language). The three ministers sent the plan to their respective courts, which approved it.[26] A group of party leaders was appointed as 'Grand Conseil': General Rudbeck (the author of the plan according to the Danish minister Juel) and five other noblemen. These six controlled 'la caisse pour les grosses dépenses et l'entretien journalier'. Expenses included, among other things, 'operators' (agents) in the four Estates, 'tables' for the nobility, the clergy and the burghers, and printed

24. For an analysis of the parties' organisation and propaganda, see Metcalf, 'Structuring parliamentary politics', p.38-43. On foreign diplomats' use of 'corruption' see Metcalf, *Russia, England and Swedish party politics*, p.3-4, 252-57. Lists of representatives 1769: Denmark: TKUA vol.163 (between reports from 24 and 28 February 1769; 'Chapeau', 'Bonnet', 'Equivoque'); also vol.358. See PRO, Goodricke 2 April 1771 (burghers), vol.118. Michael Metcalf has found and published a list of Cap party agents from August 1768, in 'Structuring parliamentary politics', p.42, 47-49.

25. Hat propaganda: see Malmström, *Sveriges politiska historia*, vi.18-19 (and p.11 n.1) on a systematic propaganda plan concerted between the Hats and France, February 1767. Gustav III: in September 1771, Vergennes paid 6000 daler to Baron Ulric Scheffer to set up a 'Bureau' to answer the Caps' writings ('Il est dirigé par une bonne tête et une excellente plume' – no names mentioned); Correspondance politique, Suède, vol.260, f.182 (5 September 1771), and Mémoires et documents, Suède, vol.32, f.407 (3 September 1771). On Gustav III and the media see M.-C. Skuncke, *Gustaf III – Det offentliga barnet: en prins retoriska och politiska fostran* (Stockholm 1993), p.281.

26. England: PRO, Goodricke, 24 March 1769 (includes a copy of the plan), vol.114. Denmark: Juel 10 and 28 February, 3 March, 28 March (report 2) 1769, TKUA vol.163; the 'Plan d'opération' and a list of Juel's own expenses are enclosed with the report of 3 March; the plan is printed in Niklas Tengberg, *Om Kejsarinnan Catharina IIs åsyftade stora nordiska alliance* (Lund 1863), bilaga E, p.x-xiii. See Malmström, *Sveriges politiska historia*, vi.81, n.1; Metcalf, 'Structuring parliamentary politics', p.42.

propaganda: 'L'on fera écrire et imprimer tout ce qui pourra contribuer au ton que doit tenir le parti et exciter en général l'attention des représentants à la diète sur les objets les plus importants qui seront combattus à cette assemblée des états, le maintien inaltérable de la constitution, différents arrangements économiques, la conservation de l'union de la Suède avec les cours voisines.'[27] The estimated expenses for printed propaganda amounted to 200,000 daler kopparmynt, out of a total of around 1.6 million daler kopparmynt, to be financed jointly by Russia, England and Denmark. Juel himself had already paid 15,000 daler kopparmynt 'Pour des Imprimés et des Ecrivains'.

The Cap party's efforts to retain power in 1769 were of no avail; it was overturned by the Hats. In April-May 1770, only a few months after the end of the Riksdag, the party leaders set out to reconquer the majority of the estates at the next Riksdag, which was due to assemble in 1773; in the same manner as in 1769, they presented a plan to the Russian, the English and the Danish ministers, who obtained approval from their courts. (I have been lucky enough to find the Swedish party leaders' original version in the Danish national archives.) This time, to prepare for the elections, a nation-wide propaganda network was set up.[28]

In Stockholm there would be two 'comptoirs' to direct operations, and both were to deal (among other points) with printed propaganda. The head of the first 'comptoir' would 'distribuer dans le pays tous les écrits imprimés'; the head of the second would 'regarder, examiner et expédier tout ce qui s'imprime'. Baron Reuterholm (the Cap leader Esbjörn Christian Reuterholm) and Baron Kurck were proposed as heads of the first and the second 'comptoir', and they would each be assisted by an 'aide' and an 'écrivain' (the latter unnamed). The estimated cost for printing and distribution was 24,000 daler [silvermynt?], 'ce qui est cependant assez peu pour soutenir ceux qui écrivent, et soigner la distribution de pareilles pièces'. In nearly every province in Sweden and Finland there would be one head ('chef') with one or several assistants: 'Les occupations de ces Chefs dans les Provinces consisteront plus ou

27. Quoted after Tengberg, *Om Kejsarinnan Catharina IIs.* The plan mentions an enclosure, 'Litt. d', where expenses for printed propaganda were specified, but I have vainly looked for it in TKUA (see n.20).

28. England: PRO, Goodricke 16 and 20 March 1770, Charles Tullman (replacing Goodricke on leave) 14 August 1770, Rochford to Goodricke 19 October, 4 December 1770, all in vol.117, Goodricke 5 March 1771, vol.118; Plan 30 April 1770 in vol.116, f.440-43. Denmark: Juel 1 May 1770, TKUA vol.165; Plan: enclosure to report 1 May 1770, vol.165 (revised version); copy of Cap leaders' original version in TKUA vol.358 (last document in the bundle: 'Le 1er Mai 1770. Plan d'opération tel qu'il m'a été donné en original'). The original version gives the names of persons proposed for different posts, which have been omitted in the revised version. Tengberg, *Om Kejsarinnan Catharina IIs,* prints the revised version in vol.165, bilaga K, p.xviii-xix; see Malmström, *Sveriges politiska historia,* vi.180, Metcalf, 'Structuring parliamentary politics', p.43. I follow the original version in vol.358. Danish financial contribution: Rosencrone 12 April, 30 April, 24 May 1771, Departementet for Udenlandske Anliggender, vol.2665.

moins à faire courir le ton [a recurring word] que les Directions de Stockholm leur fourniront, à s'insinuer chez leurs Provinciaux, à connaître leurs besoins et à leur rendre des services.'

The pattern is the same in 1769 and 1770. The leaders of the Cap party, all noblemen, negotiated with foreign diplomats, also noblemen. Political propaganda was directed from the top downwards – from the nobility to the other Estates, from Stockholm to the provinces. This is confirmed by instances of political publications mentioned by the Danish and English ministers. In 1768, the main organ of the Cap party had been the periodical *Philolalus parrhesiastes*, or, roughly translated, *The Garrulous true-speaker*. Its author was the non-noble publicist Jacob Gabriel Rothman, who had spent several years in London and was married to an Englishwoman, Martha Taylor. In John Goodricke's accounts for the Riksdag of 1769-1770, Rothman is mentioned several times as receiving money from England, for example 'Rothman for printing' ('Rothman's wife' also recurs).[29] There can be little doubt that in 1768, Rothman's periodical *Philolalus parrhesiastes* had been financed in a similar way.

The leading Cap periodical in the electoral campaign before the 1769 Riksdag was *Uplysning för Swenska folket* which I mentioned earlier – a political tract published in periodical form. It has been attributed to several authors, among them the Cap leader Esbjörn Christian Reuterholm.[30] The paper raged against the king's method of forcing the Council to convene a Riksdag and against the bureaucracy which had supported the king. On 3 February 1769, the Danish minister Juel reported that the periodical was the work of 'une Société de gens que nous payons'. 'L'on enverra demain plusieurs milliers d'exemplaires dans les Provinces', he added; these were to be sent 'par deux courriers qui dirigeront leurs routes l'un vers le Sud, et l'autre vers le Nord, ainsi que dans l'e[space] de huit jours nous espérons de pouvoir donner dans les Provinc[es le] ton convenable à la situation présente des affaires'.[31]

The following year – with the Hats now in power – Juel reported that the 'printer' of *Uplysning*, Holmén, had been arrested; the Hats had tried to find out the author's name, but in vain: 'nous avions pris de trop bonnes mesures pour qu'ils pussent le découvrir'. (Juel's words, first 'une Société' and later 'l'auteur', would suggest that the paper was produced by a team, but with one person responsible for the final text.) Holmén's arrest caused a general outcry; 'les Bonnets', Juel writes, 'font déjà pour

---

29. Accounts 1769-1770: vol.116, f.417-19 (Rothman), 420-21 (Rothman's wife). On Rothman, see Leif Gidlöf in *Svenskt biografiskt lexikon*, häfte 149 (Stockholm 1999). On *Philolalus*: Sylwan, *Svenska pressens historia*, p.447-51.

30. On *Uplysning* and its authorship see Malmström, *Sveriges politiska historia*, vi.81-82; Sylwan, *Svenska pressens historia*, p.451-52; Burius, *Ömhet om friheten*, p.316-17.

31. Juel 3 February 1769, TKUA vol.163 (partly quoted in Sylwan, *Svenska pressens historia*, p.452); Juel enclosed a Danish translation ('Litt. B'), today in TKUA vol.181.

lui une quête très considérable qui récompensera sa discrétion et sa fidélité'.[32] In the case of *Uplysning för Swenska folket*, Swedish party leaders were collaborating with the Danish minister to produce and distribute a propaganda organ and cover up the author's identity. On social issues, *Uplysning* took an *ancien régime* stance, staunchly defending the existing boundaries between the four Estates and calling the nobility 'the first and most distinguished estate' (n° 20).[33]

Pamphlets played an important part in the propaganda war. For the foreign envoys the question of Sweden's alliances was particularly sensitive. In 1769 the court paid for a pamphlet which questioned Sweden's present alliance system and called for an alliance with France; 'le Roi s'en est fait délivrer les exemplaires dorés sur tranche et les distribue lui-même', Juel says.[34] An answer to the pamphlet came from the English minister Goodricke, who reported to London: 'I gave a few guineas to an author to set their position in a ridiculous light, and desired to advance that the best and most natural alliance for Sweden was with the Emperor of China, which he executed with such humour that above 2000 copies of it were sold in twenty-four hours.'[35] Here, the English minister claims to have directly intervened in a Swedish debate regarding foreign policy. Besides newspapers and pamphlets, printed official documents were used as political weapons. In the tug of war between the king and the Cap Council during the 1769 electoral campaign, the Cap party distributed in the provinces the king's printed declarations with the answers of the Council in order to arouse indignation against the king.[36]

In the examples just mentioned, political media, on the side of the Caps, were controlled by aristocratic party leaders and their foreign allies. A turning-point in the diplomats' reports occurs in 1770. The triggering factor was the decision of the Hat-dominated Council to appoint a nobleman to the post of vice-president of the Åbo court of appeals, excluding two competent candidates on the ground that they were not noblemen. The Council's decision caused a storm among the non-noble

---

32. Juel 4 May 1770, TKUA vol.165. See Burius, *Ömhet om friheten*, p.317-20 on the lawsuit against Holmén. The term 'imprimeur' which Juel uses about Holmén is in fact incorrect, as Docent Ingemar Oscarsson has pointed out to me; rather, his function appears to have been that of distributor. On the bookseller Bengt Peter Holmén, see Bennich-Björkman, 'Affärer i politiskt tryck'.

33. *Uplysning* p.78-81.

34. Juel, 3 February 1769, TKUA vol.163; Juel enclosed a handwritten Danish translation of the pamphlet (Litt. A, 'Swar på ett betydeligt Bref från en Wän i Stockholm'), also in vol.163.

35. PRO, Goodricke, 12 April 1769, vol.114, f.200. The pamphlet inspired by Goodricke is extant in Juel's archives, TKUA vol.358: *Bref til författaren af Swaret uppå et betydeligit bref ifrån en wän i Stockholm (angående Alliance Wärket)* (Stockholm 1769); printer: Peter Hesselberg.

36. Juel, 4 April 1769, see 3 February 1769, both in TKUA vol.163.

Estates. The Danish legation secretary Rosencrone reported to Copenhagen on 9 November 1770:

L'animosité de la Bourgeoisie de Stockholm va si loin à l'heure qu'il est qu'elle ne veut plus admettre chez elle l'opération, ni l'influence d'aucun de la Noblesse, et que l'élite des personnes les plus habiles de cette Bourgeoisie et les plus capables de bien écrire, s'assemble à certains temps pour se concerter sur les arguments par lesquels elle combattra avec le plus d'évidence et de succès le jugement du Sénat [the Council]. Des plumes de cette assemblée est sortie la Pièce que j'ai l'honneur de joindre ici en entier, laquelle est censée la plus forte et la mieux composée de celles qui ont encore paru sur ce sujet important.[37]

The piece enclosed by Rosencrone was the pamphlet *En Adelsmans tankar* (*A Nobleman's thoughts*), which argued that all offices, including that of Councillor of the Realm, should be open to commoners.[38] Rosencrone's account shows an elite among Stockholm burghers refusing to take orders from noblemen, as they were wont to do, assembling to discuss the most effective choice of arguments and composing a pamphlet to prove the legitimacy of their claims.

The conflict between nobility and commoners became a dominant issue when the new Riksdag assembled in June 1771. The Estates had to agree on the new king's accession charter, whereby he would bind himself to observe the fundamental laws of the kingdom. The clergy, burghers and peasants demanded that the previous accession charter be reworded to the effect, among other points, that commoners were entitled to hold high offices in the civil and military services. This the nobility could not accept. The situation was deadlocked, and the work of the Riksdag threatened to be paralysed. Gustav III had succeeded in getting aristocratic party leaders on both sides, Hats and Caps, to accept an agreement between the parties, a 'composition', but this was rejected by the non-noble Estates.

For the foreign allies of the Cap party, the conflict between noblemen and commoners was bewildering and dangerous. In July 1771 the lower Estates sounded Sir John Goodricke, who, he says, 'put them off'.[39] A month later a burgher – 'un bourgeois de poids' – approached the new Danish minister Guldencrone and gave him a handwritten memorandum in French about equality between the Estates; Guldencrone hoped that the affair would be 'étouffée dans sa naissance'. In October Guldencrone

---

37. Rosencrone, 9 November 1770, TKUA vol.165.

38. 9 November 1770, enclosure (TKUA vol.165): *En adelsmans tankar, om frälse- och ofrälse-ståndens rättigheter, i befordringsmål. Senare stycket* (Stockholm 1770), printer: Wennberg & Nordström. The pamphlet has been attributed to Jonas Hallström; its content is analysed in P. J. Edler, *Om börd och befordran under frihetstiden* (Stockholm 1915), p.133-34; see Jonas Nordin, *Ett fattigt men fritt folk: nationell och politisk självbild i Sverige från sen stormaktstid till slutet av frihetstiden*, doctoral dissertation (Stockholm 2000), p.408-12.

39. PRO, Goodricke 16 July 1771, vol.119, f.34. On the foreign ministers' attempts to calm down the lower estates see Malmström, *Sveriges politiska historia*, vi.226, 272.

reported a conversation with the Russian minister Osterman, who had expressed his difficulties in handling 'une négociation qui diffère de toutes les autres [...] Chapeaux et Bonnets faisant cause commune chacun pour son Ordre'.[40] A few weeks later (22 October) Guldencrone commented: 'il s'agit ici non d'une affaire de *Parti* mais d'une affaire d'*Ordre*, où tout le monde épouse les intérêts de la Classe où il appartient' (Guldencrone's emphasis). When a new Danish legation secretary was appointed, Guldencrone, himself a baron, mentioned as a desirable qualification for the post that the person should not be too proud to 'se lier avec des gens non nobles et même de se confondre quelquefois parmi la foule dans ces endroits où l'on entend la voix du Peuple'. Guldencrone's own country, Denmark, was at the time undergoing a revolution under the rule of a commoner, the German physician Struensee.[41]

The Russian minister Osterman vainly tried to calm down the lower Estates. He could not prevent them from pursuing their claims in the Riksdag. Nor could he prevent the flood of pamphlets, articles, political periodicals and memorials which agitated against the privileges of the nobility.[42] The leaders of the Cap party and their foreign allies no longer controlled the printed media. Class – a term used by Guldencrone in October 1771 – was becoming more important than party. In their writings, the commoners were forging a new, non-noble identity for the three lower Estates. Attempts were made in the 1760s at reinterpreting Swedish history from the commoners' perspective. The old word *odalman* (approximately 'freeholder') was revived, and *odal* was launched as a common denomination for the three non-noble Estates (*odalstånd*). In Swedish this allowed for a pun, easy to memorise: *odal* ('commoner') was opposed to *adel* ('nobility').[43]

Many questions will have to be answered regarding the commoners' publications. How, for instance, were they financed, produced and

40. Guldencrone, 9 August and 1 October 1771, Departementet for Udenlandske Anliggender, vol.2665. See Edler, *Om börd och befordran*, p.202-203, 257-61.

41. Guldencone 22 October (quoted in Edler, *Om börd och befordran*, p.201), 29 November 1771, Departementet for Udenlandske Anliggender, vol.2665. On the situation in Denmark, see for example John Christian Laursen, 'Spinoza in Denmark and the fall of Struensee, 1770-1772', *Journal of the history of ideas* 61 (2000), p.189-202.

42. On the debate about privileges see Edler, *Om börd och befordran*, ch.4-5; Lagerroth, *Frihetstidens författning*, p.636-75; Thomas von Vegesack, *Smak för frihet: opinionsbildningen i Sverige 1755-1830* (Stockholm 1995), p.52-58; Skuncke, 'Den svenska demokratidebatten'; Nordin, *Ett fattigt men fritt folk*, p.384-428; Peter Hallberg, *Ages of liberty: social upheaval, history writing, and the new public sphere in Sweden, 1740-1792*, doctoral dissertation (Stockholm 2003).

43. See Edler, *Om börd och befordran*, p.127-30, Skuncke, 'Den svenska demokratidebatten', p. 288-89, and articles by Jouko Nurmiainen and Peter Hallberg in *Riksdag, kaffehus och predikstol*, ed. Skuncke and Tandefelt. On the inability of aristocratic party leaders to 'adapt themselves to the new political realities', see Metcalf, 'Structuring parliamentary politics', p.44.

distributed? An investigation is needed of authors and editors (not an easy task since the debate was anonymous) and of printers. How far, too, were Swedish commoners in touch with radicals in other European countries? From England, several Wilkite writings were translated into Swedish, the famous n° 45 of Wilkes's *North Briton* for example.[44]

An intriguing case as regards distribution is that of the electoral campaign before the 1771 Riksdag. As we have seen, a nation-wide propaganda network had been set up by the Cap party in 1770; it was at work during the 1771 campaign.[45] The Uppsala University library possesses a collection of manuscript letters in which Cap correspondents from the whole kingdom reported to the tanner Johan Westin in Stockholm about the electoral campaign. Westin was a leading activist in the Cap party, 'notre meilleur Opérateur' according to the Danish minister. His correspondents sometimes mentioned written propaganda. One of them (he has been identified as burgomaster Munthe from the small town of Eksjö) writes that he has travelled round the province of Sörmland, talked to 'the important peasants', and distributed 'papers which gave information' (or 'enlightenment'; the Swedish word *upplysning* can mean both). The historian Per-Erik Brolin has analysed the collection and found that Johan Westin's correspondents were mostly burghers like Westin himself. It seems obvious that the collection is a result of the Caps' propaganda network.[46] Did Westin and his correspondents, one wonders, use this network to spread material combating the privileges of the nobility, that is to say publications that would have been reproved by aristocratic party leaders?

44. Pamphlets with translations from English: *Öfwersättning af den bekante WILKES NORT-BRITON. N:o 45* [*Translation of the famous ...*] (Uppsala 1769), printer Johan Edman; *Utdrag af den instruction, som inwånarne i Norwich gifwit sine Parlaments-fullmägtige Harbord Harbord Esq. och Edvard Bacon Esq.* (Uppsala 1769), printer Johan Edman (translation of 'Extract from the instructions of the citizens of Norwich to Harbord Harbord, Esq. and Edward Bacon, Esq. their representatives in parliament', *The St. James's chronicle, or British Evening-post*, 31 January-2 February 1769); *Bref til konungen i England, ifrån auctoren til wecko-skriften Junius* (*Letter to the king of England, from the author of the weekly paper Junius* [*sic*]) (Stockholm 1770), printer Johan Arvid Carlbohm (translation of Junius' letter to the king of 19 December 1769).

45. PRO, Goodricke 5 March 1771, f.72, vol.118.

46. 'Bref till Ålderman Johan Westin d.ä. angående riksdagsmannavalen 1771', Westin 978, Uppsala Universitetsbibliotek. Juel on Westin, 15 February 1769 report 1, TKUA vol.163. Munthe's report is dated Eksjö, 1 April 1771, and signed 'Trogen arbetare' ('Faithful worker'); for Brolin's analysis see Per-Erik Brolin, *Hattar och mössor i borgarståndet 1760-1766*, doctoral dissertation (Uppsala 1953), p.298-300; written propaganda, p.299; identification of Munthe, p.240, 298. For the connection with the Caps' propaganda network see Metcalf, 'Structuring parliamentary politics', p.43; for a more detailed analysis see M-Ch. Skuncke, 'Medier, mutor och nätverk', in *Riksdag, kaffehus och predikstol*, ed. Skuncke and Tandefelt.

ii. Stockholm newspapers in 1772:
the rise of the commoners

Let us turn to the beginning of the year 1772, on the eve of Gustav III's 'revolution'. The political situation was explosive. The question of the king's accession charter had not yet been resolved in the Riksdag, and the debate about privileges was reaching a peak. Among the lower Estates, a great stir had been caused by a pamphlet denouncing the abuses of noblemen officers against commoner soldiers, *Den Ofrälse soldaten* (*The Commoner soldier*) by Lars Anders Chierlin; two editions totalling 3000 copies were sold, Chierlin was sued by the authorities and published the proceedings of the lawsuit, adding further fuel to the discussion.[47] What was the place of the commoners and their claims in the press of the Swedish capital? I shall attempt a brief survey of the contents of Stockholm newspapers in January-March 1772. (The provincial press in towns like Göteborg, Norrköping and Karlskrona would be worth a study of its own.) The survey includes organs of general information, not the political periodicals which also flourished at this time.

To grasp the development of the Stockholm newspapers, we may take a look at the situation ten years earlier, in January-March 1762, that is before the Freedom of the Press Act. At that time, two semi-official, bi-weekly papers were issued by the head of the Swedish postal administration, Matthias Benzelstierna: *Stockholms post-tidningar* (*Stockholm post news*) and *Inrikes tidningar* (*Domestic news*). The first, *Stockholms post-tidningar*, can be described as a Swedish-language gazette. It contained international news, based mainly on German newspapers from Hamburg and Altona and on French-speaking gazettes from Holland, and official Swedish news, events at court and appointments to high offices for example; there was also a section for advertisements ('Notificationer') in smaller print.[48] Much attention was paid to 'ceremony relating to the grand national hierarchy', to quote an article by Stephen Botein, Jack R. Censer and Harriet Ritvo.[49]

In January 1762 *Stockholms post-tidningar* contained some war reports from the Swedish campaign in Pomerania (Sweden participated in the Seven Years War on France's side).[50] But there was no trace, either in *Stockholms post-tidningar* or in *Inrikes tidningar*, of the power struggle that was going on in the Riksdag in 1762; political debate was altogether absent. As the title 'Domestic news' indicates, *Inrikes tidningar* concentrated on

47. Malmström, *Sveriges politiska historia*, vi.236; Burius, *Ömhet om friheten*, p.323-24; Vegesack, *Smak för frihet*, p.54-57.
48. See Lundstedt, *Sveriges periodiska litteratur*, p.13-15, Sylwan, *Svenska pressens historia*, p.80-96, Oscarsson, 'Med tryckfrihet som tidig tradition', p.118-24.
49. 'The periodical press in eighteenth-century English and French society: a cross-cultural approach', *Comparative studies in society and history* 23 (1981), p.482.
50. *Stockholms post-tidningar*, 4 and 21 January 1762.

Swedish matters, providing economic and legal news from various parts of the kingdom, news of appointments, of marriages and deaths of distinguished persons, as well as curiosities and anecdotes.[51] Apart from these two bi-weekly papers, Stockholm had a local weekly paper, *Stockholms wecko-blad*, published by the dynamic Momma printing firm.[52]

Ten years later, in 1772, two competing dailies, as we have seen, had established themselves on the market, besides the two semi-offical bi-weeklies and the local weekly paper. The bi-weeklies, *Stockholms post-tidningar* and *Inrikes tidningar*, went on much as earlier, yet with an interesting development. In the section for advertisements, Stockholm booksellers and printers often offered political publications, including the writings of radical commoners; the printer Carl Stolpe, for example, advertised the latest radical periodicals and 'all documents concerning *The Commoner soldier'*. At the same time (March 1772), the book auction rooms announced in *Stockholms post-tidningar* that the *Dictionnaire encyclopédique* – an unbound copy of the first edition of Diderot's and D'Alembert's *Encyclopédie* – was to be sold in Stockholm.[53]

Among the new dailies, Carl Christoffer Gjörwell's *Almänna tidningar* was a paper with strong editorial control, neatly printed in two columns, its material systematically distributed under the headings 'State news', 'Learned news', 'Belles-lettres', 'Sciences and arts', etc. Gjörwell, however, failed to attract advertisements. *Almänna tidningar* was clearly royalist in tendency: King Gustav III was praised in panegyric poems; Gjörwell published lists of the expenses of Swedish Riksdags since 1720, implying between the lines that these assemblies were unnecessarily costly. A fierce polemic developed between Gjörwell in *Almänna tidningar* and anti-royalist publicists in the rival *Dagligt allehanda*, with personal insults hailing down on both sides.[54]

Gjörwell, however, was an entrepreneur trying to attract readers and eager to assert his interests (even though his publishing ventures tended to end in financial catastrophe). In 1772 he reviewed Théveneau de Morande's scandalous *Gazetier cuirassé*, and in spite of critical comments he provided juicy samples of the content.[55] He defended the liberty of the press, proclaiming: 'No monopolies in thoughts, no monopolies in trades

51. See Lundstedt, *Sveriges periodiska litteratur*, p.47, Sylwan, *Svenska pressens historia*, p.97-109, Oscarsson, 'Med tryckfrihet som tidig tradition', p.127-29.

52. See Oscarsson, 'Med tryckfrihet som tidig tradition', p.124-27.

53. 12 March 1772 (*Den Ofrälse soldaten*), 12 and 19 March 1772 (*Dictionnaire encyclopédique*).

54. See Lundstedt, *Sveriges periodiska litteratur*, p.72; Sylwan, *Svenska pressens historia*, p.426-28; Oscarsson, 'Med tryckfrihet som tidig tradition', p.147-48, 153. Expenses of Riksdags: series beginning on 24 January 1772. On Gjörwell's contacts with the French-speaking press, see Barbro Ohlin, 'Carl Christoffer Gjörwell – intermédiaire culturel', in *Les Intermédiaires culturels entre la France et les pays nordiques au XVIIIe siècle*, ed. Birgitta Berglund-Nilsson, Claude Lauriol, M.-C. Skuncke (forthcoming).

55. 24 and 25 February 1772.

that have to do with the enlightenment of the nation.' Gjörwell was pleading his own cause, as his own publications, including *Almänna tidningar*, were repeatedly in trouble with the Cap authorities.[56] Himself a commoner, Gjörwell took a moderate stance in the debate on privileges. An article of January 1772 recognised the pre-eminence of the nobility, but it also proved, with the help of a statistical table, that many Swedish noble families were derived from humble origins;[57] Gjörwell advocated a meritocracy where deserving commoners could be ennobled. It seems reasonable to assume that *Almänna tidningar*, as well as the bi-weeklies, was primarily aimed at a readership in the upper layers of society – noblemen, non-noble persons of standing, clergymen and well-off burghers.

The rival daily *Dagligt allehanda* was less neat in appearance than *Almänna tidningar*, with a welter of notices printed pell-mell in small characters and in one column. The editor in 1772 was Johan Pfeiffer, originally a physician, who had bought *Dagligt allehanda* from a member of the Momma family of printers. The paper supported the Caps, with the publicist Daniel Helsingius as an important contributor. This was a successful venture, and *Dagligt allehanda* attracted vast quantities of advertisements. The paper was cheaper than Gjörwell's daily; it seems likely that it appealed to a wider readership.[58]

Dagligt allehanda gave regular information about the work of the Riksdag. It provided a timetable of all meetings to take place in the Estates and committees on that very day. And it gave lists of all decisions taken at the plenary meetings of the four Estates on the previous day. In practice, the paper must have set up an arrangement with contact persons in the four Estates (which met in different places in Stockholm) noting decisions taken for each item on the agenda, and the lists being delivered to the editorial office as soon as the meeting was over, so that they could be printed overnight – the paper was issued at 8am.[59] The speed of parliamentary information is amazing!

When the Estate of the nobility held its decisive ballot on the accession charter on 24 February, the debate went on late into the night, too late for the result to be announced in *Dagligt allehanda* on 25 February. The paper informed its readers that the result of the voting could not be

56. 24 February, 11 and 13 March 1772; quotation (in bold) 13 March, col.488. Gjörwell and the authorities: Burius, *Ömhet om friheten*, p.322, 326-29.

57. 3, 4 and 7 January 1772.

58. See Lundstedt, *Sveriges periodiska litteratur*, p.60-62, Sylwan, *Svenska pressens historia*, p.428-37, Oscarsson, 'Med tryckfrihet som tidig tradition', p.145-47. On Johan Pfeiffer see Anders Burius in *Svenskt biografiskt lexikon* 29 (Stockholm 1995-1997). Subscription prices in 1772 (Lundstedt, *Sveriges periodiska litteratur*, p.72, 61): *Almänna tidningar*: 6 daler kopparmynt for 32 numbers (297 numbers were issued in 1772); *Dagligt allehanda*: 30 daler kopparmynt for one year.

59. For example, 10, 11, 13, 14, 15, 16 January 1772 (timetable), 16, 20 and 23 January 1772 (lists of decisions). For the timing of 8am see Sylwan, *Svenska pressens historia*, p.437.

given until the following day. On 26 February, a laconic notice (two lines) indicated the number of 'ayes' and 'noes' in the ballot. The decision had momentous implications. The nobility had accepted a compromise solution with the non-noble Estates over the accession charter, which opened the way for the commoners to be appointed to the highest offices of the kingdom; the most hated privilege of the nobility was about to be abolished in a constitutional way. The event was celebrated by *Dagligt allehanda* in a triumphant text in Latin, probably by Daniel Helsingius, on 29 February, with a Swedish translation two weeks later.[60] The Latin text (*Libertatis natali*, 'On the birth day of liberty') is presented as a projected inscription for a monument in honour of the victory of the commoners to be erected at the new stock exchange, which was then being built in Stockholm.

In January and February 1772, before the question of the accession charter was at last solved in the Riksdag, the issue of privileges was the subject of intense discussion in *Dagligt allehanda*. The debate was carried on in anonymous notices, often signed with pseudonyms, for example 'Plebejus', 'Nobilissimus', 'A free and honest Swedish *odalman*' (the term *odal*, it will be remembered, was the new denomination for the commoner Estates). This was a dialogue with many voices, though it is difficult to pin down the identity of the participants; some contributions came from the paper's own collaborators, some from readers (who, it seems, had to pay for their notices to be inserted[61]), some also from the royalist propaganda (which we may assume paid for this service).

On the radical commoners' side, examples from Swedish history were used to argue against the nobility's exclusive right to hold high offices; a statute from 1489, one contributor claimed, proved that in those days commoners could become Councillors of the Realm (2 January). The historical interpretation of the term 'odal' was debated: was it legitimate or not for the commoners to use it (3 January)? Contemporary examples were given of noblemen misbehaving against commoners, in the wake of the storm over *Den Ofrälse soldaten*. The pseudonym 'Commoner soldiers' friend' related the story of an aristocratic officer, Baron Liewen, who never turned up while his troop was waiting to march to the Maria Church in Stockholm to attend the Sunday service (again 3 January).[62] On the next day (4 January), the 'editor' of the proceedings of the lawsuit regarding *Den Ofrälse soldaten* (Lars Anders Chierlin) appealed to the general public to bring more evidence of outrages from noble officers against commoner soldiers: those 'beloved and righteous citizens, who possess reliable anecdotes and authentic documents' about this question should send the material by post, or else bring it in person, to Johan Stenwik's bookshop

60. 29 February and 13 March 1772.
61. Sylwan, *Svenska pressens historia*, p.432.
62. See Vegesack, *Smak för frihet*, p.55-56.

at Storkyrkobrinken Street in Stockholm. The following month (10 February), a similar notice was published among advertisements in the semi-official *Stockholms post-tidningar*. These notices, it seems, can be seen as instances of a populist agitation among commoners. A comparison with the Wilkite movement in England would be fruitful.[63]

On 10 January 1772, a royalist notice in *Dagligt Allehanda* warned the readers against squabbling over the *odal* Estates and their privileges. For Gustav III's men, it was not difficult to find arguments: Sweden's economic situation was disastrous, with famine in several provinces; abroad, Poland's fate gave a hint of what might happen to Sweden; the country, the propaganda claimed, needed a strong and wise king, who would unite the nation and bring concord instead of discord.[64] On 19 August, Gustav III's 'revolution' put an end to the Age of liberty.

Stockholm newspapers in 1762 can be characterised as *ancien régime* organs, excluding discussion about Swedish politics and presenting the image of a stable, hierarchic society. Ten years later, in the early months of 1772, the situation had radically changed. The number of newspapers had increased, as had the frequency of information (from twice a week to six times a week for the dailies). *Dagligt allehanda* provided day-by-day information about events in the Riksdag. Heated political discussions were carried on within *Dagligt allehanda* and between newspapers of different tendencies. The conflict between commoners and nobility was a central issue in *Dagligt allehanda*, and it was also discussed in Gjörwell's royalist daily; the writings of radical commoners found their way to the section for advertisements in the semi-official bi-weeklies.

Once again, many questions remain unanswered. One important issue concerns financing: how far was *Dagligt allehanda* a commercial venture, how far was it subsidised, and in which case, by whom? Could it be argued that the Swedish press, on a modest scale, was moving in the direction of the English press, with market forces playing a greater role?[65] Another central issue concerns the readership of the press. How far did the newspapers reach a public beyond the upper layers of society? What part did the paper play in the lives of persons who placed advertisements in *Dagligt allehanda* in February 1772 included, for instance, a poor maidservant, a saddler, a tailor's widow?[66]

Although a number of question marks remain, the study of foreign diplomats' reports in 1769-1772 and that of Stockholm newspapers in

63. See Brewer, *Party ideology and popular politics*, ch.9.
64. See Skuncke 1993 p.272-74.
65. For the English press see Botein, Censer and Ritvo, 'The periodical press in eighteenth-century'; Hannah Barker, *Newspapers, politics, and public opinion in late eighteenth-century England* (Oxford 1998).
66. 28 and 29 February 1772. On servants' advertisements, see Jack R. Censer, *The French press in the age of enlightenment* (London, New York 1994), p.62-65, and Barker, *Newspapers, politics, and public opinion*, p.33.

1772 point in the same direction. In the last years of the Age of liberty, the aristocracy was losing its control over printed political media. The commoners and their claims were playing a role as never before in Swedish history. A new public sphere, a commoners' public sphere, was emerging in Sweden.

BERNADETTE FORT

Le discours politique
dans les *Salons* des *Mémoires secrets*

BIEN connu des historiens qui, depuis deux siècles, y ont puisé d'importants renseignements sur la société et la culture du 'dernier règne',[1] les *Mémoires secrets pour servir à l'histoire de la République des Lettres*, connus jusqu'ici sous le nom de 'Mémoires de Bachaumont', ont récemment fait l'objet d'une réévaluation de la part de spécialistes de la presse d'Ancien Régime.[2] Axé d'une part sur les stratégies textuelles productrices d'un espace critique public où se constitue une pluralité de voix anonymes qui témoignent d'une opinion publique en gestation, *The 'Mémoires secrets' and the culture of publicity* a insisté sur le caractère hétérodoxe et inclassable de cette publication, qui n'est ni une gazette, ni un 'périodique' à proprement parler, et constitue encore moins de véritables mémoires, mais est plutôt une chronique rétrospective, dont la légende veut qu'elle ait pris naissance dans les 'nouvelles à la main' rassemblées dans le bureau d'esprit de Mme Doublet.[3] Je ne reviendrai pas ici sur la nécessité d'exonérer enfin Louis Petit de Bachaumont de la paternité de ce texte, qu'on lui a fait endosser pendant deux siècles.[4] Mon propos est de montrer comment le discours politique, dont on a eu tendance à minimiser l'importance au profit du discours culturel dans cette chronique, se manifeste au contraire en parfaite intégration avec ce discours culturel et même par son truchement. Je choisirai pour cela l'exemple de la critique d'art des *Mémoires secrets*, partie importante des trente-six volumes de cette collection, mais négligée des chercheurs jusqu'ici et disponible depuis peu dans une édition qui rassemble les comptes rendus des onze derniers Salons de l'Ancien Régime.[5]

---

1. Voir Pierre Rétat, *Le Dernier Règne: chronique de la France de Louis XVI, 1774-1789* (Paris 1995).
2. Voir *The 'Mémoires secrets' and the culture of publicity in eighteenth-century France*, éd. Jeremy Popkin et Bernadette Fort (Oxford 1998). Ont participé à ce volume R. Birn, P. Cheek, B. Fort, H.-J. Lüsebrink, S. Maza, J. Merrick, J. Popkin, P. Rétat, S. M. Singham et J. Sgard.
3. Voir surtout Robert S. Tate, *Petit de Bachaumont: his circle and the 'Mémoires secrets'*, *SVEC* 65 (1968).
4. Voir entre autres les articles de Popkin et Fort dans *The 'Mémoires secrets' and the culture of publicity*.
5. *Les Salons des 'Mémoires secrets'*, éd. Bernadette Fort (Paris 1999). Les pages citées dans le texte renvoient toutes à cette édition.

Les *Salons* des *Mémoires secrets* embrassent les expositions bisannuelles de l'Académie royale de 1767 à 1787, soit vingt ans de production artistique d'une importance majeure pour la peinture et la sculpture françaises. C'est l'époque où l'art rococo cède aux pulsions néo-classiques et où la peinture de genre et l'art du portrait, très prisés du public et des collectionneurs, doivent céder le pas à l'Académie aux ambitions de la peinture d'histoire. C'est aussi l'époque où, après l'accession au trône de Louis XVI, la monarchie tente de reprendre en main la direction des arts et, sous la tutelle du comte d'Angiviller, directeur des Bâtiments, de leur imprimer noblesse, patriotisme et moralité. La critique de Salon est alors un genre littéraire nouveau et en pleine expansion. Les grands périodiques, tels le *Mercure de France* et l'*Année littéraire*, publient régulièrement de copieux comptes rendus des expositions, mais ils sont tenus à la discrétion.[6] Ils évitent toute allusion politique, qui risquerait de leur coûter ou la subvention ou la tolérance du gouvernement. La critique qui prolifère dans les brochures pendant la durée du Salon peut se permettre de tenir un discours plus agressif, mais c'est toujours au risque de se voir ignominieusement châtier, voire éliminer par la censure. Dans ce domaine critique en pleine évolution, les *Salons* des *Mémoires secrets* sont seuls, avec les comptes rendus clandestins, auxquels appartiennent les *Salons* de Diderot, dans la position enviable de pouvoir critiquer avec impunité les artistes de la couronne, la politique culturelle du régime, sinon le régime lui-même. Comme je l'ai indiqué ailleurs, c'est précisément le fait qu'ils soient publiés en différé sur l'événement de l'exposition qui leur assure cette impunité unique dans le discours critique contemporain imprimé.[7] En effet, l'écart temporel entre exposition et publication va, selon les *Salons*, de un à treize ans: si les derniers *Salons* paraissent en gros dans l'année qui suit l'exposition, le *Salon* de 1767, qui paraît dans le volume 13, n'est publié qu'en 1780, ce qui assure au texte une distance protectrice quant à la censure. Mais, à la différence des critiques clandestines, les *Salons* des *Mémoires secrets* bénéficient de l'extraordinaire diffusion de la collection entière, qui est l'une des chroniques imprimées les plus en vue et les mieux répandues de l'Ancien Régime, tant en France qu'à l'étranger.

Comme tous les comptes rendus de l'époque sur les expositions de l'Académie, les *Salons* des *Mémoires secrets* se donnent pour but non seulement de recenser la variété des tableaux, sculptures, dessins et gravures exposés aux yeux du public parisien, mais encore de former le goût esthétique de leurs contemporains. Ils invoquent pour cela aussi bien les critères de la théorie de l'art enseignée aux artistes à l'Académie que

---

6. Sur la critique d'art d'Ancien Régime, voir Else Marie Bukdahl, *Diderot critique d'art*, t.ii (Copenhague 1982), et Richard Wrigley, *The Origins of French art criticism: from the 'ancien régime' to the Restoration* (Oxford 1993).

7. 'The visual arts in a critical mirror', dans Popkin et Fort, *The 'Mémoires secrets' and the culture of publicity*, p.143-174.

ceux qui relèvent d'une esthétique plus récente, qui valorise le regard du spectateur, et dont les fondateurs sont Roger de Piles et l'abbé Du Bos. Néanmoins, les considérations politiques s'introduisent dans le tissu du discours esthétique par différents biais, en premier lieu par le commentaire sur les grands événements du règne que la couronne ou les villes demandent aux artistes de commémorer. Avec les statues pédestres et équestres, les mausolées, les colonnes et les bas-reliefs, c'est toute l'histoire récente de la France qui est passée en revue, et le critique ne déguise pas son sentiment sur certains événements. Non seulement il refuse de se cantonner dans une critique exclusivement esthétique, mais il semble s'arrêter de préférence aux œuvres dont le sujet politique prête à controverse. En 1773, à propos d'une statue pédestre de Louis XV commandée au sculpteur Simon-Louis Boizot par les officiers de la Marine de Brest, il se lance dans une critique virulente de la politique étrangère et de la politique coloniale de la monarchie:

Je trouve d'une adulation extravagante que le poète peigne le roi comme le modérateur de l'Europe, comme y maintenant la paix, après celle honteuse que nous avons reçue et qui fait l'objet des plaintes de tous nos écrivains politiques, dans un moment où nous ne pouvons tranquilliser le Nord, agité depuis si longtemps, et secourir une république alliée dont on partage les dépouilles sous nos yeux.

En particulier, l'auteur qualifie sans ambage de 'mensonge historique' la glorification de la marine française dans cette sculpture 'lorsque depuis longtemps c'est notre partie faible, lorsqu'elle a été écrasée dans la dernière guerre, lorsque la diminution de nos colonies ne peut que la laisser dans un état de langueur inévitable!'[8] De plus, il condamne la prostitution de la statuaire à des buts de flatterie servile du monarque et d'immortalisation personnelle des commanditaires (les officiers sont en effet représentés couronnés de lauriers). C'est à la fois la transformation de l'art en panégyrique de la monarchie et son exploitation à des fins que le critique juge démagogiques qui sont ici mises en cause.

Ce discours politisé caractérise également les tableaux ayant trait à l'actualité. Le critique glisse alors habilement du registre descriptif ou esthétique au registre politique. Ainsi, dans le *Décintrement du Pont de Neuilly* de Hubert Robert, exposé en 1775, l'énumération des ministres et personnages de la cour entourant Louis XV pendant cette cérémonie[9] prend le pas sur l'évaluation du tableau en tant que paysage et sur le jugement esthétique de l'art avec lequel l'action a été représentée. L'auteur, qui publie en recul sur l'événement, peut se permettre une distance critique sur le régime du roi défunt. Il se gausse de 'tous ces

---

8. *Salons*, p.120.

9. 'On y distingue dans le groupe principal le roi, M. le comte de la Marche, donnant la main à Madame la comtesse du Barry, le chancelier [Maupeou] avec sa simarre, ornement si étrange à de pareils spectacles, l'abbé Terray, le duc de la Vrillière, le duc d'Aiguillon, M. de Boisnes' (*Salons*, p.143).

ministres du feu roi, tombés dans la disgrâce et si redoutables alors' et ajoute: 'et l'on sent une joie secrète en songeant à la révolution qui les a culbutés'.[10] La 'révolution' dont il s'agit ici, est, bien sûr, le rappel du Parlement à Paris, l'un des actes inauguraux du règne de Louis XVI, et le remplacement du triumvirat de Maupeou, Terray et d'Aiguillon par le ministère libéral de Turgot, salué par le critique, qui laisse ainsi entrevoir ses allégeances pro-parlementaires et entend les faire partager au lecteur. Ainsi se glisse dans les interstices du discours esthétique un discours qui ne cache pas sa couleur politique. Dans ce même *Salon* de 1775, le premier après l'accession au trône de Louis XVI, le critique se livre à une entreprise de dégradation systématique de la monarchie sous Louis XV (mort en 1774), par le truchement de commentaires négatifs sur des tableaux qu'il présente comme associés à la luxure de ce roi. Ainsi, les quatre *Sultanes* d'Amédée Vanloo donnent lieu à une satire narquoise de Mme Du Barry, accusée d'avoir voulu 's'y reproduire aux yeux de son auguste amant' sous différentes figures de houris afin de 'ranimer les désirs du vieillard le plus flétri'.[11] On voit poindre ici, à propos de Louis XV, l'une des stratégies majeures de la critique révolutionnaire, qui associera chez Louis XVI impuissance sexuelle et impuissance politique.

Les *Salons* des *Mémoires secrets* sont chacun divisés en trois lettres qui, comme dans la critique d'art des périodiques, s'articulent selon la hiérarchie des genres: peinture d'histoire, peinture de genre (y compris portraits et natures mortes), enfin sculptures et gravures. Vu le mépris du critique pour les physionomies 'communes' (entendons 'roturières'), les sections des *Salons* concernant les portraits peuvent se lire comme une fresque mouvante où défilent tous les détenteurs du pouvoir dans l'état, les généraux, les dignitaires de l'Eglise, les financiers et, en premier lieu, les grands ministres de la monarchie: Maupeou, Terray, Necker, Vergennes, Breteuil, Calonne. La conception mimétique de l'art, qui veut qu'un portrait soit jugé d'abord d'après sa ressemblance au sujet, autorise le critique à passer outre le cadre de la représentation et lui permet d'engager des diatribes *ad hominem* qui visent directement le modèle représenté. En 1783, à propos d'un portrait de Necker par Joseph-Siffrède Duplessis, le critique rappelle le fameux *Compte rendu* grâce auquel le ministre de Louis XVI, dévoilant pour la première fois à la nation l'état désastreux des finances de la France, avait voulu justifier deux ans plus tôt sa politique d'emprunts. Sa critique sur Necker est sans pitié. Il dénonce 'la dureté de son âme [qui] perce à travers la sensibilité hypocrite dont il se parait durant son ministère', 'sa morgue' et 'son regard hautain'.[12] La virulence du commentaire permet de situer le critique dans l'opposition qui rassemble à ce moment précis contre

10. *Salons*, p.143.
11. *Salons*, p.131.
12. *Salons*, p.269.

Necker trois partis différents: les parlementaires, qui redoutent son projet d'établir des assemblées provinciales qui porteraient préjudice à leur prérogatives; les philosophes, qui ne peuvent pardonner à Necker ses manœuvres contre Turgot; les fermiers généraux, qui se trouvent lésés par ses réformes fiscales, sans parler du clergé, qui milite contre ce ministre protestant. De façon générale, les vues politiques exprimées dans les *Salons* des *Mémoires secrets* coïncident avec la mouvance parlementaire qui s'oppose aux visées hégémoniques de la monarchie depuis les années 1740.[13]

La teneur de la critique politique inscrite en clair ou en filigrane dans les *Salons* n'est pas toujours chose aisée à déchiffrer pour le lecteur moderne. Non seulement celle-ci évolue en vingt ans, mais certains commentaires sont des chefs-d'œuvre d'équivoque. En 1785, à propos d'un portrait flatteur de Calonne par Elisabeth Vigée-Lebrun, le critique blâme insidieusement la politique financière de 'ce ministre enchanteur, qui sait avec tant d'art attirer au fisc public non seulement l'argent de la nation, mais celui des étrangers, pour le reverser ensuite avec tant de profusion et de munificence'.[14] De plus, à un moment où se propage, en opposition à la décadence aristocratique, une éthique virile de la vertu et de la vérité, le tableau de ce ministre charlatan et efféminé peint par une femme protégée de la reine, tableau que le critique dit parader au milieu des portraits séducteurs des jeunes femmes de la cour, tel un sultan 'au milieu de son sérail', alimente la critique morale et politique d'un régime en déclin.

La recension des portraits et bustes du roi et de la reine pour lesquels les artistes rivalisent de génie à chaque Salon mériterait une étude particulière. En effet, ni l'historien, ni l'historien de l'art ne sauraient être indifférents aux transformations importantes qui ont lieu dans les effigies de la monarchie pendant la décennie qui précède son abolition. La façon dont ces représentations sont perçues et commentées au fil des années ouvre des perspectives nouvelles sur la participation de la critique d'art des *Mémoires secrets* au débat général sur la légitimité de la monarchie absolue à la fin de l'Ancien Régime. Pas plus que ses contemporains, même les plus radicaux, le critique des *Mémoires secrets* ne semble avoir envisagé ou désiré la chute de la monarchie. C'est donc à un niveau plutôt symptomatique que se manifeste le phénomène d'érosion de l'autorité monarchique que ces *Salons* enregistrent et amplifient dans leur discours à travers le commentaire des portraits peints ou sculptés du roi et

---

13. C'est ce qui permet de penser que Pidansat de Mairobert, héritier spirituel de Louis Petit de Bachaumont et pamphlétaire radical soutenant la cause parlementaire, a participé à la rédaction des *Salons*. Sur Pidansat et la question de la paternité des *Salons*, voir mon introduction à l'édition des 'Salons' des 'Mémoires secrets', p.15-16 et n.11, et 'The visual arts in a critical mirror', p.147.

14. *Salons*, p.299.

de la reine, ainsi que leurs remarques sur l'espace symbolique qu'ils occupent dans l'exposition et sur les réactions du public à leur endroit.

Selon Jürgen Habermas, l'autorité royale est à l'origine structurée et étayée par sa représentation, c'est-à-dire qu'elle se constitue et se perpétue par le fait de se donner à voir rituellement dans les cérémonies publiques du règne. Là, le roi se montre à son peuple dans toute la majesté de sa personne et de l'office qu'il occupe de droit divin.[15] Or les expositions des effigies de la royauté altèrent sensiblement ce modèle. Lorsque la représentation en personne fait place à la représentation symbolique (telle qu'elle s'opère en peinture ou en sculpture), l'autorité royale, consubstantielle au corps du roi, ne peut que se trouver fragilisée. Cette vue converge d'ailleurs avec la perspective platonicienne, à la fois philosophique et esthétique, qui situe l'image à l'échelon le plus bas par rapport à la présence pleine de l'être. Dans ce sens, l'essence de la royauté se trouve doublement dégradée dans le processus même de sa re-présentation. Dans l'image, la royauté devient simple simulacre. La multiplication des simulacres visuels du roi dans les nombreuses peintures et sculptures qui le donnent à voir *in absentia* au Salon, au lieu d'augmenter son autorité, contribue à la diminuer. Fragmenté en autant de représentations où il est substitué à lui-même par l'image, le roi subit une perte sensible de prestige. Ses différentes hypostases ne peuvent faire qu'accélérer le processus de décomposition de son pouvoir.

A ceci s'ajoute la conjonction de plusieurs facteurs, et tout d'abord la notion, soulignée par le critique des *Mémoires secrets*, selon laquelle les artistes n'étant que de simples mortels et ne possédant pas en général le génie supérieur d'un Le Brun dans son célèbre portrait de Louis XIV, le roi est condamné à ne paraître devant ses sujets que dans des figurations souvent médiocres qui prêtent aux commentaires irrévérencieux. De plus, les peintres et sculpteurs des années 1770 et 1780, imbus d'un nouvel esprit de réalisme, ne cherchent pas à compenser les aspects disgracieux ou bourgeois du physique royal par l'élévation du sujet ou le mensonge propre à l'art. En 1777, le critique blâme deux bustes de Louis XVI, dont 'l'un traité par Pajou, sans avoir une exacte ressemblance, est plus dans le caractère de S. M., dont elle exprime la popularité, mais si bénigne, qu'elle en deviendrait niaise' et l'autre, de Boizot, manifeste 'une certaine finesse qui, au gré des courtisans ayant l'honneur d'approcher du monarque, n'est pas l'attribut distinctif de sa tête'.[16] En signalant ces défauts esthétiques, le texte attire l'attention de façon subtile sur le caractère plébéien et benêt du roi et contribue lui aussi à saper par le discours l'aura du monarque déjà diminuée, selon le critique, par une représentation fautive.

---

15. Jürgen Habermas, *L'Espace public: archéologie de la publicité comme dimension constitutive de la société bourgeoise*, trad. Marc Launay (Paris 1978).

16. *Salons*, p.187.

Cette détérioration du prestige royal est particulièrement aggravée dans le cas de Louis XVI, monarque bien connu de ses contemporains pour se soustraire aux foules, aux cérémonies, à tout le rituel de la représentation. Or, ce phénomène d'auto-effacement du monarque est constamment mis en vedette dans les *Salons* des *Mémoires secrets*. En 1777, le commentaire d'un *Portrait en pied du roi* par Duplessis suggère que la personne physique de Louis XVI est incompatible avec la majesté de son office et contribue ainsi au processus de démantèlement de l'image royale.[17] Comme l'explique le critique avec lucidité, la glorification du monarque, qui eût été essentielle à toute représentation de Louis XIV, est devenue anachronique pour Louis XVI, dont la nature réservée et modeste s'y oppose: 'Il [Duplessis] n'a pas senti que l'humanité, la bonté, la popularité, la familiarité, si l'on peut s'exprimer ainsi, étant le caractère distinctif de la physionomie de notre roi, il ne pouvait s'allier avec celui de la grandeur, de la fierté imposante, repoussante même, qu'il a voulu lui imprimer'.[18] Ce commentaire révèle en filigrane que le roi est le premier à entamer le processus de sa désacralisation. D'autres artistes comprendront cette profonde volonté de retrait du monarque et tenteront de promouvoir une nouvelle image de la royauté en conformité avec ses aspirations privées. Alors qu'en 1761 Louis-Michel Vanloo avait exposé un portrait de *S. M. [...] en pied avec tous les attributs de la royauté*, en 1785, le roi mis en scène par Philibert-Louis Debucourt 'cache sans affectation toutes les décorations qui le pourraient trahir. Il a la tête enfoncée dans un chapeau profond et rabattu qui dérobe une partie de sa figure'.[19] Certes, il s'agit pour l'artiste de commémorer un acte de bienfaisance effectué incognito par Louis XVI envers une famille démunie, geste qui s'accorde parfaitement avec l'hagiographie ascendante du bon roi Henri IV, récemment portée au théâtre. Cependant, comparé à l'imposant *Portrait du roi* de Le Brun, rayonnant d'autorité et de splendeur, inspirant le respect et la crainte, le tableau de Debucourt, traité sur le mode d'une scène de genre à la Greuze et s'inspirant de plus d'un drame bourgeois (*La Partie de chasse d'Henri IV*), permet au critique de mesurer et de formuler l'effritement du principe d'autorité subi par la royauté à la veille de la Révolution.

Il n'est pas jusqu'à l'emplacement de ces effigies royales au Salon qui, pour le critique des *Mémoires secrets*, ne prenne un sens symbolique. On se souvient de l'éclat et de la pompe qui accompagnaient l'exposition du portrait de Louis XIV au premier Salon, comme le rapporte Henri Testelin: 'à l'abord l'on apperçut un grand Tableau de 12 ou 15 pieds de

17. 'Malheureusement on ne reconnaît Louis XVI qu'aux attributs de la majesté qui l'entoure; des plaisants ont prétendu qu'à la tête près, il était très ressemblant. C'est que M. Duplessis, au lieu de chercher à rendre l'homme, avait voulu peindre le monarque' (*Salons*, p.179).
18. *Salons*, p.179.
19. *Salons*, p.303.

haut, où est représenté le portrait du Roi revêtu de sa pourpre Royale, séant en un Trône enrichy et couvert d'un dais somptueux [...] L'entrée de ce Salon remplissait à l'abord l'esprit de veneration et de respect'.[20] En revanche, dans les *Salons* des années 1770 et 1780, le critique des *Mémoires secrets* fait remarquer que le buste du roi se trouve souvent mêlé aux simples bourgeois, quand il n'est pas rendu à l'anonymat. En 1775, le critique note que Pajou a omis de faire figurer le nom du monarque dans le livret et que celui-ci a dû être ajouté sur le buste par la suite.[21] En 1785, le critique avoue avoir failli manquer le portrait du roi par Debucourt au Salon, parce que celui-ci était exposé dans un des renfoncements des fenêtres appelés *boudoirs*.[22] En 1787, une statue du monarque par Houdon est exposée de façon aussi cavalière que précaire, à l'extrême bord d'un tréteau. Le critique insiste sur le fait que la symbolique de l'espace accuse ici le double processus de démocratisation et de marginalisation du monarque: 'Ici c'est *Le Roi*: sa popularité et sa modestie se caractérisent par l'affectation de le confondre avec les autres, de le placer même sur une extrêmité, prêt à être coudoyé et renversé par tous les passants.' Comment résister ici à une lecture proleptique, qui verrait dans la chute imminente du buste du monarque, prêt à être 'renversé par tous les passants', un présage funeste de la tourmente révolutionnaire qui va s'abattre sur la France et décapiter la monarchie?

Le caractère proleptique de l'écriture des *Salons* des *Mémoires secrets* se confirme dans le dernier de la série, celui de 1787, paru en 1789. Jusqu'en 1785, la politique à proprement parler était restée dans les coulisses des *Salons* ou ne se lisait qu'entre les lignes, mais en 1787 elle fait irruption dès la première page. L'été 1787 a été particulièrement chaud et le Salon, qui ouvre le 25 août, se ressent encore des événements multiples qui ont répandu sur Paris un souffle de sédition. Louis XVI a renvoyé Calonne pour le remplacer par Loménie de Brienne, qui a obtenu le renvoi de l'Assemblée des Notables. Le 16 juillet, le Parlement réclame la convocation des Etats-généraux. Le 6 août, Louis XVI préside un lit de justice où il oblige le Parlement à enregistrer un impôt sur le timbre mais le Parlement ayant le lendemain déclaré cet enregistrement illégal, le roi l'exile à Troyes. C'est l'émeute, et quand le comte d'Artois se présente le 17 août au Palais de justice pour faire enregistrer ces édits, il est hué par dix mille protestataires. La monarchie bat en retraite et le Parlement fait un retour triomphal à Paris. C'est à ce bras de fer entre le

20. Henry Testelin, *Sentiments des plus habiles peintres* (Paris 1696), Préface, p.3.

21. 'On ne sait si c'est par modestie que le second [Pajou] n'avait point désigné Louis XVI sur le livre, ou pour annoncer par cet incognito même la simplicité de son modèle. Quoi qu'il en soit, on a trouvé indécent que le monarque fût ainsi confondu dans la foule, et l'on a restitué la désignation au bas du buste' (*Salons*, p.147).

22. 'Après bien des choses je découvre le roi s'éclipsant, il est vrai, à l'éclat du trône, en conséquence servi suivant ses vues et confondu dans un des boudoirs de ce lieu' (*Salons*, p.301).

Parlement et le roi et à cette atmosphère combustible de la ville que le critique du Salon de 1787 fait allusion lorsqu'il place son compte rendu d'entrée de jeu sous le signe de 'la fermentation qui règne depuis quelque temps en France et surtout dans la capitale, fermentation que le gouvernement s'efforce de calmer, de réprimer du moins par toutes sortes de moyens'.[23] Dans cette atmosphère tendue, tout sujet de tableau pouvant s'appliquer à la situation politique est susceptible d'enflammer un public politisé qui se cherche des emblèmes, et est donc jugé potentiellement dangereux par le gouvernement. Ainsi, un tableau commandé par le roi à Jean-Simon Berthélemy et traitant une page de l'histoire du règne de Charles VII (*Après la rentrée de Paris sous l'obéissance de Charles VII en 1435, le connétable de Richemont [...] reçoit les fidèles bourgeois de la capitale ayant contribué à la victoire, présentés par Lallier: le maréchal de l'Isle-Adam leur montre les lettres d'amnistie*) prête à deux interprétations opposées: si dans l'esprit du commanditaire il offre une allégorie de la magnanimité royale, dans le contexte récent de l'humiliation subie par le Parlement, il fonctionne comme rappel de la sujétion à laquelle la monarchie réduit toute opposition. Conscient de cette dernière interprétation, le gouvernement a différé l'exposition de ce tableau au Salon. Le critique des *Mémoires secrets*, lui, fait ressortir le lien entre les événements récents et 'les temps de trouble et de sédition du règne de Charles VII' et insiste sur 'la pusillanimité du ministère', qui n'a autorisé l'exposition du tableau qu'après la fermeture officielle de l'exposition, à un moment 'où la fermentation commence à se rasseoir et où le Salon n'est plus guère fréquenté que par un petit nombre d'amateurs'.[24]

Parmi les œuvres exposées au Salon de 1787, le critique s'ingénie à débusquer les œuvres même les plus obscures, pourvu qu'elles prêtent à un commentaire politique. C'est le cas de la maquette de la nouvelle barrière du Trône. Cherchant à endiguer la dette du royaume, Necker et Calonne avaient par trois fois relevé les contributions de la Ferme générale et celle-ci avait consenti à une augmentation au renouvellement de son bail en 1786 si Calonne acceptait de faire construire un mur autour de Paris pour faciliter la répression des fraudes et la perception des octrois – un mur infâme dont on disait alors: 'Le mur murant Paris rend Paris murmurant'. L'exposition au Salon d'un modèle réduit de la tour de la nouvelle barrière du Trône donne lieu à une diatribe où le critique laisse percer le sarcasme sur ce projet grandiose d'architecture urbaine et militaire:

Est-ce un obélisque, une pyramide? Il est surmonté d'une Renommée que je reconnais à ses ailes et à sa trompette; il est chargé de trophées militaires [...]. Que signifie toute cette décoration pompeuse? Quels ennemis a-t-on vaincus? Quel grand événement s'agit-il de célébrer? Quelle époque importante à fixer?

---

23. *Salons*, p.317.
24. *Salons*, p.351.

Pourrait-on le croire! J'approche et je lis: *Tour qui doit servir d'ornement aux murs dont on entoure Paris du côté de la Barrière du Trône.*[25]

L'indignation du critique lorsqu'il considère les aménagements prévus dans cette 'citadelle' toute féodale ('le repaire des commis, une salle d'audience pour le Fermier général qui y prononcera les oracles du fisc et une prison pour les malheureux contrebandiers saisis en flagrant délit') donne lieu à une curieuse envolée où il invite le public à la démolition de ce 'monument de honte et d'esclavage': 'Et il subsiste depuis un mois, et il n'est pas renversé, brisé, mis en pièces, réduit en poudre? Ô Parisiens vils, bien dignes des fers qu'on vous prépare!' A l'aube de la Révolution, le critique d'art des *Mémoires secrets* franchit le pas entre esthétique et politique et n'hésite pas à mobiliser – sur le mode rhétorique, du moins – l'énergie populaire afin de détruire les emblèmes de la féodalité. L'appel à la prise de la Bastille n'est pas loin.

Dès l'ouverture du *Salon* de 1787, la politique fait irruption dans le sanctuaire de l'art non par la présence, mais, paradoxalement, par l'absence de deux tableaux qu'on y avait annoncés. Le premier tableau avait pour sujet le procès en appel d'une affaire jugée en 1766, affaire qui avait alors fait grand bruit et soulevé entre autres l'indignation de Voltaire, l'affaire Lally-Tollendal. Gouverneur général de l'Inde et tenu responsable de la perte de Pondichéry, le comte de Lally-Tollendal avait été condamné pour haute trahison par le Parlement, puis exécuté en place de Grève après un supplice ignominieux. En 1781, son fils avait intenté un procès en révision, mais n'avait pas eu gain de cause, et le refus de plusieurs Parlements successifs auxquels le Conseil du roi avait renvoyé l'affaire en appel avait indigné tous les esprits libéraux. Le tableau de Jean-Baptiste Robin exposé au Salon de 1787 représentait une scène de piété filiale traitée sur le mode mélodramatique. Le fils de Lally, qui avait commandé le tableau, s'y était fait représenter tenant en main les mémoires judiciaires grâce auxquels il avait poursuivi avec acharnement, et finalement obtenu, la réhabilitation de son père (le roi avait en effet cassé l'arrêt du Parlement et réhabilité Lally à titre posthume): 'l'on y lisait ces mots que sa bouche entrouverte semblait articuler avec l'énergie qu'inspire la conviction de la vérité: *je défends mon père innocent, assassiné par le glaive des lois*'.[26] Or, vu l'instabilité de la situation et le soutien apporté au Parlement par le peuple parisien, la Direction des Bâtiments avait jugé bon de ne pas offrir ce tableau subversif à la vue des visiteurs du Salon. Sans s'arrêter à commenter le tableau de Robin pour ses qualités picturales, le critique va droit aux enjeux politiques de cette œuvre et révèle le sens symbolique que lui confère la monarchie en en refusant l'exposition. Son commentaire met en relief l'indécision chronique et les contradictions profondes de la couronne quant à ce tribunal auguste et

25. *Salons*, p.346.
26. *Salons*, p.317.

aimé du peuple, mais frondeur, et que la monarchie s'acharne à fustiger en cassant ses arrêts et en lui imposant exils et lits de justice: 'On avait craint, par le souvenir d'une telle catastrophe [la condamnation à mort de Lally] d'affaiblir le respect dû aux oracles de cette cour, de la dégrader, de l'avilir aux yeux du peuple; et dans ce moment même on proscrivait ses membres, on les envoyait en exil, on suspendait leurs fonctions, on les traitait comme des rebelles'.[27]

L'autre tableau absent à l'ouverture du Salon de 1787 est un portrait de la reine par Elisabeth Vigée-Lebrun, très vanté par les amateurs qui l'avaient examiné dans le studio de l'artiste. Le critique, qui mène habilement son lecteur de surprise en surprise, apprend que si le tableau représentant Lally vient d'être retiré 'pour ne point déplaire au Parlement', on n'a pas osé exposer le second 'de peur des outrages d'une populace effrénée'. Dans l'atmosphère surchauffée de la capitale, les nombreux pamphlets, dont certains fort obscènes, qui circulent au sujet de la reine et l'ont déjà discréditée dans l'opinion publique, risquent d'enflammer la populace, et il est évident que le régime préfère ne pas soumettre l'image de la reine à sa fureur. Or voilà que ce tableau se présente soudain. Et le critique de commenter ironiquement cette volte-face de la couronne: 'On s'était déterminé à l'exposer enfin pour faire cesser des soupçons vraiment offensants, des bruits plus dangereux que les injures imaginaires qu'on redoutait.'[28] De même que le tableau de Robin mettait la peinture au service d'une cause célèbre récente dont elle cherchait à réhabiliter la victime, celui de Vigée-Lebrun visait à réhabiliter Marie-Antoinette après l'infamante affaire du Collier. Faussement accusée d'avoir trempé dans cette étonnante affaire d'escroquerie où le cardinal de Rohan, agissant de concert avec Cagliostro et une aventurière, l'avait impliquée de façon humiliante, la reine avait fait l'objet d'une campagne virulente de libelles calomniateurs qui avaient à jamais ruiné son prestige et sa popularité.

Au mépris de tout ordre traditionnel de recension des tableaux (que ce soit le rang des artistes à l'Académie, la hiérarchie des genres, la qualité esthétique de l'œuvre, ou le plaisir du spectateur), c'est à ces tableaux dont l'exposition même est sujette à controverse que le critique consacre les premières pages de son *Salon* de 1787. Ce geste est lourd de sens. Il indique que la charge politique d'une œuvre d'art a pris le pas sur son importance esthétique et que l'arène artistique s'est irréversiblement politisée. Il signale aussi que les arts peuvent désormais, dans l'atmosphère explosive de la capitale, catalyser la sédition. Comme l'indique une note du critique, la veille de l'ouverture du Salon, un concert rituel donné en l'honneur de la fête du roi aux Tuileries a failli tourner à l'émeute et, le peuple ayant eu l'intention de transporter les

27. *Salons*, p.319.
28. *Salons*, p.319.

musiciens devant la statue d'Henri IV au Pont-Neuf, le concert n'a pu se donner aux Tuileries qu'à grand renfort de patrouilles et de corps de garde. D'après le critique, cela signifie que la monarchie n'est plus seule à dicter ses emblèmes. Le retrait par les autorités d'un tableau dont le sujet mobilise l'opinion constitue un geste politiquement dangereux; autrement dit, l'ordre de la représentation artistique et l'ordre politique sont intimement liés. En dirigeant l'attention sur ces tableaux annoncés, puis retirés, et finalement accrochés, mais en retard et comme en catimini, le critique souligne l'incohérence du régime, son incapacité à définir, ici comme ailleurs, une politique bien nette. Il dénonce son hésitation à savoir s'il vaut mieux laisser la foule procéder à son propre arbitrage, ou confesser sa hantise de l'opinion publique. C'est la vulnérabilité et la fragilité de l'autorité monarchique que le critique met ainsi en relief. L'auteur du *Salon* de 1787 avance ainsi l'idée, confirmée par les historiens à la fin du vingtième siècle, selon laquelle la monarchie a contribué à miner sa propre autorité par une alternance d'autoritarisme et de timidité, par ses retournements et par la pratique de l'arbitraire, où le critique voit le sceau même du 'despotisme': 'je reconnus dans ces inconséquences le vrai caractère du despotisme, qui d'une part frappait les coups d'autorité les plus violents sur les magistrats, défenseurs de la nation, bravait la nation même et foulait aux pieds ses droits les plus sacrés, et de l'autre manifestait une faiblesse misérable, une pusillanimité puérile'.[29] De critique d'art, l'auteur se fait ainsi analyste de la machine politique et des erreurs de la monarchie. Ainsi s'instaure dans les *Salons* des *Mémoires secrets* un discours politique qui, intimement mêlé au discours esthétique, mais le dépassant souvent, en prise constante sur l'actualité, en fait l'un des organes les plus indépendants, les plus lucides et les plus engagés de la critique d'art d'Ancien Régime.

29. *Salons*, p.319.

MARTIN STUBER

Journal and letter: the interaction between two communications media in the correspondence of Albrecht von Haller[1]

FOR some time, there has been increasing interest in viewing the Enlightenment as a communication process.[2] However, there has not yet
been much research into the interactions between the various media of
communication during this period. The few exceptions are nevertheless
promising, even if they do focus on a slightly earlier period[3] or follow a
somewhat different line of questioning.[4] While earlier research started
from the assumption that the letter as a medium to communicate
scientific information steadily diminished in importance with the rise of
the scientific journal in the second half of the seventeenth century, the
results of more recent studies suggest an opposing thesis: scholarly
communication of the eighteenth century is characterised not so much by
a supersession of the old medium by the new but rather by the mutual
pervasion of letter and journal. Together they comprise the new
European discussion forum around which the Enlightenment revolved.
Since they represent two sets of opposing qualities, with the private,

1. Under the direction of Professor Urs Boschung (Medizinhistorisches Institut der
Universität Bern), and with the support of the Swiss National Science Foundation, the
Silvacasa Foundation and the Haller Foundation of the 'Burgergemeinde Bern', the Haller
Project (www.haller.unibe.ch) intends to make accessible and to research the papers of
Albrecht von Haller (1708-1777). The present paper is based on source material from the
Haller database (see Martin Stuber, 'Findmittel und Forschungsinstrument zugleich: die
Datenbank des Berner Haller-Projekts', *Arbido* 14, 1999, p.5-10), together with substantial
input from my colleagues on the Haller Project, Stefan Hächler and Hubert Steinke. The
translation from German to English has been carefully undertaken by Mrs Margot Kühnel
Stringer (Peterborough, UK). The maps were produced by Richard Stuber (Bern). Unless
specified otherwise, the letters cited in the original may be found in the 'Burgerbibliothek
Bern. Nachlass Albrecht von Haller.'
2. See Hans Erich Bödeker, 'Aufklärung als Kommunikationsprozess', in *Aufklärung als
Prozess*, ed. Rudolf Vierhaus (Hamburg 1988), p.89-111.
3. See Françoise Waquet, 'De la lettre érudite au périodique savant: les faux semblants
d'une mutation intellectuelle, ' *Dix-septième Siècle* 35:3 (1983), p.347-59; Anne Goldgar,
Impolite learning: conduct and community in the republic of letters, 1680-1750 (New Haven 1995).
4. See Ute Schneider, *Friedrich Nicolais Allgemeine Deutsche Bibliothek als Integrationsmedium
der Gelehrtenrepublik* (Wiesbaden 1995); Holger Jacob-Friesen, *Profile der Aufklärung: Friedrich
Nicolai–Isaak Iselin. Briefwechsel (1767-1782)* (Bern 1997); Hubert Steinke, *Der nützliche
Brief: die Korrespondenz zwischen Albrecht von Haller und Christoph Jakob Trew 1733-1763* (Basel
1999); *Von Almanach bis Zeitung: ein Handbuch der Medien in Deutschland 1700-1800*, ed. Ernst
Fischer, Wilhelm Haefs, York-Gothart Mix (Munich 1999), p.10-11.

informal, and personal nature of the letter contrasting with the public, formal and institutional perspective of the journal, both media have come to be considered as complementary sources in historical analysis. The present contribution is based on this premise, using the example of Albrecht von Haller's correspondence network[5] in an attempt to illustrate the interaction between letter and journal.

An appraisal given by Haller himself provides a starting point for this. In 1747 in his famous preface to the *Göttingischen Gelehrten Anzeigen* (henceforward *GGA*) he formulated a professional profile for the editor of a science review journal. 'The merits of a weekly paper of this kind rest with the external supply (*äussern Vorschube*), understanding (*Verstand*) and will (*Willen*) of the writer.'[6] The last two qualities are easy to identify. By *Verstand* is meant professional competence, and *Willen* denotes personal integrity manifest in a judgement motivated purely by objective considerations. However, Haller placed the merits of organised communication in first place in his ideal profile. His rather clumsy term, 'äussern Vorschube', primarily implies a broadly based network of correspondents. He sees this as the only means by which to perform successfully the core function of a modern scientific journal: the positioning of current research on an international plane: 'The writer himself must be in possession of as extensive a correspondence as possible: he must zealously gather news about the individual scholars and about their work, from which the patron selects the list of novelties he wishes to purchase.'[7]

Haller himself fulfilled this demanding profile, formulated on the occasion of his own appointment as chief editor of the *GGA*, extremely well, particularly on this last point. For one thing, he had the support of a patron with the necessary financial latitude in the person of Gerlach Adolph von Münchhausen (1688-1770), curator of the University of Göttingen. For another, he had recourse to one of the largest correspondence networks of his time. He had more than 1200 correspondents, and a total of about 13,300 letters to Haller and 3700

5. See *Repertorium zu Albrecht von Hallers Korrespondenz 1724-1777*, ed. Urs Boschung, Barbara Braun-Bucher, Stefan Hächler, Anne Kathrin Ott, Hubert Steinke, and Martin Stuber (Basel 2002), and especially the overview in English: Martin Stuber, Hubert Steinke, and Stefan Hächler, 'Albrecht von Haller's European network: location, time, topics', p.xxii-xxxv.

6. 'Die Vorzüge eines Wochenblattes von dieser Art bestehen in dem äussern Vorschube, im Verstand, und im Willen des Verfassers' (Preface to the year 1747 of *GGA*). The *GGA* was published under the title *Göttingische Zeitungen von gelehrten Sachen* in 1739-1752, then as *Göttingische Anzeigen von gelehrten Sachen* in 1753-1802, and since then with the title *Göttingische Gelehrte Anzeigen*.

7. 'Der Verfasser selber muss über dem einen so viel möglich ausgedähnten Briefwechsel haben: er muss von den Schiksalen der Gelehrten, und von ihren Arbeiten, eine eilfertige Nachricht einziehen, von welcher die Wahl des Beschützers das Verzeichnis der anzuschaffenden Neuigkeiten abnimmt' (Preface to the year 1747 of *GGA*); see Waquet, 'De la lettre érudite', p.348; Goldgar, *Impolite learning*, p.68.

from him have been preserved. Since Haller generally answered every letter,[8] we can assume that he received and wrote on average one letter every day throughout his academic life. His correspondence network stretched from Stockholm to Malaga, from Moscow to Dublin, and included virtually the whole area embraced by the European Enlightenment (fig.1). Geographically, the interaction between letter and journal produces a similar picture. Nearly 400 of Haller's correspondents worked in some way on a journal: although these comprise only a third of his correspondents, they are nevertheless responsible for more than 8400 letters, about two-thirds of all letters Haller received. The places of publication of the journals on which the Haller correspondents worked are also shown (fig.2). The top positions are occupied by Leipzig (90), Göttingen (81), Berlin (68), Paris (67), Zurich (61), London (42). The places of publication of the journals discussed in the Haller correspondence, evaluated according to the number of references they receive, contributes further to our theme (fig.3). As this macro-perspective can only take account of references to journals which comprise the 'main theme' in a single correspondence, no distinction is made between extensive and limited correspondences: in terms of method, this is not an entirely satisfactory approach,[9] though it does retain some value as evidence. An expert, for example, will not be surprised by the rankings of the most featured journals. The top ranking of the *GGA* (63 mentions) is surely also justified by the special nature of the correspondence under consideration here. Other top positions are occupied by *Commentarii societatis regiae scientiarum* (Göttingen, 12), *Bibliothèque raisonnée* (Amsterdam, 9), *Philosophical transactions* (London, 8), *Commercium litterarium* (Nuremberg, 7), *Mercure suisse* (Neuchâtel, 7), *Relationes de libris novis* (Göttingen, 7), *Abhandlungen der Oekonomischen Gesellschaft* (Bern, 6).

In purely quantitative terms, therefore, it is obvious that the interaction between letter and journal in Albrecht von Haller's communication pool is quite important. As a second step, we can now consider the form this takes. Underpinning our investigation is an attempt to transpose the interfaces between the two communications media to the abstract level of communication flows (fig.4). The letter either forms part of the internal flow of communication within the journal, such as that between the chief editor and his colleagues from whom he was separated by distance, or it belongs to the category of external communication in which the general public participates. The letter may be a means to influence a decision to include an article, or an attempt to obtain a favourable book review, to notify the publishers of a reaction to their product, to discuss the journal with a third party, or to acquire a journal through a third party. As a

8. Johann Georg Zimmermann, *Das Leben des Herrn von Haller* (Zurich 1755), p.409.
9. For financial reasons, the Haller Project is currently only able to tap the correspondence at this level.

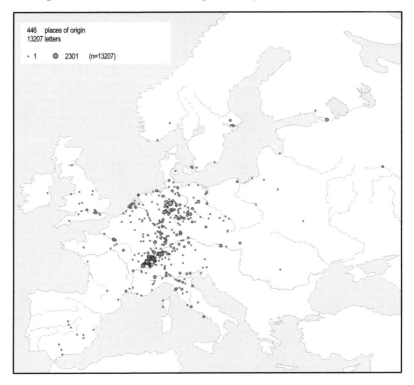

1. Haller's correspondence network:
places from which letters to Haller were sent, 1723-1777

final interface, the publishers of the journal are themselves anxious to circulate their product. The empirical basis of the scheme is a functional analysis of the 226 Haller correspondences in which the journal is the main topic (fig.5). In addition to the type of communication defined according to its purpose ('internal', 'disseminative', 'persuasive/influential', 'responsive', 'referential/acquisitive'), we have also distinguished the various types of journal texts: discourse, information, review. The categories emerging from this are briefly introduced and illustrated with examples, omitting reviews for the present as a separate, more detailed, section has been devoted especially to them.

i. 'Internal' correspondence

We talk about internal correspondence when both parties are communicating as professional colleagues on issues relating to their journal. The subject matter may be a simple request for proof-reading, as in the case of a letter from Niklaus Emanuel Tscharner (1727-1794) to Haller in which the editor asks the author, Haller, for a final proof-reading of his

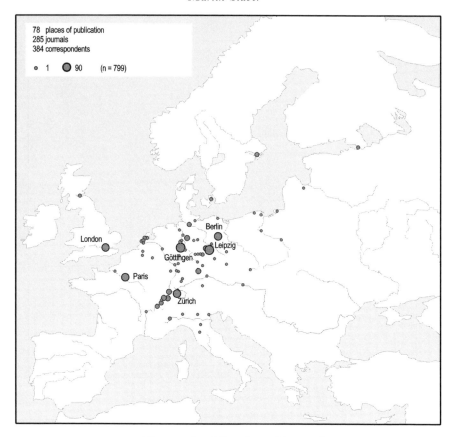

78 places of publication
285 journals
384 correspondents

○ 1   ● 90   (n = 799)

Berlin
London
Leipzig
Göttingen
Paris
Zürich

2. Places of publication of journals
on which Haller's correspondents worked

Verzeichnis der in Helvetien wildwachsenden Bäume und Stauden (*Index of native Swiss trees and shrubs*) immediately before it goes to print in the *Abhandlungen der Oekonomischen Gesellschaft* (Bern).[10] However, an exchange of letters may also reveal the actual genesis of an article featured in a journal. On 26 March 1768 Haller is asked by Giuseppe Angelo Saluzzo (1734-1810) for a contribution to the *Mélanges de la Société Royale de Turin*, on 8 November 1769 Saluzzo expresses his thanks for the promised discourse, sent by Haller on 6 December 1769; on 28 March 1770 Saluzzo supplies more detailed information about the structure of the volume in which Haller's article is to appear and which he is able to send the author on 16 October 1771.[11] Both named journals are representative of many others. By far the largest portion of the internal journalistic

10. Tscharner to Haller, n.d. [after 27 July 1763].
11. Saluzzo to Haller; Haller to Saluzzo.

3. Places of publication of journals
which are the main theme in a correspondence

communication, however, is connected to the *GGA* and takes place
between Haller and his closest *GGA* colleagues. It is usually business
correspondence in which the two parties, separated by distance, ask each
other for manuscripts, issues of the published journal, books and fees with
accompanying information, explanations and comments. In the beginning, when Haller is working as chief editor and living in Göttingen, most
of the letters come from the city of Hanover where the aforementioned
Münchhausen organises the ordering of books to be reviewed.[12] When
Haller relinquishes his post as chief editor and takes up residence in Bern
from 1753, and then in Roche between 1758 and 1764, he still remains
the most important contributor to the journal, as is evident from his
immense activity as a reviewer. Initially the correspondence is dominated

---

12. Gustav Roethe, *Göttingische Zeitungen von gelehrten Sachen: Festschrift zur Feier des
hundertfünfzigjährigen Bestehens der Königlichen Gesellschaft der Wissenschaften zu Göttingen* (Berlin
1901), p.621.

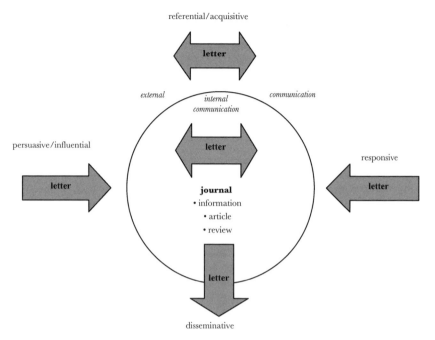

referential/acquisitive

letter

external   *internal communication*   *communication*

persuasive/influential

letter

responsive

letter

journal
• information
• article
• review

letter

letter

disseminative

4. Types of communication between journal and letter

by letters to the chief editor, Johann David Michaelis (1717-1791), and later to chief editor Christian Gottlob Heyne (1729-1812), both in Göttingen. By way of illustration, we can cite two short passages from the recently edited Haller–Heyne correspondence which show the paramount importance Haller's correspondence network has for the international appeal of the *GGA*.[13] When Haller writes in 1774 that 'I am now totally swamped by books from everywhere',[14] he is chiefly implying that, based in Bern, he has much more accessible channels through which to acquire these works than has the chief editor in Göttingen. In addition to works from Northern Europe ('An extraordinary wealth of new material is reaching me from Sweden which will do very well in the Anz[eigen]'),[15] he is also receiving material from the Romance countries, notably France ('French articles reach me more quickly here than in Göttingen, and so they can leave these to me [...].

13. See Karl S. Guthke, *Haller und die Literatur* (Göttingen 1962), p.31-32.
14. Haller to Heyne, 17 September 1774: 'Ich bin jetzt mit büchern recht überschwemmt, von allen orten her' (Frank W. P. Dougherty, *Christian Gottlob Heyne's correspondence with Albrecht and Gottlieb von Haller*, Göttingen 1997, p.161).
15. Haller to Heyne 29 September 1775: 'Aus Schweden kömmt ein ungemein reicher vorraht von neuigkeiten für mich, das zu den Anz[eigen] dienen wird' (Dougherty, *Heyne's correspondence*, p.194); see also Haller to Heyne, 15 July 1772 (Dougherty, *Heyne's correspondence*, p.94); 26 July 1772 (Dougherty, *Heyne's correspondence*, p.96).

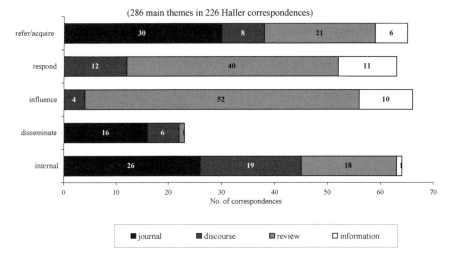

(286 main themes in 226 Haller correspondences)

No. of correspondences

■ journal   ■ discourse   ■ review   □ information

5. Functional analysis of communication
between journal and letter by category

My correspondence with Paris is very swift')[16] and Italy ('There is a surfeit of books, and I have discovered a good route to Italy, or at least to Lombardy').[17] Similarly, as evidence of the outstanding quality of the Haller network in this respect, this last contact is forwarded to the chief editor in Göttingen, who clearly does not have suitable access to Italy himself.[18]

Altogether more than forty-two contributors to the *GGA* exchange no fewer than 1700 letters with Haller (fig.6). This abundant material has often been consulted for historical analysis of the journal and it is no surprise that this was also done for much research into the *GGA*. The letters have proved useful, for instance, in identifying the authors of anonymous reviews[19] and in illustrating the operations involved in the production of a journal, ranging from efforts to avoid printing errors to

16. Haller to Heyne, 27 June 1771: 'Französische Artikel kan ich früher haben, als in Göttingen, u folglich könte man mir dieselben überlassen [...] ich habe mit Paris eine sehr geschwinde Correspondenz' (Dougherty, *Heyne's correspondence*, p.52); See Heyne to Halle, 26 September 1772 (Dougherty, *Heyne's correspondence*, p.102); see Roethe, *Göttingische Zeitungen*, p.581; François Jost, 'Albert de Haller critique littéraire: témoin de son temps', *Essais de littérature comparée* I (1964), p.104-68.

17. Haller to Heyne, 14 February 1776: 'An Büchern ist ein überfluss, und ich habe mir einen guten Weg nach Italien verschafft wenigstens für die Lombardei' (Dougherty, *Heyne's correspondence*, p.207).

18. Heyne to Haller, 29 February 1776 (Dougherty, *Heyne's correspondence*, p.210); 8 June 1776 (Dougherty, *Heyne's correspondence*, p.222); 3 May 1776 (Dougherty, *Heyne's correspondence*, p.219).

19. Karl S. Guthke, *Literarisches Leben im 18. Jahrhundert in Deutschland und der Schweiz* (Bern 1975), p.336.

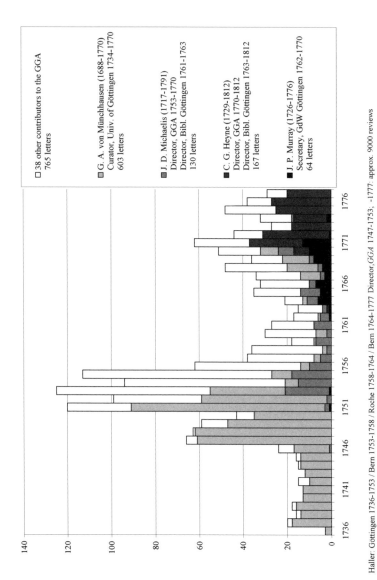

□ 38 other contributors to the GGA
765 letters

▨ G. A. von Münchhausen (1688-1770)
Curator, Univ. of Göttingen 1734-1770
603 letters

▨ J. D. Michaelis (1717-1791)
Director, GGA 1753-1770
Director, Bibl. Göttingen 1761-1763
130 letters

■ C. G. Heyne (1729-1812)
Director, GGA 1770-1812
Director, Bibl. Göttingen 1763-1812
167 letters

■ J. P. Murray (1726-1776)
Secretary, GdW Göttingen 1762-1770
64 letters

Haller: Göttingen 1736-1753 / Bern 1753-1758 / Roche 1758-1764 / Bern 1764-1777 Director *GGA* 1747-1753; -1777: approx. 9000 reviews

6. Haller's major correspondents in the internal communication of the Göttingischen Gelehrten Anzeigen (1729 letters)

the choice of paper, the acquisition of books from international sources, and the circulation of books to the reviewers.[20] Nevertheless, the potential interest of the letters is far from exhausted. For example, a systematic evaluation of this unique source (the reviews and associated correspondence) might allow us to determine more precisely the interrelationship between modern research, modern research library and leading review organ specific to Göttingen.[21]

ii. 'Disseminative' correspondence

The 'disseminative' category includes correspondence between two parties, one of whom is involved in the publication of a journal. One of the principal themes in this correspondence is the circulation of the journals themselves, or of contributions to such journals. Sauveur-François Morand (1697-1773) sends from Paris two volumes of his *Mémoires de l'Académie Royale de Chirurgie*;[22] Johann Gottlieb Gleditsch (1714-1786) sends from Berlin his own discourses from the *Miscellanea Berolinensia* and the *Physikalischen belustigungen*;[23] from Venice Pietro Orteschi (1724-1777) sends his *Giornale di medicina*;[24] and from Saint Petersburg Caspar Friedrich Wolff (1734-1794) submits a volume of *Commentarii academiae scientiarum imperialis Petropolitanae* with a discourse of his own;[25] the Dublin publisher George Grierson (*d*.1753)[26] requests that the *GGA* be sent to him from 1750, and so on.

The journal has two main competitive advantages: it circulates more quickly than the book, and it reaches a more extensive readership than the letter. If we consider these merits together with the fact that the supply of international journals was still very precarious in the eighteenth century, the importance of such a dissemination process becomes very clear.[27] Could it be that the journals are circulated not least along

20. Roethe, *Göttingische Zeitungen*.

21. See Bernhard Fabian, *Göttingen als Forschungsbibliothek im achtzehnten Jahrhundert: Plädoyer für eine neue Bibliotheksgeschichte*, in *Öffentliche und Private Bibliotheken im 17. und 18. Jahrhundert: Raritätenkammern, Forschungsinstrumente oder Bildungsstätten?*, ed. Paul Raabe *et al.* (Bremen, Wolfenbüttel 1977), p.209-23; Michael Maurer, 'Europäische Kulturbeziehungen im Zeitalter der Aufklärung: Französische und englische Wirkungen auf Deutschland', *Das achtzehnte Jahrhundert* 15 (1991), p.35-61; Siegfried Seifert, '"Man denke sich einmal alle kritischen Blätter hinweg": die wissenschaftliche Zeitschrift als Trägerin der Literaturkritik und Literaturinformation im 18. Jahrhundert in Deutschland', *Impulse* 13 (1990), p.247-63.

22. Morand to Haller, 25 December 1753.

23. Gleditsch to Haller, 28 December 1768.

24. Orteschi to Haller, 20 June 1763; 8 September 1764; 1 May 1768.

25. Wolff to Haller, 8 October 1776 (Germanisches Nationalmuseum, Nuremberg).

26. Grierson to Haller, 9 April 1752.

27. See Waquet, 'De la lettre érudite', p.352; Otto Dann, 'Vom *Journal des sçavants* zur wissenschaftlichen Zeitschrift,' in *Gelehrte Bücher vom Humanismus bis zur Gegenwart*, ed. Bernhard Fabian *et al.* (Wiesbaden 1983), p.64-80.

correspondence networks stretching across national frontiers? Here, too, comprehensive serial investigations would help. A letter to Haller in Bern from the Dutch anatomist Pieter Camper (1722-1789) shows how much the scientific community takes note of international journal literature. In his letter, Camper complains because his article on bone fractures, published in the *Essays physical and literary* in London, is not featured in Haller's *Bibliotheca chirurgica*.[28]

iii. 'Persuasive/influential' correspondence

Examples of 'persuasive/influential' correspondence are to be found in the letters exchanged with Ernst August Bertling (1721-1769), who tries repeatedly to place short notices on behalf of the University of Helmstedt and the Brunswick Carolinum in the *GGA*, or with Albrecht Christoph von Wüllen (1713-1789), who wants to make public the pressing economic concerns of the *Intelligenzkontor* in Hanover in the *GGA*. A further example is to be found in the case of the publisher from Leiden, Elie Luzac (1723-1796), who desires that the *GGA* print a correction, because Haller, in a review, has mistakenly named Julien Offray de La Mettrie (1709-1751) as the author of the anonymous *L'Homme plus que machine*.[29] In the same clash with his favourite enemy, La Mettrie, Haller himself attempts to exert influence from outside over a journal by letter. He asks the editor of the *Journal des sçavans* (Paris) to publish an explanation for the snub he received on this same matter from the *Bibliothèque raisonnée* (Amsterdam). In it, he wishes to inform the French public that he neither knows La Mettrie personally, nor is in correspondence with him, even though La Mettrie has sought to give an impression to the contrary by dedicating his *L'Homme machine* to Haller.[30] In the next example, the attempt to influence is also initiated by Haller. As a young scholar in 1733, he begins to correspond with Christoph Jakob Trew (1695-1769), a doctor and editor in Nuremberg. Haller's main aim in this is to ensure that his solid, but in no way outstanding, first discourses are published in Trew's *Commercium litterarium* (Nuremberg). Haller achieves his goal: no fewer than sixteen of his nineteen first publications appear in the *Commercium*. This story of success is relevant to our theme inasmuch as his correspondence with Trew launches Haller into the world of journal publication where he gains his early scientific reputation, leading to his appointment in Göttingen.[31] Haller successfully achieves what every other correspondent in this

28. Camper to Haller, 12 October 1775.
29. Luzac to Haller, 12 June 1748, Karl S. Guthke, 'Haller, La Mettrie und die anonyme Schrift *L'homme plus que machine*', *Etudes germaniques* 17 (1962), p.137-43.
30. Haller to *Journal des sçavans*, 12 March 1749, *Journal des sçavans* (1749), p.300-301; see Zimmermann, *Das Leben des Herrn von Haller*, p.228.
31. Steinke, *Der nützliche Brief*, p.20-24.

category strives for: namely, to benefit from the 'multiplicator effect' of the journal. As a result of a personal letter written to the editor of the journal, the correspondent may turn the journal into an instrument for his own purposes.

iv. 'Responsive' correspondence

Feedback in the form of letters from the public to the contributors to a journal falls into the 'responsive' category. The range of such letters is extremely diverse, embracing compliments, offers of service, polite enquiries and professional criticism. Haller writes to the *Kungliga Vetenskapsakademien* (Stockholm) that he has actually learned Swedish so that he can read their highly valued *Vetenskaps-Akademiens Handlingar*.[32] A natural scientist from Zurich, Johann Jakob Scheuchzer (1672-1733), reads in the *Commercium litterarium* a botanical discourse by Haller, and asks to be sent one of the plants described in it.[33] Haller criticises a discourse on the ganglions by James Johnstone (*c.*1730-1802), published in the London-based *Philosophical transactions*. In contradiction to the author, Haller emphasises that there is a ganglion on the eighth cranial nerve lying between two nerves solely responsible for voluntary motor action.[34] Johann Christoph Hennicke (1697-1763), a doctor in the town of Öhringen, and Johann Dietrich Walstorff (*b.*1724), a doctor in Heidelberg, gather from the *GGA* that Haller is looking for suitable articles to be published in a new collection on practical medicine, and accordingly send him several dissertations.[35] Georg Christian Arnold (1747-1827), a doctor in Warsaw, learns of Haller's illness in the *Commentarii* (Göttingen) and wishes him a good recovery.[36] In these last examples the journal is actually the trigger for a correspondence. As a mirror image to the 'persuasive/influential' category, where a personal letter effects access to an impersonal journal readership, it is here the widely promulgated statement in the journal which leads to the commencement of a relationship between two individuals. Quite often a prolonged correspondence develops, as in the case of Johann Friedrich Carl Grimm (1737-1821), a doctor in the town of Eisenach, who writes the first of nineteen letters in response to an appeal by Haller in the *GGA* for an exchange of plants;[37] or Georg Matthias Bose (1710-1761), professor of physics in Wittenberg, who begin an extensive correspondence (forty-five

32. Haller to *Kungliga Vetenskapsakademien* (Stockholm), 1 August 1747 (Universitetsbibliotek Stockholm).
33. Scheuchzer to Haller, 7 February1733, in *Epistolarum ab eruditis viris ad Alb. Hallerum*, ed. Albrecht von Haller (Berne 1773-1775), i.177-78.
34. Haller to Johnstone, 25 May 1769.
35. Hennicke to Haller, 13 December 1756; Walstorff to Haller, 14 December 1756.
36. Arnold to Haller, 30 September 1777.
37. Grimm to Haller, 21 December 1764.

letters) in reaction to a Haller publication in the *Bibliothèque raisonnée* (Amsterdam);[38] or Otto von Münchhausen (1716-1774), an army officer in Steyerberg, who begins the first of ten letters by identifying himself as the grateful author of *Hausvater*, favourably reviewed by Haller in the *GGA*;[39] or, finally, the case of August Johann Hugo (1686-1760), a doctor at the Hanoverian court, who writes a total of thirty-eight letters to Haller, in the first of which he expresses his high regard for Haller's botanical studies in the *Commercium litterarium* (Nuremberg).[40]

v. 'Referential/acquisitive' correspondence

If the categories of 'disseminative' and 'responsive' letters provide the researcher with some evidence of the acceptance of the journal, then the category of 'referential/acquisitive' correspondence does so to an even greater extent. When a doctor from Brunswick, Arthur Conrad Ernsting (1709-1768), sends Haller a variety of rose, and compares it with details from the *Acta physico-medica* (Leopoldina) and the *Sammlungen von Natur und Medizin* (Erfurt);[41] when Wilhelm von Rotberg (1718-1795), chamberlain and privy councillor in Gotha, informs Haller after the discovery of a certain moorland grass that he had seen it described in *Vetenskaps-Akademiens Handlingar* (Stockholm) as a remedy for diseases of the lung;[42] and when Neuenburg doctor François Prince (1721-1757), writing on behalf of a female patient suffering from apoplexy who has discovered electrotherapy through an article in the *Mercure suisse* (Neuenburg), asks Haller for his opinion on the prospects of success and the risks of this new method of treatment,[43] then this tells us something very directly about why, what and by whom which journals were read. The journal as a theme in correspondence between third persons, that is to say between persons who do not contribute to the journals discussed, is a very common occurrence in the eighteenth century.[44] That the debate frequently focuses not so much on the contents, but rather on how material is obtained, an aspect which would prove very revealing if subject to serial evaluation, is illustrated by two further examples. The Lausanne publisher Marc-Michel Bousquet (1696-1762) assures Haller that he will see to the purchase of the *Journal des sçavans* (Paris) at once[45] and

---

38. Bose to Haller, 16 May 1745.
39. Münchhausen to Haller, 20 April 1749.
40. Hugo to Haller, 11 February 1732; see also Paul Heinrich Gerhard Moehring (1710-1792) to Haller, 29 April 1737, in Haller, *Epistolarum*, i.290-91.
41. Ernsting to Haller, 3 August 1751.
42. Rotberg to Haller, 8 December 1751.
43. Prince to Haller, 29 January 1754.
44. See Goldgar, *Impolite learning*, p.59.
45. Bousquet to Haller, 27 March 1754.

Christian Ernst von Windheim (1722-1766), a professor of philosophy in Göttingen, will personally send Haller the requested number of the *Monthly review* (London), and promises to pass on all future numbers to Haller without delay.[46]

vi. Request for a review

Having surveyed the most important interfaces between journal and letter, we now come to the review, which has been largely omitted so far.[47] Owing to the outstanding professional activities of Haller as a reviewer (Haller is the author of about 9000 reviews) and the dominance of the *GGA* in Haller's correspondence, it is not surprising that, as shown in our source diagram (fig.5), reviews comprise by far the most frequent category: in 132 correspondences they represent one of the main themes. This provides the basis for classification according to various groupings. A first classification emerges from an inquiry into the relationship of the writer of the letter with the review: is he the author of the work to be reviewed, or is he a third party? This rough division is refined if we also consider the type of relationship between the writer and the recipient of the letter: do they know each other? Are they on friendly or hostile terms? Is one in a position of power over the other? Are commercial interests at stake? Are all the cards on the table? The most frequent scenario is when Haller is sent a work with an accompanying letter in which the author more or less directly petitions for a review in the *GGA*. Haller often sees himself faced with a request either from a 'friend', an 'adversary', or an 'unknown', and finds himself in an extremely delicate situation, particularly when his review is a negative one.

vii. The reviewer and the 'author as friend'

Haller himself stresses the basic impossibility of being a reviewer and a friend at the same time.[48] Nevertheless, he finds himself in these conflicting roles relatively frequently because it is an inherent problem in qualitative scientific evaluation that both author and reviewer are members of the same (usually) small group of experts. The personal relationships that emerge from this situation can easily come into conflict with the ideal of professional independence.[49] Two cases, each representative of a particular type of friendship, illustrate how Haller deals with this risk: first, the

46. Windheim to Haller, 1 November 1749.
47. On Haller as reviewer see *Hallers Literaturkritik*, ed. Karl S. Guthke (Tübingen 1970); Gerhard Rudolph, 'Hallers Rezensionen', *Sudhoffs Archiv für Geschichte der Medizin und der Naturwissenschaften* 49 (1965), p.199-204.
48. Haller to Ludwig, 11 March 1753.
49. See *Handlexikon zur Wissenschaftstheorie*, ed. Helmut Seiffert and Gerard Radnitzky (München 1992), p.460.

'close personal' friendship with Charles Bonnet (1720-1793), and then the 'useful' friendship with the aforementioned Trew.

Bonnet, a long-standing correspondent with whom Haller exchanged 931 letters over twenty-three years, naturally addresses Haller as a friend, even in the matter of a review he has requested. 'Veuillés le lire d'un bout à l'autre par amitié pour l'Auteur',[50] he asks Haller upon submitting his 'Essai analytique sur les facultés de l'âme'; and, shortly afterwards he writes: 'J'attends avec une vive impatience le jugement raisonné que vous me promettés sur cet ouvrage, et je le recevrai comme une marque précieuse de vôtre amitié.'[51] He also attempts to influence Haller favourably by explaining to him in detail the intentions and methods underpinning his work.[52] On the other hand, Bonnet takes pains to respect Haller's autonomy as a critic to a certain degree by not explicitly asking for a positive review, and by emphasising that he would gladly submit to the (independent) judgement of the enlightened public: 'je ferai une grande attention à toutes les critiques moderées et raisonnables, et l'aveu sincere de mes erreurs ne me sera jamais penible [...] je recevrai avec respect le jugement du Public eclairé'.[53] The conduct of Haller himself suggests that there is an 'inner sanctum' for reviewers, which is independent of friendship. Only after he has sent chief editor Michaelis the review manuscript does he submit a copy of it to Bonnet, which means that, at this point, only minor corrections can be made, but no further major changes to the text are possible.[54] And, when Bonnet presses for a definitive judgement because his work has been poorly reviewed by Fortunato Bartolomeo de Felice (1723-1789) in his *Excerptum totius italicae* (Bern), Haller declines, pointing out the usual policy of the *GGA*: 'Au lieu de jugement nous raprochons le mieux qu'il est possible, les idées essentielles de l'auteur.'[55] At the same time, he urges Bonnet to adopt a more obliging approach towards reviewers ('Pour bien etre avec ces Mrs la il faut leur envoyer ses ouvrages; on ne manque jamais d'en etre recompensé. Mais un homme qui dedaigne ces maneges doit s'attendre a de mauvais extraits') and recommends composure ('ce n'est pas d'aprez M. Felice, que se reglera le jugem^t du public').[56] Bonnet counters with a much less positive appraisal of the public, culminating in a fundamental criticism of review journals:

50. Bonnet to Haller, 2 June 1761, in Otto Sonntag, *The Correspondence between Albrecht von Haller and Charles Bonnet* (Bern, Stuttgart, Vienna 1983), p.237.
51. Bonnet to Haller, 25 July 1761, in Sonntag, *Correspondence*, p.240; see also later, 8 November 1763 (Sonntag, *Correspondence*, p.357-58).
52. Bonnet to Haller, 2 June and 25 July 1761, in Sonntag, *Correspondence*, p.237-38, 239-41.
53. Bonnet to Haller, 2 June 1761, in Sonntag, *Correspondence*, p.238.
54. Bonnet to Haller, 13 February 1762, in Sonntag, *Correspondence*, p.268.
55. Haller to Bonnet, 15 March 1762, in Sonntag, *Correspondence*, p.269.
56. Haller to Bonnet, 22 February 1762, in Sonntag, *Correspondence*, p.259.

Je sçais bien que le Public éclairé Juge d'après lui même; mais je sçais bien aussi que quantité de gens même raisonnables Jugent d'après les Journalistes. Cet abus n'est pas un des moindres que les Journaux ayent introduits dans la République des Lettres. Un Journaliste décide du haut de son Tribunal sans avoir eu le temps ni les moyens de s'instruire de la Cause qui est par devant lui, et l'Auteur est condamné sans avoir été oui.[57]

When Haller's review finally appears in the *GGA*, Bonnet is rather disappointed, despite its inordinate length of eight pages. One sentence in particular offends: 'Herr B. has borrowed from the Abbot de Condillac the notion that man is to be regarded as a mere statue in possession of only one sense, namely that of smell.'[58] The fact that this passage should have been retained despite Bonnet's clear wish that it should be deleted when the review was proofread, a request which Haller clearly passed on to Michaelis, is certainly a very telling detail.[59] It is indicative of the above-mentioned inner sanctum protecting reviewers, which remains inviolable, even in the face of personal friendship.

The second case is also an example of the category 'friend reviews friend', but this is in the nature of a 'friendship of convenience', based more on mutual services rendered than a close personal relationship.[60] The thirty-six letters written over three decades between Haller and Trew reflect a shift in power between the two correspondents in their very interaction with the journal. The first phase focuses on Haller's access to the *Commercium litterarium* as already described. In 1736 when Haller becomes a professor in Göttingen he begins the correspondence with Trew to ensure that his works, now growing in importance, are reviewed, but gradually, as his reputation increases, the reviews become largely independent of the correspondence. The power finally shifts when Haller is appointed chief editor of the *GGA* in 1747. Trew is now the petitioner. Haller fulfils his obligations as a friend, and discusses Trew's writings in the *GGA* with much goodwill. 'My good sir, I thank you most kindly for your present generous review of the Blackwell work.'[61] So writes the grateful Trew on 8 July 1748. Haller can now afford to criticise a work published by his friend in collaboration with Haller's adversary, Casimir Christoph Schmidel (1718-1792), relatively strongly in the *GGA* because he is no longer unconditionally dependent on him. However, that the now more powerful Haller was very reluctant to jeopardise his friendship with Trew is shown by his initial refusal to write this review.

57. Bonnet to Haller, 13 March 1762, in Sonntag, *Correspondence*, p.268.
58. 'Hr. B. hat von dem Abt de Condillac den Einfall geborgt, den Menschen als eine blosse Bildsäule anzusehen, die nur einen Sinn, und zwar den Geruch haben sollte' (*GGA*, 8 January 1763).
59. Haller to Bonnet, 15 March 1762, in Sonntag, *Correspondence*, p.268.
60. The whole section after Steinke, *Der nützliche Brief*, p.7-55.
61. 'Euer Wohlgebohrn habe nicht weniger verbindlichst zu danken für die bisherige geneigte recension des Blackwellischen werckes' (Trew to Haller, 8 July 1748, in Steinke, *Der nützliche Brief*, p.102).

He explains to their mutual correspondent, Johann Ambrosius Beurer (1716-1754): 'as I wish neither to annoy Herr Treu or the publisher, nor yet is it reasonable endlessly to flatter the enemy, so I prefer to remain silent [...]. Should the occasion arise, please be so kind as to inform Herr Treu that my silence is not contrary to our friendship.'[62] Nevertheless, when Haller finally succumbs to pressure and writes the review, he shows no restraint in his criticism, and this does indeed lead to an almost total break in the relationship between Haller and the greatly offended Trew. It is only thanks to the mediation of mutual correspondents that the conflict does not escalate.

viii. The reviewer and the 'author as adversary'

A variety of examples have already shown how Haller also uses his position of reviewer in controversies with opponents who have different philosophical views. A typical case is his feud with La Mettrie, conducted largely through the medium of his *GGA* reviews.[63] Here, however, we are concerned not so much with philosophical but rather with scientific adversaries striving to obtain a fair review, and writing letters in which a principal theme is their difficult relationship with Haller. Paul-Joseph Barthez (1734-1806), for example, criticised Haller in an earlier work. Haller consequently lodges a complaint about Barthez with Jean-Baptiste-Antoine Rast de Maupas (1732-1810).[64] And it is through this very same mutual acquaintance that Barthez submits his latest work to Haller. Under these circumstances, Barthez fears that Haller's review might not be impartial, and writes him the following lines by way of appeasement:

Mr. Rast vous a adressé mon Discours de principio vitali Hominis. j'ai osé vous le presenter comme à un juge que je dois reconnoitre; quelle que soit la diversité des opinions que j'y expose d'avec les votres. vous etes trop eclairé et trop juste pour n'etre pas tolerant; de mon coté je proteste que la différence de mes principes ne detruit point mon admiration pour votre genie et vos travaux.[65]

---

62. 'da ich nun weder den Hn Treu noch den Verleger mit critiken Verdruss machen wolte, noch auch hingegen es billig ist seinem feinde ohne Ende zu schmeicheln so will ich lieber schweigen [...] Solte es gelegenheit indessen geben, so bitte ich Ew. dem Hn Treu zu überführen, dass mein stillschweigen nicht wieder unser freundschaft ist' (Haller to Beurer, 23 August 1752, in Steinke, *Der nützliche Brief*, p.26-27).
63. See Guthke, *Literarisches Leben*, p.341; Erich Hintzsche, 'Neue Funde zum Thema: *L'Homme machine* und Albrecht von Haller', *Gesnerus* 25 (1968), p.135-66.
64. Haller to Rast de Maupas, 6 October 1773, in *Correspondance inédite de Albert de Haller, Barthèz, Tronchin, Tissot avec le Dr. Rast de Lyon: quelques détails biographiques sur le docteur Rast*, ed. Dr Vernay (Lyon 1856), p.18.
65. Barthez to Haller, 6 October 1773.

An equal suspicion of partiality attaches to Haller in his capacity as a reviewer with respect to a work written by the student of a rival, or by the representative of an opposing system of theories. A hostile colleague in Göttingen, Johann Gottfried Brendel (1712-1758) therefore complains that Haller has unfairly reviewed the work of his research student. Brendel claims indignantly that the points of criticism Haller has raised are irrelevant to the thesis, and levelled at Brendel personally; if Haller has objections to make against Brendel, he should do so directly in future, and by letter in a proper manner under his own name.[66]

Haller is aware of the main problem. He explicitly assures the young Göttingen professor, Johann Beckmann (1739-1811), that he will review his work fairly, even though it is based on Linnaeus's generic classification (in total opposition to Haller), and he adds, 'if one is of a different opinion, something of this opinion easily attaches to a review'.[67] In this connection, a letter from a young Göttingen doctor, Friedrich Wilhelm Weiss (1744-1826), who submits for Haller's review his dissertation on cryptogamous plants, is also very revealing. Like Beckmann, he is also in a difficult position in that he too supports Linnaeus's binary nomenclature. To advance his chosen scientific career, he is nevertheless dependent on a positive review from Haller, who remains, as always, *the* authority on botany, whose opinion still carries decisive weight, especially in Göttingen. 'The influence your esteemed judgements and recommendations have with His Excellency the Premier Ministre, Sir, leads me to hope that, should you be so kind as to speak with His Excellency the Premier Ministre, you would contribute very much to my future happiness.' In these words Weiss freely expresses his hope that Haller will put in a good word with the key figure in Göttingen, 'Premier Ministre' Münchhausen. The rhetorical means Weiss uses to achieve this goal are interesting. First, he establishes a personal connection with Haller by reminding him of his acquaintance with Weiss's father and his cousin. He then alludes to his doctoral tutor, Johann Andreas Murray (1740-1791), with whom Haller corresponds. Secondly, Weiss adopts an extremely modest attitude:

Honoured Sir, may I venture to ask in all humility that you announce this in our 'Gelehrte Anzeigen' and make known your opinion of it? Certainly, I am not so proud as to flatter myself that this first youthful effort should meet with your total approbation, yet I shall take comfort even from censure when given for my benefit by so esteemed a botanist who exceeds all praise.[68]

66. Brendel to Haller, 24 November 1752.
67. 'wann man anders denkt, so hängt bey einer Recension leicht etwas von dieser denkungsart an' (Haller to Beckmann, 22 March 1767, in Privatsammlung F. Rausser, Bolligen).
68. 'Darf ich es wol wagen unterthänigst zu bitten, dass Er. Hochwohlgeborn denselben in unsern gelehrten Anzeigen ankündigen, und Ihr Urtheil darüber bekannt machen möchten? Zwar darf ich nicht so stolz seyn, mich zu schmeicheln, dass diese erste Probe einer jugendlichen Arbeit ganz den Beyfall Er. Hochwohlgebohrn erhalten werde, aber bey

After preparing the ground in this way, Weiss comes to his third, crucial point. In a rhetorical twist, he cites Haller's botanical work, at the same time justifying any deviations from it on the basis of precise, impartial natural observation, known to be at the centre of Haller's scientific understanding:

Many, and indeed the most important remarks, I owe to the instruction of your excellent works on Swiss flora which I have used above others to my advantage in the treatise. You, Sir, will be better able to judge how successfully I have applied them. Without agreeing in all aspects with the opinion of the author, I have learned from your esteemed example to observe nature herself, and to consider her the finest textbook. I trust, therefore, that you will not take amiss those instances in which I deviate from your learned comments.[69]

ix. Reviewer and the 'unknown author'

In submitting a work for review, both 'friend' and 'adversary' base their accompanying letter on an existing relationship with Haller, which is presented either as an asset or a burden. An 'unknown', on the other hand, must first establish some sort of relationship. It is in the very nature of things that authors of this category usually find themselves on the edges of or outside the scientific community. Typical of their apologetic, sometimes even obsequious attitude, is a letter from Karl Philipp Brückmann (1741-1814), a doctor in the town of Boppard:

Although I am not known to you, I take the liberty of presenting to you, honoured Sir, a description of the baths and springs in Ems. Your prudent judgement thereof in your learned journal would contribute greatly to my scientific improvement. I ask only that, in places where your critical endurance is sorely tested, you should consider that extraordinary printing errors may distort my true meaning, and that I am cut off here from the society of doctors from whom I might receive advice, nor have I access even to an adequate library.[70]

dem Ausspruch eines über alles Lob erhabenen Kräuterkenners, kann ich ganz getrost auch selbst dem Tadel entgegen sehen, weil solches in jedem Betracht mir doch allemahl zum Vortheil gereichen wird' (Weiss to Haller, 21 May 1770).

69. 'Viele, und zwar die wichtigsten Bemerkungen, verdanke ich dem Unterrichte, aus dero vortreflichen Werken von den Schweitzer Pflanzen, die bey dem Tractat vor andern zu meinem Vortheil angewendet; Hochdieselben werden am besten urtheilen können, inwieferne ich glücklich bey dieser Anwendung gewesen. Ohne der Meynung eines Auctors in allen Stücken beyzupflichten, lehrte mich das Exempel Er. Hochwohlgebohrn die Natur selbst zu betrachten und solche als den vornehmsten Leitfaden aufzufassen. Weiche daher in einigen Fällen von dero Bemerkungen ab, so werden Hochdieselben mir solches nicht übel auslegen [...] Der Einfluss den Er. Hochwohlgebohrn Urtheile und Empfehlungen bey unsers Herrn Premier Ministre Excellence haben, macht mir die angenehme Hofnung, dass Er. Hochwohlgebohrn Wort bey des Herrn Premier Ministre Excellence zu meinem künftigen Glück ungemein vieles bewürken mögte' (Weiss to Haller, 21 May 1770).

70. 'Unbekanterweise nehme mir die freiheit, mit einer beschreibung von den Emser Bädern und Brunnen, aufzuwarten. Ew. Wohl. einsichtsvolle Beurtheilung hierüber, in der gelehrten Zeitung, wird nicht wenig zu meiner wissentschaftl. Verbesserung beitragen.

In addition to the deficient infrastructure and lack of discourse with professional colleagues cited by Brückmann, correspondents suggest many other reasons as to why this severe critic should lower his standards somewhat. A headmaster from Münden, Constantin Bellermann (1696-1758) sends a death lament for review, stating explicitly that he has no wish to be compared with Haller.[71] A personal physician to the nobility in Fulda, Melchior Adam Weikard (1742-1803), asks for indulgence towards the many mistakes in his *Der philosophische Arzt* with the following words: 'I was so badly provided for here in my position as physician that, in my need, I scarcely knew how I should live from the same. Through this and other oppressions I became a hypochondriac. I read Bonnet, Helvetius, Voltaire, and then, in my excitement, I created the first part of this little work.'[72] The case of Balthasar Sprenger (1724-1791), professor at the Collegium Maulbronn, is somewhat different. He asks for a different yardstick not because of his own inadequacy, but because of the section of the population towards which his 'volksaufklärerischer Kalender', designed to educate the peasant community, is targeted: 'It seems to me that writings intended for peasants should not be judged by the same rules as those applied to writings for learned academics. The materials, methods, and style of expression used to instruct changes according to the ability and intelligence of the subjects.'[73]

x. Reviewers and 'business'

By definition, a review is intended for public consumption, and hence belongs in the public domain.[74] By this is meant not just non-material discussion about, but also material business concerning the book. It is well known that, in the period covered here, a good, that is to say a favourable book review in the leading review organ leads to a substantial increase in

---

Dieses einzige bitte nur gütigst zu consideriren daß wo sich Stellen vorfinden die Ew. Wohl. Critic nicht aushalten: sich solche ausserordentliche druck-fehler eingeschlichen die den wahren Sinn verunstalten, und ich allhier von der Gesellschaft der Aerzten, bey denen ich mich hätte Raths erhoffen können, samt einer hinlänglichen Bibliothec, vollkommen abgeschnitten bin' (Brückmann to Haller, 31 July 1772).

71. Bellermann to Haller, 25 February 1753.

72. 'Ich war hier so übel bey meiner Leibarztstelle versorget, dass ich mit Noth ringen musste, wenn ich von selbiger leben wollte. Diese und andere Verdriesslichkeit machte mich hypochondrisch. Ich las Bonnet, Helvetius, Voltaire, und gebahr alsdann in der Hitze das erste St. des genannten Werkchens' (Weikard to Haller, 2 April 1776).

73. 'Mich dünkt, Schriften für Baurer sollten nicht nach eben den Regeln, wie Schriften für Gelehrte beurtheilt werden, der Unterricht ändert sich ja in Materien, Methode u. Ausdrücken nach der Fähigkeit u. Gesinnung der Subjecte' (Sprenger to Haller, 12 December 1771).

74. See Wolfgang Albrecht, 'Literaturkritik und Öffentlichkeit im Kontext der Aufklärungsdebatte. Fünf Thesen', in *'Öffentlichkeit' im 18. Jahrhundert*, ed. Hans-Wolf Jäger (Göttingen 1997), p.277-94.

sales.[75] Johann Martin Reichard (1708-1759), who writes to Haller that the *GGA* review has revitalised demand for his work, illustrates that this is particularly relevant to the *GGA*.[76] In the Haller correspondence we can find many more instances in which the reviewer is confronted with the 'double existence of a book as commodity and intellectual property'.[77] Once more the astounding awareness shown by Haller of this problem can be taken as our starting point. He assures Heyne, 'I do not desire to make an income from reviews as a result of which the semblance of bias always lingers.'[78] This cannot be seen by any means as an absolute, however. In the first place, Haller does, after all, receive fees for his work as a reviewer to the extent of 20 louis d'or for his activity over a half year.[79] This helps him to finance the purchase of expensive books: 'Would you kindly save me the Hawkesworth work to review, as it is very expensive [...], the 'Anzeige' will contribute something towards the cost',[80] he writes to chief editor Heyne. Secondly, there are instances in which publishers give him their books to review as a gift, a not inconsiderable cost factor in the case of expensive geographical tomes. So it is with Johann Michael Franz (1700-1761), partner and managing director of Homann-Erben in Nuremberg, who sends Haller the *Historiae universalis politicae* from his publishing house and asks Haller to ensure it is discussed in greater detail in the *GGA* than it was in the *Leipziger Gelehrten Zeitung*,[81] and with Siegmund Ehrenfried Richter (1711-c.1759), founder and proprietor of the Richterschen Officin in Görlitz, who submits for Haller's review the second volume of the *Europäische Staats- und Reise-geographie*, one of his publications.[82] Thirdly, publishers also offer direct payments. The Nuremberg copperplate engraver and publisher Georg Lichtensteger (1700-1781) expresses his willingness to pay for a review of his book on the 'human proportion'; the Copenhagen publisher Friedrich Christian Pelt and his author Georg Heuermann (1723-1768) offer Haller consignments of mussels as payment in kind for a review.[83] Whether such

---

75. See René Nohr et al., ' "Das richtige Urtheil über den Zustand der vaterländischen Literatur"? Zum Anteil des Rezensionswesens an der französisch-deutschen Kulturvermit-tlung im Zeitalter der Aufklärung', in *Kulturtransfer im Epochenumbruch Frankreich–Deutschland: 1770 bis 1815*, ed. Hans-Jürgen Lüsebrink et al. (Leipzig 1997), p.499-535; Seifert, ' "Man denke sich einmal alle kritischen Blätter hinweg" ', p.248.

76. Reichard to Haller, 8 April 1755.

77. See Albrecht, 'Literaturkritik und Öffentlichkeit', p.292.

78. 'Denn ich begehre mir aus Recensionen kein einkommen zu machen, wodurch allemahl der schein einer partheylichkeit bleibet' (Haller to Heyne, 14 April 1771, in Dougherty, *Heyne's correspondence*, p.43).

79. Haller to Heyne, 2 July 1772, in Dougherty, *Heyne's correspondence*, p.93.

80. 'Ich bitte das Hawkesworth's Werk für mich zum recensieren zu sparen, da es sehr theuer ist [...], so wird die anzeige etwas an die kosten beytragen' (Haller to Heyne, 16 May 1773, in Dougherty, *Heyne's correspondence*, p.131).

81. Franz to Haller, 10 September 1746.

82. Richter to Haller, 7 July 1752.

83. After Steinke, *Der nützliche Brief*, p.24.

direct offers actually influence the nature of the review given is rather doubtful. In a broader sense, however, the economic factor doubtless carries weight, and the reviewer is often quite openly reminded that he should be kind enough not forget this when publishing his opinions: 'Honoured Sir, if you would be so gracious as to compose the review of the Gesner work so that the publisher suffers no disadvantage from it, the said publisher would feel a great sense of obligation for such kindness, and would be grateful to your good self for the rest of his life as his whole fortune is invested in this work.'[84] This is an unequivocal statement that a bad review would threaten the publisher's very existence. However, a 'negative review' places its writer in an extraordinarily delicate situation not only with the publisher, but also with the author.

xi. Reviewers and the 'negative review'

I drew a blue circle around the name of a writer whose work displeased me, and a red circle around those of whom I approved. I did so to the very best of my judgement, but, out of the goodness of my heart, I was economical with my blue ink, and needed more and more red than I should have done had I been more strict.

This is the famous passage from Haller's *Usong*, in which the principal character practices the profession of book critic.[85] The reality of life in the republic of letters of the eighteenth century also makes it prudent for reviewers to exercise restraint in a negative review, not simply out of general human kindness, but also for reasons of self-interest. As the critic usually comes from the same professional community as the author under review, he is subject to the law of reciprocity, and, as the 'perpetrator', must always bear in mind that, on another occasion, he might himself be the 'victim' of his present 'victim'.[86] The reviewer is confronted by the conflicting goals of strict scientific objectivity on the one hand and self-protection on the other, especially when he inwardly regards the work, or parts of it, as poor or inaccurate, but at the same time deems its author to be important for his own career. A first way out of this dilemma is to try

---

84. 'Wann Euer HochWohlgebohrn die hohe Gnade haben mögten, die recensio des Gesnerischen Werckes so einzurichten, dass darunter der Verleger keinen Nachtheil litte, so wird dieser sich von dieser grossen Gnade höchst verpflichtet erkennen, und lebenslang dankbahr finden lassen. dem gutem Mann steckt sein gantzes Vermögen in diesem werck' (Beurer to Haller, 11 April 1753, in Steinke, *Der nützliche Brief*, p.30).

85. 'Ich zog einen blauen Kreis um den Namen des Verfassers, wenn sein Werk mir missfiel, und die Billigung drückte ich mit einem rothen Kreise aus. Ich that nach meiner besten Einsicht, ich sparte dennoch aus Menschenfreundschaft meinen blauen Pinsel, und brauchte immer mehr Roth, als ich nach der Strenge hätte tun sollen' (Albrecht von Haller, *Usong: eine morgenländische Geschichte*, Bern 1771, p.228-29).

86. See Heinz Hartmann et al., *Kritik in der Wissenschaftspraxis: Buchbesprechungen und ihr Echo* (Frankfurt 1984), p.152; Schneider, *Friedrich Nicolais Allgemeine*, p.21.

to avoid such a sensitive review: 'The fear that I might read *Agathon* with unfavourable eyes, and that my disapproval and rejection of Wieland's hedonistic doctrine might attract hostility to our *Anzeigen* has so far prevented me from reviewing *Agathon*', writes Haller to his chief editor.[87] A second way out lies in deliberately omitting critical passages. Any objections Haller might have to the Eustachian tables of the famous Leiden anatomist, Berhard Siegfried Albinus (1697-1770), are not expressed in his *GGA* review, but are 'whispered' in a letter to his friend Johann Georg Gmelin (1709-1755): 'Albini Euszachium jam dixi prodiisse. In aurem tamen Tibi susurrabo, tabulas romanas non satis fideliter exprimere.'[88] And only the lesser part of Haller's negative opinion of the work on physiognomy by Johann Kaspar Lavater (1741-1801) actually finds its way into the review: 'I cannot refrain from saying that Lavater's article has caused me much trouble. On the one hand there were many paradoxes, several inaccuracies and some offensive passages (in terms of material) enough; on the other hand, I had no wish to cause harm to the man, who has invested virtually everything he has in the work; I do not know if I have been successful.'[89] A third escape is to publish an anonymous review, a common practice amongst many other contemporary journals as well as the *GGA*.[90] The aim is to invalidate the law of reciprocity by removing all trace of the reviewer, but it is not always achieved. Readers of the *GGA* clearly find it very easy to identify Haller's writing amongst the anonymous reviews because, at least according to Georg Friedrich Wedemeyer (1731-1813), a bailiff and landowner in Erichsburg, they are distinguished by their 'grittiness' (*Körnigte*).[91] In addition, the public is aware that certain topic areas are assigned to individual reviewers. Quite often Haller is attacked over reviews he has not written himself, but which are attributed to him because they are concerned with his specialist field. He therefore repeatedly asks chief editor Heyne for the monopoly on medical works which de facto cancels out anonymity: 'I have yet another request to make of you, honoured sir. It is that you do not accept lightly medical

---

87. 'Die Furcht den Agathon mit u[n]günstigen Augen zu lesen, meine misbilligung der Wielandischen WollustLehre, u die abneigung unsren anzeigen Feindschafft zuzuziehen haben mich bis hieher gehindert den Agathon zu recenziren' (Haller to Heyne, 26 December 1773, in Dougherty, *Heyne's correspondence*, p.143).

88. Haller to Gmelin, 17 February 1744, in *Joannis Georgii Gmelini reliquias quae supersunt commercii epistolici cum Carolo Linnaeo, Alberto Hallero, Guilielmo Stellero*, ed. G. H. Theodor Plieninger (Stuttgart 1861), p.112-13.

89. 'Ich kann mich nicht enthalten zu sagen, dass Lavaters artikel mir viele Mühe gemacht hat. Einer seits waren viele paradoxe, manche unrichtige, einige anstössige (materialistische) stellen genug; andrer seits wolte ich dem Manne, der fast haab u gut in dem Werke steken hat, nicht zum schaden gereichen; ich weiss nicht ob ich es getroffen habe' (Haller to Heyne, 6 December 1775, in Dougherty, *Heyne's correspondence*, p.200; see also Haller to Heyne, 2 September 1775, in Dougherty, *Heyne's correspondence*, p.193).

90. See Schneider, *Friedrich Nicolais Allgemeine*, p.96-97.

91. Wedemeyer to Haller, 23 March 1776.

articles other than from myself [...]. Sometimes the reviewer there gives exactly the opposite opinion to the one I have of the book, and half the time I am known as a colleague, so everything is attributed to me.'[92]

Anonymity is also penetrated in the case of the controversy surrounding the scientific legacy of Hermann Boerhaave (1668-1738).[93] This is a perfect example of how a network of personal relationships exposes the claim of anonymous reviews to be non-partisan (fig.7). It is explosive right from the start. Within a professional community set up in support of the dead Leiden professor of medicine, Boerhaave, two of his most important students, Gerard van Swieten (1700-1772) and Haller, are far from united in their attitude to the legacy of their common teacher. The situation comes to a head when Haller publishes an anonymous review in the *Bibliothèque raisonnée* (Amsterdam), in which he praises his own edition of Boerhaave's work because, unlike Van Swieten's edition, it does not shrink from including the scientific advances made since Boerhaave's time. Boerhaave's son-in-law, Frederik de Thoms (1696-1746), is the first to make Haller aware of the negative reaction this review has caused. Although he does not recognise Haller himself as the author of the review, he assumes that it stems from a source close to Haller. He asks Haller to distance himself publicly. Thereupon, and without revealing himself as its author, Haller attempts to arouse sympathy with the anonymous review from Anton Nuñez Ribeiro Sanchez (1699-1783), another former pupil of Boerhaave with whom Haller has been corresponding for some time, but who also corresponds with Van Swieten. However, because Haller fails to distance himself as requested to do, he cannot prevent publication of a counter-review from a source close to Van Swieten, about which he has heard and which he fears, in the *Bibliothèque britannique* (The Hague). It is now Haller's turn to be offended by its aggressive tone, and he does everything he can to identify its anonymous author. Thanks to contact by letter with Adrian van Royen (1704-1779), also a former Boerhaave student, he is able to do so quite quickly; the person responsible is one Willem van Noortwyck (*c.*1713-*c.*1777), brother-in-law of Van Swieten and a correspondent of de Thoms. This information provides Haller with a trump card, because

92. 'Noch eine bitte habe ich an Ew Wohlgebohrnen nicht leicht andre medicinische artikel anzunehmen, als von mir [...]. Andre mahl sagt der dortige Recensent gerade das gegentheil dessen was ich von einem buche denke. Und halb u halb kennt man mich doch als einen mitarbeiter u schreibt mir alles zu' (Haller to Heyne, 23 October 1770, in Dougherty, *Heyne's correspondence*, p.27-28). See also Haller to Heyne, 15 July 1772 and 12 December 1777 (Dougherty, *Heyne's correspondence*, p.94, 277), and Heyne to Haller, 26 July 1772 (p.90).

93. In the following after Erna Lesky, 'Albrecht von Haller, Gerard van Swieten und Boerhaavens Erbe', *Gesnerus* 15 (1958), p.120-40; Erna Lesky, 'Neue Dokumente zum Streit Haller–van Swieten', *Clio medica* 7 (1972), p.120-27; Erich Hintzsche, 'Boerhaaviana aus der Burgerbibliothek in Bern', in *Boerhaave and his time*, ed. G. A. Lindeboom (Leiden 1970), p.144-64.

	Haller (Göttingen)	Sanchez (St Petersburg)	Van Royen (Leiden)	Thoms (Leiden)	Van Swieten (Vienna)
1744 (33/1)	*Bibliothèque raisonnée* (Amsterdam): anonymous review (Haller)				
27 July 1745	←			●	
16 Jan. 1745	●	→			
16 March 1745	←	●			
28 April 1745			←		●
28 June 1745	●	→			
15 July 1745	←	●			
31 August 1745	●	→			
15 Nov. 1745	←			●	
8 Dec. 1745	←	●			
1746 (23/24)	*Bibliotheque britannique* (The Hague): anonymous counter-review (Noortwyck)				
16 Jan. 1746	●	→			
10 Feb. 1746	←		●		
12 March 1746	←	●			
5 August 1746	←			●	
2 June 1746			←		●
6 June 1746	●	→			
19 June 1747	←	●			
18 Nov. 1747	←	●			
7 Dec. 1747	←	●			
1748 (40/205)	*Bibliothèque raisonnée* (Amsterdam): anonymous counter-review (Haller)				
26 May 1748	●				→
?.?.1748	←				●
7 July 1748	●				→
3 August 1748		←			●
31 July1748	←				●

7. Controversy surrounding the legacy of Herman Boerhaave, 1744-1748

the partiality of the counter-review is thus exposed. Van Swieten now proffers a sign of reconciliation through Sanchez, but only after Haller has again been able to take advantage of public anonymity does he enter into direct correspondence with Van Swieten and the situation begins to diffuse. At this point, the extent to which the behaviour pattern observed during this three-year controversy – namely the launch of a public/ anonymous attack, the keeping of a low profile, intrigue, a threat through intermediaries, exposure, the launch of an anonymous/public counter-attack, reconciliation – typical for the quite specific kind of interaction between journal and letter is typical of the consequences of a 'negative review' remains an open question.

Also purely speculative is, at present, the supposition that, in the context of the concept of honour as perceived at the early modern time, the author takes public criticism as a personal insult, and accordingly allows such feuds to be interpreted as a ritualistic insult-sanction sequence. In any case, it is interesting to see the lack of composure displayed even by one of the greatest reviewers of his time as soon as he himself faces negative anonymous criticism as the author under review. When Haller's political novel *Usong* is relatively severely criticised anonymously in the *Allgemeinen Deutschen Bibliothek* (Berlin) he resorts immediately to his correspondence network. First he tries to identify the anonymous writer, and incorrectly assumes him to be Franz Michael Leuchsenring (1746-1827).[94] Later, he attempts to organise by letter a better review for *Alfred*, his second political novel. He is certainly successful in getting a positive review in the *GGA*, for which he thanks chief editor Heyne,[95] but his endeavours to prevail upon *Allgemeine Deutsche Bibliothek* publisher Christoph Friedrich Nicolai (1733-1811) through his friend Johann Georg Sulzer (1720-1779), resident in Berlin, to receive the novel favourably flounder. 'Herr von Haller, is very concerned about his *Alfred*. He has not only conveyed through a third party his concern that he might be treated too severely, but he has also written in this respect to H. Sulzer.'[96] So writes Nicolai to the writer assigned to review *Alfred*, and he continues: 'We are more concerned about truth than about regard for Herr von Haller. Therefore remain impartial in your judgement [...]. He certainly does not know who his reviewer is.' The reviewer thus promised 'inner sanctum' by Nicolai is none other than Isaak Iselin (1728-1782), and he is the very writer of the anonymous negative review of *Usong* so assiduously sought by Haller. Haller is never to learn of his bad luck, however, nor that Nicolai was unimpressed by Haller's attempt to influence him, nor that Iselin had said of him: 'Herr Haller is more sensitive to the opinions expressed about his works than a wise man ought to be.'[97]

xii. Conclusion

The function of the letter for the journal, and hence its value as a source for historical journal research, is seen in two areas: the letter is firstly the

---

94. Haller to Gemmingen, 28 July 1773, in *Briefwechsel zwischen Albrecht von Haller und Eberhard Friedrich von Gemmingen nebst dem Briefwechsel zwischen Gemmingen und Bodmer*, ed. Hermann Fischer (Tübingen 1899), p.56; Gemmingen to Haller, 11 September 1773, in Fischer, *Briefwechsel*, p.57; Haller to Gemmingen, 25 September 1773, in Fischer, *Briefwechsel*, p.60; Haller to Heyne, 26 December 1773, in Dougherty, *Heyne's correspondence*, p.143; Sprögel to Haller, 26 March 1774.

95. Haller to Heyne, 6 February 1774, in Dougherty, *Heyne's correspondence*, p.144.

96. 'Herr von Haller, ist seines Alfreds wegen sehr besorgt. Er hat nicht allein durch den dritten Mann seine Besorgniss, dass man ihn allzustreng behandeln möchte, gelangen lassen, sondern auch deshalb an H. Sulzer geschrieben [...]. Wir sind der Wahrheit noch mehr schuldig, als der Achtung für den Herrn von Haller. Also sagen sie Ihr Urtheil unpartheyisch [...] Seinen Recensenten kennt er gewiss nicht' (Nicolai to Iselin, 4 November 1773, in Jacob-Friesen, *Profile der Aufklärung*, p.352).

97. 'Herr von Haller ist über die Urtheile die von seinen Schriften gefället werden viel empfindlicher als ein Weiser seyn sollte' (Iselin to Nicolai, 15 February 1772, in Jacob-Friesen, *Profile der Aufklärung*, p.301).

medium which links the journal with the ongoing scientific discourse. Secondly, it is the medium that reflects the tension between the journal as ideal and the journal as reality. Both can be closely linked with Haller's qualification profile for the chief editor of the *GGA* as described in the introduction.

The organisation of its communications is a question of vital importance for a journal, especially in the German-speaking territories. Unlike its French and English models, the German world does not have the benefits of a capital city as it strives towards its most important goal, namely, to position itself at the heart of the ongoing scientific discourse.[98] The answer lies in 'äussern Vorschube', the requirement Haller ranks in first place for a quality scientific journal, which, subject to the technical conditions of communication prevalent at the time, is dependent on a well-developed correspondence network. We have shown that many basic editorial functions of the journal are carried out by letter, from editorial co-operation with specialists separated by distance ('internal', 'persuasive/ influential'), ranging through references to actual books and journal articles ('influential', 'referential'), and the supply of new material ('acquisitive', requests for reviews) to interaction with the public ('responsive') and the diffusion of individual products ('disseminative'). Scientific competence, which every good journal editor must possess – 'A writer must be in possession of the history of his craft, he must know what is old, new, probable, true and implausible'[99] – is not a static possession. Continuous advances in research demand a perpetual quest for new material. Thus, the second of Haller's professional requirements ('understanding') can only be acquired through an extensive correspondence. This means nothing less than that both the vital lifeline of the journal, namely the continuous supply of information, as well as its very heart, that is the scientific competence of the editorial, are in large measure dependent on a network of 'useful friendships' for which the code of behaviour is based on mutual politeness and a mutual commitment to perform services for one another.[100] And is not the writing of a positive review or the omission of a negative one also an act of politeness? And is not the acceptance of a proffered article or the publication of requested information also a service, just like any other? It is precisely with this, however, that the third characteristic of Haller's ideal editor is in conflict: namely the strength of character to leave aside personal interest:

The writer's pen must never be governed by self-interest. I do not talk of the base self-interest of a mercenary scribe who will sell his talent for money, a gift of books, or for vile favours. No, even self-interest of a more noble kind, served when an author shares our opinion or our circle and his friendship, must not persuade

98. See Schneider, *Friedrich Nicolais Allgemeine*, p.80.
99. 'Ein Verfasser muss die Geschichte seiner Kunst inne haben, er muss wissen was alt, gemein, neu, wahrscheinlich, wahr, unglaubwürdig ist' (Preface to the year 1747 of *GGA*).
100. See Steinke, *Der nützliche Brief*, p.8; Goldgar, *Impolite learning*, p.13.

us to anything which offends truth [...]. Nothing is more despicable and more shameful than the activities of those journalists who praise no one other than he who can pay for such praise with presents, subservience or admission to their circle; and who rebuke all who are opposed to their opinions, intentions and friends.[101]

Probably no one would dispute that this ideal is in conflict with reality, and it is in the letter medium that this conflict found expression.[102]

101. 'Kein Eigennuze muss des Verfassers Feder beherrschen. Ich rede nicht von dem groben Eigennuze einer feilen Feder, die man um Geld, um geschenkte Bücher, oder um niederträchtiges Bitten erkauffen kan. Nein, selbst der feinere Eigennuz der Gleichheit eines Verfassers mit unsrer Meinung, oder unsrer Secte, und seine Freundschaft, muss uns zu nichts vermögen, das der Wahrheit zuwieder seye [...]. Nichts ist niederträchtiger, und schändlicher, als die Aufführung derjenigen Zeitungsschreiber, die niemand loben, als wer das Lob mit Geschenken, Unterwerfung, oder Eintritt in ihre Secte bezahlt; die hingegen alles schelten, was ihren Meinungen, Absichten, und Freunden zu wieder ist' (Preface to the year 1747 of *GGA*).

102. See Goldgar, *Impolite learning*, p.98; Schneider, *Friedrich Nicolais Allgemeine*, p.16, 32; Hartmann et al., *Kritik in der Wissenschaftspraxis*, p.12.

III

Transformations: the Revolutionary era

L'époque révolutionnaire

MARIA LÚCIA G. PALLARES-BURKE

A spectator of the Spectators:
Jacques-Vincent Delacroix

In this paper, which is part of work in progress on the international history of the Spectator genre, I examine the writings of Jacques Vincent Delacroix as a case-study of this important eighteenth-century type of journalism pioneered by Addison and Steele's *Spectator*.

As is well known, this second English daily paper has been considered a major event in journalism, both at the time and today. Published between 1711 and 1714, it enjoyed a success which lasted much longer than the time of its daily issues and crossed, in book form, an amazing range of national linguistic and cultural frontiers. The fame that this periodical enjoyed throughout the Enlightenment was remarkable not only in itself, that is, in its long-lasting success (as the various re-editions and translations attest), but also by means of its many followers and imitators which spread over Europe and elsewhere, many of them retaining the very title of Spectator (*Spectateur, Zuschauer, Espectador*) which becomes a fashion in itself. As a French reviewer testified in 1757, 'Le sort des bons originaux est, comme on sçait, de produire une infinité de copistes, & le Spectateur Anglois est le Pere d'une nombreuse posterité répandue sous les noms de The Rambler, the World, the Connoisseur, &c.'[1]

A distinctive mark of the success of the *Spectator* is that, on the one hand, the original English periodical seems not to lose its appeal with age, and, on the other ahand, the imitators which 'inundated'[2] the European cultural scene were successful as a genre of journalism rather than as individual periodicals. The 'countless'[3] followers of Addison and Steele's *Spectator* were indeed ephemeral journals which appeared and reappeared in the periodical market throughout the century, claiming to perform the

---

1. *Journal étranger* (June 1757), p.120. On the French followers, see M. Gilot, *Les Journaux de Marivaux: itinéraire moral et accomplissement esthétique* (Lille 1975), part V, ch.2, and M. Gilot and J. Sgard, 'Le journalisme masqué', in *Le Journalisme d'ancien régime*, ed. Pierre Rétat (Lyons 1981), p.285-313. On the German followers, see W. Martens, *Die Botschaft der Tugend* (Stuttgart 1968). On the international history of the Spectator genre, see F. Rau, *Zur Verbreitung und Nachahmung des Tatler und Spectator* (Heidelberg 1980), and M. L. G. Pallares-Burke, 'The Spectator abroad: the fascination of the mask', *History of European ideas* 22:1 (1996), p.1-18.
2. *Œuvres badines complètes du comte Caylus* (Amsterdam 1787), vi.93-100; *Journal étranger* (February 1762), p.108.
3. L M. Price, *The Reception of English literature in Germany* (Berkeley 1932), p.51; L. Stephen, *English literature in the eighteenth century* (London 1910), p.71.

same function, follow the same model, and to be inscribed in the same educational tradition as the English *Spectator*. Late in the eighteenth century we can still find critics saying that the French public had 'lu & relu' the *Spectator* 'plusieurs fois' and that its volumes were still 'dans les mains de tout le monde', despite the numerous imitations which had been trying to rise to its level.[4]

The relevance of Delacroix for the international history of the *Spectator* genre is significant. A man of many parts – lawyer, historian, teacher – he was also an active journalist and definitely the most convinced and persistent of the French followers of the English model. In effect, during more than sixty years of his long life (1743-1831) he seemed to have taken up, as a kind of mission, the role of a great observer of the social and political scenario of the turbulent times in which he lived.[5]

Starting in 1767 with his *Spectateur en Prusse* and ending in 1830 with the *Nouvelles Etrennes du Spectateur françois*, no fewer than fifteen of his works bear the title of *Spectateur*. Of these, three at the very least, and probably more, are periodicals, while the others use the persona of the philosopher-journalist *Spectateur* as an authority-figure, as, for instance, in *Opinion du Spectateur français sur la proposition de supprimer la peine de mort*, or *Le Captif littéraire, ou le Danger de la censure, par l'auteur du Spectateur français*. In most of these works Delacroix refers to the *Spectator* of Addison and Steele, a model or tradition from which he seems unwilling or unable to distance himself. In 1823 for instance he bids farewell to the genre, writing *Les Adieux du Spectateur du monde politique et littéraire*. Nevertheless, one year later he returns with his last farewell, *Les Derniers Adieux du Spectateur français*, which is yet again to be followed three years later by a letter that *Le Spectateur français* addresses to the Parisians. Finally in 1829 Delacroix announces his awakening, publishing *Le Réveil du Spectateur français*, to be followed one year before his death by some 'gifts' to the public, with his *Nouvelles Etrennes du Spectateur français* (1830).

i. Delacroix and imitators of the *Spectator*

Before pointing out the individual contributions which I believe Delacroix brought to the spectator genre, I should like to refer to the common features which his *Spectateurs* share with other followers of Addison and Steele. In the first place, like the majority of them, Delacroix refers to the English *Spectator* as an immortal work whose perfection could not be equalled. The words of the Dutchman Justus van Effen, the first follower of the *Spectator*, had set the tone of this admiration with great eloquence:

4. *Année littéraire* (1777), ii.159; (1784), i.145.
5. For Delacroix's biography, see Michel Gilot, 'Delacroix, Jacques', in *Dictionnaire des journalistes 1600-1789*, ed. Jean Sgard, 2 vols (Oxford 1999), no. 214, p.280-82; on Delacroix's *Spectateur français*, see J. Sgard, 'Le Spectateur français 2', in *Dictionnaire des journaux*, ed. J. Sgard, 2 vols (Paris 1991), no. 1218, p.1097-99.

'Ce qu'on y trouve de bon dans les principes de tous les Spectateurs de Bons-Sens est si excellent, que je ne conçois pas que l'Esprit humain puisse aller au-delà.'[6] Few were, in fact, the imitators who, like Kleist, when proposing to found a periodical with Lessing and Mendelssohn, explicitly stated to his partners that 'we shall equal the *Spectator* or not start at all'.[7] As if they were not putting themselves in the position of competitors, the great majority of the followers seem not to have experienced any 'anxiety of influence', but, on the contrary, sounded extremely proud to be following in the footsteps of the English model, even competing with each other over the faithfulness of their imitation.[8]

Following the common pattern, Delacroix admits that 'il y a des livres originaux qui son inimitables. Tel est celui du *Spectateur* Anglois qui parut au commencement de ce siècle.'[9] The justification for his imitation was also on the same lines as the other followers who agreed that their interest in the common good was the main reason which made them walk the same path as the original *Spectator*. The reading of the English periodical and its followers were presented many times as an activity as good for the health of the mind as the swallowing of good medicine. Van Effen, for example, even defined the ideal Spectator as a 'médicin des mœurs', while there were correspondents who referred to the different issues of the original *Spectator* as regular 'doses' of an 'effectual remedy', or as 'excellent cleansers of the brain'.[10]

Delacroix claimed along similar lines that 'ce n'est pas assez pour un Spectateur de prévoir tant de maux, il faudroit y chercher des remèdes, en trouver, en indiquer.'[11] He also referred to his aim of contributing to the health of his readers by offering them salutary philosophical and moral reflections to be taken each morning with their 'café à la crème'; and one of his readers actually made it clear that she hoped that his periodical could cure her husband of his foolishness, bringing him back to reason.[12]

In the second place, the followers seem to have been united in their criticism of other products of the press. Too many periodicals, they claimed, were either concerned with fame for themselves, and to achieve this they only cared to flatter and entertain the readers, not teaching them anything of value; or, alternatively, they offered nothing but news and partisan opinions. Unlike all these journals, the *Spectator*'s disciples claimed to follow the original model, by introducing in their local

6. *La Bagatelle* (Amsterdam 1718-1719), LVII, 21 November 1718.

7. Ewald von Kleist to Johann W. L. Gleim, 10 April 1759, in Kleist, *Werke*, 3 vols (Berlin 1969), iii.315.

8. See Pallares-Burke, 'The Spectator abroad'.

9. *Le Spectateur françois, ou le Nouveau Socrate moderne* (Paris 1791), p.1.

10. *Le Nouveau Spectateur françois* (Amsterdam 1725), p.5-7; *The Spectator*, 27 and 28 November 1712.

11. *Le Spectateur françois pendant le gouvernement révolutionnaire*, par le citoyen Delacroix, ancien professeur de droit public au Lycée (Paris An III), disc. xxxiv.

12. *Le Spectateur françois, ou le Nouveau Socrate moderne* (1791), no. 4, disc. iv; (1771), disc. lv.

environment a new type of journalism that concentrated on the education of its readers and was devoted to uniting men rather than encouraging their division into parties.

'Il est étonnant qu'au milieu de cette foule de papiers politiques qui inondent le Royaume aucun filosophe [read 'journaliste'] n'ait pas encore imaginé une feuille morale pour savoir comment vont les mœurs', said Delacroix in one of his *Spectateurs*.[13] This is due, he argued, to the erroneous notion that the happiness of every citizen depends on peace treaties, battles, and declarations of war. As for the books, they might possibly have good things to say to their readers, but when it is a matter of taking philosophy out of libraries and spreading it among the 'bulk of the people' (as the original *Spectator* put it), single sheets are preferable, sheets which, as Delacroix said, 'renferment beaucoup de sens & peu de paroles', whereas books usually contain little matter in many words.[14]

In the third place, Delacroix, like the other followers, adopted the persona of an olympian observer of the human condition on the model of the original Mr Spectator, a silent and attentive observer of men who had developed 'a more than ordinary penetration in seeing'.[15] Following this tradition, *Le Misanthrope* of Amsterdam, *Der Patriot* of Hamburg, *La Spectatrice* of Paris, *La Pensadora Gaditana* of Cadiz, among numerous others, presented themselves as privileged observers who assume the role of moral guides in the name of public interest. The world is for them a theatre that they claim to observe with the impartiality and detachment of a spectator.

'Rien de ce qui intéresse les hommes & touche à leur bonheurs, ne me paroîtra indifférent', says Delacroix, following the same tradition;[16] a feature that is made even clearer right from the beginning of his second periodical, *Le Spectateur françois pour servir de suite à celui de M. de Marivaux*, with Pope's famous phrase serving as the epigraph for the series: 'L'étude propre à l'homme, est l'homme même.'

The stage for Delacroix's silent and penetrating observation would be Paris, 'à cause de la grandeur du théatre, de la variété de la scène, & de la multiplicité de ses acteurs', as he put it.[17] Wandering around the Luxembourg gardens, the Tuileries, the Opera, etc., as Marivaux and Madame Spectatrice had already done before him,[18] he claimed to be able to see through social appearances the underlying reality and also to write as a moralist eager to spare no group, however exalted. 'Ma qualité

13. *Le Spectateur françois, ou le Nouveau Socrate moderne* (1791), no. 4, disc. iv.
14. *Le Spectateur françois, ou le Nouveau Socrate moderne* (1791), disc. iv.
15. *The Spectator*, 5 March 1711.
16. *Le Spectateur françois pour servir de suite à celui de M. de Marivaux* (Paris 1771), iii.1.
17. *Le Spectateur françois, ou le Nouveau Socrate moderne* (1791), no. 1, disc. i.
18. On Marivaux's *Spectateur françois*, see M. Gilot, *Les Journaux de Marivaux*; on *La Spectatrice*, see M. L. G. Pallares-Burke, 'An androgynous observer in the eighteenth-century press: *La Spectatrice*, 1728-1729', *Women's history review* 3:3 (1994), p.411-34.

de Spectateur m'éleve au dessus de l'humanité, me donne le droit d'en parcourir tous les rangs, d'élever la voix contre tout ce qui me choque', says Delacroix.[19]

One last point worth mentioning which united the whole family of spectators is their need for collaborators. In spite of their claim to a wide and privileged vision, the editorial personae also tend to present themselves as incapable of embracing alone the whole spectrum of human experience. The constant refrain of the followers of Mr Spectator is the need for sharing their public mission with other people who would also play the role of spectators. This collaboration could be either the work of specific friends who provided the journal with a great variety of information and points of view, or of any reader who had information to offer, questions to raise, criticisms to make, favours to ask and so on.

The Female Spectator, for instance, relied on the help of an educated married lady with 'sparkling ideas', a beautiful girl, and a 'widow of quality', not counting the 'friendly spies' who sent information from places as distant as 'France, Rome, Germany'.[20] The more daring Danish *Patriotiske tilskuer* (1761-1763) even introduced a peasant into the 'congregation' which helped in the organisation of the periodical.[21] Delacroix's 'associated authors' in his *Spectateur françois* of 1791 are very similar to the members of the 'Spectator club' except for a revealing exclusion and two additions: on the one hand, the clergyman – the 'very philosophical man' in the English *Spectator* – is excluded from the French 'petit comité', but, on the other hand, a 'politician' and a 'man of letters' come to the aid of M. le Spectateur.[22] In another of his *Spectateurs* Delacroix refers to 'ma petite troupe d'espions' who, like chameleons, assimilated themselves in turn to a Jansenist, a magistrate, a soldier, a dandy, etc. They are also described as 'microscopes' trained on society.[23]

As for the participation of readers, through correspondence, the followers of the English *Spectator* seemed to be aware of the importance of readers' letters, real or fictitious, as a strategy to involve the public and to make it an accomplice in the enlightenment project of the periodical. The Swiss Bodmer, another member of the *Spectator* family and author of *Die Discourse der Mahlern*, made a quite revealing comment when he said that the role of the letters from the public in the *Spectator* was so big that the authorship of the journal should be attributed to the 'whole city of London' rather than to 'Mr Richard Steele and his club'.[24]

19. *Le Spectateur françois pour servir de suite à celui de M de Marivaux*, vol.3, disc. xvi.
20. *The Female spectator* (London 1744-1746), Bk 1.
21. *Der patriotische Zuschauer*, German translation of the *Patriotiske Tilskuer* (Flensburg 1769), no. 3.
22. *Le Spectateur françois, ou le Nouveau Socrate moderne* (1791), no. 2, disc. ii; *The Spectator*, no. 2.
23. *Le Spectateur français avant la Révolution*, par le citoyen Delacroix (Paris An IV), disc. lvii; *The Spectator* (2 March 1711).
24. *Die Discourse der Mahlern* (Zurich, 1721-1723), vol.3, no. 24.

The intention to repeat the practice of the original *Spectator* is firmly
attested by most of its followers, who seem to have been eager to seduce
their public with the possibility of seeing their own problems, interests
and words printed in the pages of the journal; or, in other words, to make
the public play the role of a spectator as well as that of an actor.
Following the same trend, Delacroix claims to be happy to have, like
Socrates, stimulated men to give birth to their own ideas and to have
published the letters of readers who, as he says, 'supléent aux con-
noisances qui me manquent et que j'imagine qu'elles son encore plus
sûres que mes observations'.[25] Another advantage of the publication of
readers' letters – whether authentic or not, as the original *Spectator*
acknowledged – was that it allowed the author to say things he would not
dare to say in his own voice.[26] Again, Delacroix referred to the same
strategy, admitting that 'souvent une lettre qui déplaira est placé pour
amener une note qui révèle la pensée de l'auteur'.[27]

ii. Delacroix and the 'Spectator question'

I would now like to point out some interesting features of Delacroix which
I believe might illuminate the history of the spectator genre. They are
related to his role in a debate on what I have called the 'Spectator
question' in the eighteenth-century Republic of Letters.[28] This international polemic revolved around issues concerning the true meaning of
being a Spectator, of writing as a Spectator, of persuading as a Spectator.
As if there had occurred a process of 'sacralisation' of the English text, the
value of its followers was measured in direct relation to their faithfulness
to the original title, to what was believed to be its original form of
teaching. Three centres can be said to have been the scenes of the main
debates about good and bad imitations, legitimate or illegitimate uses of
the Spectator model: Copenhagen, Zurich and Paris.

In Zurich, earlier in the century, Bodmer and Breitinger, authors of the
first German language imitation of the *Spectator*, led something of a
campaign against the unfaithfulness of *Der Patriot* from Hamburg and *Die
Vernunftigen Tadlerinnen* from Halle, on the grounds that they were not
loyal to the 'nature of a spectatorial writing', and did not obey the rules of
verisimilitude, impartiality, and the personification of the characters
under which they wrote. It was for instance quite implausible that the
Halle periodical was the work of three female friends. Gottsched's

25. *Le Spectateur français avant la Révolution*, disc. xxv.
26. *The Spectator*, 21 November 1712.
27. *Le Spectateur françois pendant le gouvernement révolutionnaire*, 'Avertissement'.
28. See Pallares-Burke, 'The Spectator abroad', p.7-8.

personae, remarked Bodmer, should have first been legitimised before they were given 'male arguments'.[29]

In Denmark, the writers Holberg and Schlegel referred to an actual internal war among the *Spectators* which, in the middle of the century, competed with one another for the legitimate role of teachers of morals. Their testimonies reveal some of the main issues at stake in the debate. The occasion for the polemic was the publication in Copenhagen of some rather incisive and bold periodicals, which naming themselves *Spectators* declared war on public and private vices. Their authors were criticised for their harshness, their teaching as 'men of truth', and for assuming that the 'conversion' of people to morals could be the 'work of a week'. Instead, the critics claimed that a journalist should be more like a 'gentle teacher' who, with 'softness and gracefulness', worked for the eradication of vices and faults. All the same, the critics did not approve of the tender and gay manner of the French writers whom they considered not truly 'spectatorial' either, since they failed to go deep into human vices and remained at the level of trivial faults of etiquette.[30]

In Paris, the French debate seems to corroborate such points, and there is plenty of evidence about the terms of the debate in the reviews and comments which, throughout the years, drew comparisons between the new spectators and the model they were expected to follow. To entitle itself *Spectateur* (or *Censeur*, *Observateur*, *Menteur*, etc., all titles which alluded to the *Spectator* tradition) implied a commitment to a certain way of writing which, if not complied with, was a fault to be denounced in the republic of letters.[31]

The importance of Delacroix in this debate is due first to his work being discussed among critics. In fact, it is noteworthy that the reception of his work in the Republic of Letters was, if not always warm, rather encouraging in terms of the reaction it provoked among people as different as Fréron, Voltaire, Grimm and the journalists of the *Journal encyclopédique*. Voltaire was impressed by his *Spectateur* of 1771 and welcomed him as a legitimate heir of Addison and Steele, praise which Baron Grimm considered absolutely inappropriate and damaging to the spectator tradition, especially considering that such praise encouraged undeserved subscriptions to Delacroix's work.

In his bombastic manner Grimm describes these references to Delacroix as 'compliments sacrilèges' and says that only the 'miséricordie divine' can pardon this 'blasphème'. Linking Delacroix to a group of irritable

29. J. Bodmer, *Anklagung des verderbten Geschamackes, oder critische Anmerkungen uber den hamburgischen Patrioten, und die halischen Tadlerinnen* (Frankfurt und Leipzig 1728), p.41-42.

30. L. Holberg, *Geschichte verschiedener Heldinnen und anderer berühmten Damen* (Copenhagen and Leipzig 1754), Preface; *Pensées morales* (Copenhagen 1748-1749), 'Preface'; *Der Fremde* (Copenhagen 1745-1746), no. 1.

31. *Journal encyclopédique* (Janvier 1759), p.110; *Année littéraire* (1777), ii.159; *Année littéraire* (1784), i.145. *Bibliothèque françoise, ou Histoire littéraire de la France* (Amsterdam 1724), t.iv.

prophets and saying that it is not possible to have a *Spectateur* in France with this kind of pretentious journalist, it seems that what made him unspectatorial, according to Grimm, was his lack of modesty.[32]

Strikingly similar to Grimm's opinion was Fréron's in the *Année littéraire* a few years later when reviewing a new edition of *Le Spectateur* of 1770-1772 where Voltaire's praise is again attacked. Delacroix's style is too pretentious, pompous, with too many images, everything 'étrangement déplacées' in a *Spectator* which aims at painting the manners of its century. Along the same lines is his criticism of the immodest way *Le Spectateur* praises the *philosophes* as 'hommes célestes' by whom humankind can be released from the darkness they linger on; equally anti-spectatorial is the way *Le Spectateur* performs his educational role. The principal aim of a *Spectator*, he argues, is surely to instruct, but he should never do this in the manner of 'ces Prométhées nouveaux' who deliver 'lumières' to humankind but, on the contrary (and just as the Danish commentators had said earlier), gently and unobtrusively as Socrates, 'cet ancien Spectateur', had done.[33]

Enthusiastic about a periodical which had the merit of pleasing and instructing the public at the same time, the *Journal encyclopédique* regrets, though, that in spite of his talent Delacroix had not worked as a true Spectator, and this for one of the reasons also pointed out by l'*Année littéraire*: his unwillingness to leave his study where he is concerned mainly with books and himself, instead of real men. It is impossible to be a faithful painter 'de nos ridicules, de nos défauts, de nos vices', without exercising a talent for observation.[34]

Steele and Addison, Fréron had also remarked in his review of Delacroix's new edition of *Le Spectateur françois*, did not announce themselves as solitary men, but, on the contrary, as 'voyeurs' who observed men in the public squares, in the assemblies, at the theatres, boudoirs, ateliers, in the 'bruyante liberté des orgies bourgeoises', from where they would gather material for the 'magistrature morale' they had undertaken – and which those who followed them were, as a matter of fact, expected to undertake as well.

In short, some rather interesting points emerge from the comparisons made by the French Republic of Letters between the new members of the Spectator 'family' and their model. A Spectator must not be sad, solitary or contemplative, but a joyful and active spy who, in various places, gathers material for his 'magistrature morale' – that is, for correcting

32. Voltaire to Delacroix, 22 March 1771, in *Le Spectateur français avant la Révolution*, disc. vii; Grimm, *Correspondance littéraire, philosophique et critique de Grimm et de Diderot, depuis 1753 jusqu'en 1790* (Paris 1830), p.406-407.

33. 'Peinture des mœurs du siècle, ou Lettres & discours sur différens sujets', in *Année littéraire* (1777), ii.158-60.

34. 'Peintures des mœurs du siècle, ou Lettres & discours sur différens sujets', in *Journal encyclopédique*, t.xliv (juillet-décembre 1777; Slatkine reprinted in 1967), p.510-13.

morals and manners and attacking vices. Its spirit should be similar to that which prevails in a 'théâtre comique', where the scene is marked by 'plaisir' and 'gaîté', while social criticism is being made. This type of work was even described by a reviewer as 'un supplément à la Comédie ', which would do all the time what the theatre does only on the day of the performance, that is to apply 'un prompt remède' to the foolish acts which 'se succèdent sur la scène du monde'. But above all, this remedy should be prescribed with grace, with tact, so as to be swallowed by the 'patient' almost unnoticed.[35]

A second important aspect to note in this debate on the *Spectator* is Delacroix's role as a spectator of the Spectators, that is, his repeated reflection on the spectatorial part he had performed in France along so many decades, from the late 1760s until 1830. As we listen to his reflections and to his reply to critics, we can glimpse some of the ways in which this appealing eighteenth-century genre was appropriated and adapted to the various circumstances it encountered throughout its long-lasting career.

Delacroix himself makes comparisons between the circumstances in which the original daily *Spectator* was published and those of his own enterprise. The English *Spectator*, Delacroix reminds his readers, was addressing a society which had already gone through a major revolution; the editors were simply trying to consolidate its achievements by converting the whole nation to the new way of thinking and behaving associated with the new regime. But because Addison and Steele only had to fight against their public's taste and not against the fury of the *censeurs*, they only needed to have enough talent to disguise their teaching with amusement so as to appeal to that public. They could, though, dare to enlighten their public with 'grandes vérités', and could talk about everything: 'la politique, la législation, le gouvernement, le ministère'; while he, Delacroix, had to keep distant from such 'grandes objects' and, contenting himself with a much narrower range of things, simply observe men as they are 'sans hasarder de dire ce qu'ils devroient être'.[36]

The criticism of his observations as being frivolous and thin was unjust, he argued, and did not give him credit for the courage required to play the part of a Spectator at a time when there was prejudice even 'contre son titre'.[37] Years later, after the French Revolution, he thought that the acclaimed freedom of expression had granted him the right not to talk about trivialities and to be able to repeat what his English model had done, that is to speak clearly and without countless innuendos about what he had been forced earlier to disguise entirely.

35. *Année littéraire* (1771), vii.124-27; (1784), p.145.
36. *Le Spectateur françois, pour servir de suite a celui de M. de Marivaux*, vol.3, disc. i, xii, xxiv.
37. *Le Spectateur françois, pour servir de suite a celui de M. de Marivaux*, vol.3, disc. xxiv.

In 1791 Delacroix was so misled as to think that the new political regime allowed him to imitate Addison and Steele, by delivering in the periodical pages the most useful course of 'morale pratique'. In the English *Spectator*, said Delacroix, 'les vices & les défauts des grands qui, jusques-là s'étoient tenus cachés derrière leurs titres, leurs rangs & leurs distinctions, parurent au grand jour. La masque tomba à ceux qui, par leur fortune ou leur élévation, se croyoient au dessus de la critique.'[38] No real change had happened, however, and when in 1793-1794 he – gently and with care – dared to criticise the revolutionaries in power and suggest what they should do, he almost lost his head. He was actually arrested and prosecuted as a 'royaliste' and 'un ennemi publique' of the Revolution for daring to advise the Convention to consult the people and not to judge the king.[39]

As time went by and Delacroix continued to act as a Spectator and reflect on the role with which he identified so completely, what he understood as its true meaning becomes clear: to be a Spectator is to be first of all not a royalist or a republican, but a moralist who believes that the happiness of the states depends on respect for morals ('mœurs'); and who, out of his love of humanity, tries to intervene, as far he can, in human affairs in order to minimise the sufferings and pain he sees and foresees.

In 1771 for instance, he was trying to avoid the catastrophe of the revolution which he could see coming, by addressing the nobles and the proud and useless rich who were indifferent to the fate of the poor and the peasants, not realising that their misery and unhappiness were disruptive and menacing to the whole nation. During the early 1790s he was again trying 'de prevenir des nouvelles calamités' and to 'accelérer la chute du règne du mal' by warning the revolutionnaires against the unjust and intolerant ways in which they were leading the new regime. In 1817 he was still trying to 'prevent new calamities' by defending the stability and harmony of 'le gouvernement royal et legitime de Louis XVIII' and by reminding the public of the sufferings they endured at the time of the Revolutionary Wars and the 'Cent Jours'. At that point, old and almost blind and deaf, he confessed there was no reason why he should conceal his thoughts and not declare himself a believer in the constitutional monarchy. He was even sure that great Frenchmen would also have changed their minds, had they observed what he had. If Montesquieu, for instance, 'avait eu sous ses yeux la charte qui nous avons récue de Louis XVIII', he would not have hesitated to give him support. And still later in the nineteenth century, stimulated by his

---

38. *Le Spectateur françois, ou le Nouveau Socrate moderne*, 4, disc. iv.

39. *Mémoire justificatif pour le citoyen Delacroix, auteur du Spectateur françois pendant le gouvernement révolutionnaire* (Paris n.d.); *Le Spectateur français avant la Révolution*, 'Discours préliminaire'.

collegues, the magistrates, he was trying to gain more converts to the cause of justice and morality.[40]

It is interesting to note, if only briefly at this point, that the great mentor of Delacroix in the moral content (so to speak) of his teachings was Rousseau. He was 'mon bienfaiteur', Delacroix confesses: the man to whom he owed the purification of his soul, his virtues and his sensibility.[41] The 'frondeur' articles of his *Spectateur* of 1770-1772, studied by Nina Gelbart,[42] and others of his works to follow are in a distinctively Rousseauist style. In his praise of the simple life of the people of the countryside, in his criticism of luxury, in his redirecting culture to nature, in his denouncing the erroneous idea that virtue comes from knowledge and 'lumière', in his warning of a forthcoming revolution if inequality was not attacked, in his linking politics to morals and education, it is clear that Rousseau's thoughts were the inspiration.

Rousseau was not actually named at first; later, however, not only was he named but Delacroix also quotes passages from *Emile* and praises the *Contrat social* as the most substantial political work ever written.[43] Defending the *philosophes* from those who blamed them for the excesses of the Revolution, he even reminds these critics of the warnings and advice they were given by 'vrais philosophes' like Rousseau, who could not have predicted 'plus clairement votre sort actuel'. Had he been taken seriously, had he not been considered 'insensé', the worst could have been avoided.[44] In 1778 Delacroix had praised the *Contrat social* as in fact a most useful work which gave society a very wise recipe, just like a doctor who would make a dying man recover 'parfaite santé' with his medicine.[45] So we have here an amazing example of circularity, considering that Rousseau was himself a confessed disciple of the English *Spectator*. Not only was this one of his formative texts but he made it one of the few formative texts of his imaginary disciples, Emile and Sophie – an intriguing fact considering his strong suspicion of books in general and his ideas about the essentially different natures of men and women.[46]

40. *Le Spectateur français avant la Révolution*, 'Discours préliminaire'; *Le Spectateur françois pendant le gouvernement révolutionnaire*; *Le Spectateur sous le gouvernement royal et légitime de Louis XVIII* (Paris 1817); *Le Réveil du Spectateur français* (Paris 1829), ch.1.

41. J. V. Delacroix, *Eloge de Jean-Jacques Rousseau* (Amsterdam 1778).

42. N. R. Gelbart, 'The *Journal des dames* and its female editors: politics, censorship, and feminism in the Old Regime press', in *Press and politics in pre-revolutionary France*, ed. J. R. Censer and J. D. Popkin (Berkeley 1987), p.63-66.

43. *Le Spectateur sous le gouvernement royal et légitime de Louis XVIII* (Paris 1817), p.120.

44. *Le Spectateur françois pendant le gouvernement révolutionnaire*, disc. v; *Le Spectateur françois, ou le Nouveau Socrate moderne*, disc. xiv.

45. *Eloge de Jean-Jacques Rousseau*, p.31.

46. J.-J. Rousseau, *Confessions*, 2 vols (Paris 1965), i.178; *Emile, ou De l'éducation* (Paris 1961), p.573-74.

What Delacroix took, therefore, from the original English text was, so to say, the inspiration for a kind of writing that complied with his humanitarian beliefs and offered him an essential strategy for achieving success in the role of a moralist whose aim is to produce 'le bien général'.[47] This strategy was one of disguise as an impartial and apolitical observer, pretending not to belong to any sect, party or class, and thus having no vested, blinding interest. The original *Spectator* had defended what Addison and Steele called 'the Socratical way of reasoning', that is the strategy of allowing no antagonist to notice that you have a 'firmly fixed' opinion and that you are 'endeavoring to bring over another to your opinion' – a strategy completely opposite to the political writings and actions of the French censors and government who think they can win others to their opinions by 'insultes', 'ménaces' and 'dénunciations', as Delacroix complained. 'Il faut ne pas connoître les hommes et n'avoir jamais réfléchi sur leur histoire pour se flatter de produire une révolution dans leurs pensées, dans leurs affections, par la terreur', he argued.[48]

With this strategy his work would follow the form of the English *Spectator*, Delacroix said, including 'plusieurs discours sans liaison, diverses lettres vraies ou supposés, des confidences qui n'ont peut-être jamais été faites, des projets qui n'auront passés que dans mon imagination,'. If the aim is to improve manners and morals, he argued, 'n'importe le voile sous lequel se cachent la raison et la vérité, pourvu qu'on les réconnoisse à leur langage'.[49] If, as he explains, he varies so much in tone – going from the grave and serious to the frivolous and mundane – and 'faire entrevenir divers personnages dans mes entretiens, auxquels je prête le langage qui convient a leur caractère, c'est pour captiver plus long-temps l'attention de mes lecteurs'.[50]

Time and again, as national circumstances changed and Delacroix persisted in reappearing on the public scene as a Spectator, it seems this was the role he believed a man of letters with limited talents – one who lacked the powerful ideas of a Voltaire, a Montesquieu, a Rousseau– should perform. In 1829, looking back at his career, he even refers to his choice 'pour adopter le costume' of a lawyer, of a judge (*magistrat*) or of a historian as the 'travestissemens' of a convinced spectator or a humble and devoted moralist who had paid a high price for 'le titre de Spectateur Français dont je suis en possession depuis tant d'années'.[51]

His book on the *Constitutions of Europe*, praised at the time as 'un des meilleurs que la litterature française ait produits depuis la révolution &

---

47. *Le Spectateur français avant la Révolution*, 'Discours préliminaire'.
48. *The Spectator*, 16 October 1711; *Le Spectateur françois pendant le gouvernement révolutionnaire* (Paris An III), disc. ix and vii.
49. *Le Spectateur françois pendant le gouvernement révolutionnaire*, 'Avertissement' and disc. i.
50. *Le Moraliste du dix-neuvieme siècle ou les Derniers Adieux du Spectateur français* (Paris 1824), 'Discours préliminaire'.
51. *Le Réveil du Spectateur français* (Paris 1829), 'Discours préliminaire'.

même depuis longtems',[52] is then revealed as a 'detour' from his Spectator role, when he tried to prevent unhappiness by appealing, not to spectatorial discourses, but to more systematic historical comparisons.[53] But, in the same style as the *Spectator*, his aim as a writer was not to 'write elegantly, but clearly: and to express good sentiments in a manner suited to the capacity of illiterate minds [...] in the language of a well informed peasant who was making known his just ideas to his fellow villagers'.[54]

To conclude, as seen through the gaze of this 'spectator of the spectators', the spectator model should be considered, as Delacroix put it, a 'beau canevas' which Addison and Steele 'ont laissé le soin à la posterité de remplir', taking into account the generation gaps as well as differences in national and historical contexts. And because England and France are so different, it would be against 'les règles d'art' to use 'les mêmes couleurs pour les peindre', says Delacroix, suggesting that he clearly realised that to continue to be faithful to the *Spectator* tradition and keep on correcting morals and manners, he had to be different – in other words, that he had to keep changing in order remain the same, that is, a true Spectator.[55]

Writing in 1824 the 'les derniers adieux' of the *Spectateur françois*, Delacroix suggests that if he had not succeeded entirely, it was because the English editors had not left, along with their canvas, their talent: so his dialogues and conversations sounded more like a 'monologue' and the readers' letters and the editor's answers were not very convincing or plausible.[56] Nevertheless, although Delacroix did not have the talent of Addison and Steele (as indeed nobody else seems to have had), he did have an individual contribution to make and deserves to be remembered as the most systematic spectator of the Spectator genre itself.

52. *Journal encyclopédique* (juillet-décembre 1793), LXXVI.
53. *Le Réveil du Spectateur français*, 'Discours préliminaire'.
54. *A Review of the constitutions of the principal states of Europe and of the United States of America* (London 1792) (English translation of *Constitutions des principaux états de l'Europe et des Etats-Unis de l'Amérique*, Paris 1791), ch.28, p.430.
55. *Le Spectateur françois, ou le Nouveau Socrate moderne*, Préface; *Le Spectateur Français avant la Révolution*, 'Discours préliminaire'.
56. *Le Moraliste du XIXe siècle*, p.415.

ÉRIC NÉGREL

Le journaliste-orateur:
rhétorique et politique sans-culottes dans *Le Publiciste de la République française* de Jacques Roux (juillet-octobre 1793)[1]

> Il est utile pour la chose publique, qu'il y ait des âmes chaudes, véhémentes, des hommes qui éclairent, entraînent et subjuguent, des hommes qui électrisent et remuent l'opinion publique, de peur qu'elle ne croupisse.
>
> *Jacques Roux à Marat, publiciste* (Paris 1793)

i. Le 'prédicateur des sans-culottes'

LE mardi 16 juillet 1793 paraît le premier numéro du *Publiciste de la République française par l'ombre de Marat*. Dès le troisième numéro (21 juillet), la feuille est signée par '*Jacques Roux*, l'ami du peuple'.[2] Né le 21 août 1752 à Pranzac, en Charente, Jacques Roux a fait ses études au séminaire d'Angoulême, dirigé par les Lazaristes, où il a ensuite lui-même enseigné la physique et la philosophie. Ordonné prêtre en 1779, il a exercé ses fonctions dans différentes cures avant de quitter son diocèse pour celui de Saintes. A partir de 1788, il est nommé vicaire à Cozes, puis à Saint-Thomas-de-Cônac, où il réagit à la nouvelle de la prise de la Bastille par un sermon enthousiaste célébrant *Le Triomphe des braves Parisiens sur les ennemis du bien public*. Accusé, sans doute à tort, d'avoir fomenté une émeute paysanne en avril 1790, il est frappé d'interdit par les vicaires généraux et se réfugie à Paris. Le 16 janvier 1791, il prête serment à la Constitution civile du clergé, fréquente le club des Cordeliers, puis est nommé, en avril, vicaire à l'église de Saint-Nicolas-des-Champs dans la section des Gravilliers.

1. La rédaction de ce travail a donné lieu à de nombreux échanges avec Jacques Guilhaumou. Je le remercie pour son amicale attention, pour ses précisions et ses conseils.
2. Walter Markov a procuré une édition critique de tous les numéros du *Publiciste de la République française* dans Jacques Roux, *Scripta et acta* (Berlin-Est 1969). Ce volume réunit en outre de nombreux écrits de Jacques Roux, ses discours, ses adresses à la Convention, ainsi que le *Manifeste des Enragés*. W. Markov a complété ces textes par un nombre important de documents historiques relatifs à J. Roux.

Au cœur de la capitale, dans le quartier du Marais, la section des Gravilliers est l'une des plus populeuses et rassemble les catégories socio-professionnelles caractéristiques de la sans-culotterie parisienne; avec un nombre élevé d'ouvriers, de manœuvres et de journaliers, mais également des artisans et des compagnons, des boutiquiers et des petits commer-çants, la section unit le monde du salariat à celui de l'échoppe et de la petite production artisanale. A la pointe du mouvement révolutionnaire, la section des Gravilliers a participé activement à toutes les journées insurrectionnelles: lors du massacre du Champ-de-Mars, le 17 juillet 1791, lors de l'attaque des Tuileries, le 10 août 1792, et lors de la chute de la Gironde, les 31 mai, 1er et 2 juin 1793.[3]

La destinée politique de Jacques Roux est indissociablement liée à celles des sans-culottes parisiens. Son *Discours sur les moyens de sauver la France et la liberté*, 'prononcé dans l'Eglise Métropolitaine de Paris, dans celles de Saint-Eustache, de Sainte-Marguerite, de Saint-Antoine, et de Saint-Nicolas-des-Champs',[4] en mai 1792, lui confère une certaine notoriété. A l'automne, il n'obtient de siège ni à la Convention ni à l'assemblée départementale, mais il est choisi pour représenter les Gravilliers au Conseil général de la Commune. Son action politique va alors gran-dissant, accompagnant l'essor du mouvement populaire tout au long de l'année 1793, depuis la mort du roi jusqu'à l'élimination des Enragés en automne, depuis ce Rapport qu'il fait en janvier au Conseil général, après avoir été nommé par la Commune commissaire 'pour assister à l'exécution de Louis',[5] jusqu'à son second emprisonnement, le 5 septembre, comme 'suspect', puis son transfert et son enfermement définitif à Bicêtre, où il se donne la mort le 22 pluviôse (10 février 1794), après avoir appris qu'il était renvoyé devant le tribunal révolutionnaire. Au cours de ces dix mois, Jacques Roux devient une figure incontour-nable de la scène politique parisienne. Prenant la parole à l'Assemblée générale de sa section, au Conseil général de la Commune, aux Cordeliers ainsi qu'aux Jacobins, pétitionnant à plusieurs reprises à la barre de la Convention nationale au nom des Gravilliers, le prêtre étend son magistère à tous les lieux de délibération politique et se fait le porte-parole de 'l'aile marchante' de la sans-culotterie, de ces Enragés dont d'autres meneurs tels Jean Varlet ou Théophile Leclerc essaient de faire entendre les revendications.

Les vingt-neuf numéros du *Publiciste de la République française par l'ombre de Marat* paraissent au cours de l'été 1793, alors que la capitale connaît

---

3. Voir Roland Gotlib, 'Les Gravilliers, plate-forme des Enragés parisiens', dans *Paris et la Révolution*, sous la direction de Michel Vovelle (Paris 1989), p.113-121, et Angela Groppi, 'Sur la structure socio-professionnelle de la section des Gravilliers', *Annales historiques de la Révolution française (AHRF)* 232 (1978), p.246-276.

4. Roux, *Scripta et acta*, p.48-78.

5. Roux, *Scripta et acta*, p.87-88. Dans ce Rapport, publié alors par différents journaux, Jacques Roux est désigné liminairement comme le 'prédicateur des sans-culottes'.

une recrudescence de l'agitation sectionnaire et que le gouvernement doit faire face à une violente 'poussée populaire'.[6] Mais à partir de juillet, Jacques Roux est lui-même de plus en plus isolé politiquement, ainsi que Théophile Leclerc et les autres meneurs Enragés. Les sans-culottes ont permis à la bourgeoisie montagnarde d'éliminer les députés girondins lors de l'insurrection des 31 mai, 1er et 2 juin, et c'est grâce à eux que, tout au long de l'été, Jacobins et robespierristes assoient progressivement leur hégémonie sur la Convention. La pression populaire contraint en retour le gouvernement à prendre des mesures révolutionnaires dès le printemps et jusqu'à la mise en place de la Terreur en septembre (maximum des grains puis maximum général, levée en masse, loi sur l'accaparement, arrestation des suspects, etc.). Ne pouvant encore s'opposer frontalement aux exigences du mouvement populaire, les Montagnards entreprennent d'en éliminer les dirigeants. Le 28 juin, Robespierre puis Collot d'Herbois attaquent Jacques Roux aux Jacobins, en réaction à la pétition (dite, depuis Albert Mathiez, 'Manifeste des Enragés') que le prêtre avait lue à la Convention trois jours auparavant au nom de la section des Gravilliers, de Bonne-Nouvelle et du Club des Cordeliers, et dans laquelle les députés étaient violemment pris à partie. Dès lors tout va très vite: le 29 juin, le Conseil général décide de suspendre Jacques Roux de son poste de rédacteur des *Affiches de la Commune*; le 30, les Cordeliers, harangués par Hébert, Robespierre et Legendre, arrêtent l'expulsion de Jacques Roux et de Théophile Leclerc qui avait tenté de prendre sa défense; le 1er juillet, le Conseil général réprouve la conduite du prêtre, et les jours suivants, il est désavoué par la section de Bonne-Nouvelle et même par les Gravilliers où ses adversaires ont repris le dessus dans l'Assemblée générale. Enfin le 4 juillet, Marat, qui n'était pas intervenu dans le débat politique jusqu'alors, consacre tout un numéro de son *Publiciste de la République française* à un violent réquisitoire contre Roux, Leclerc et Varlet.[7]

Jacques Roux répond aussitôt à Marat pour dénoncer cet 'assassinat politique'[8] dont il est victime, mais la brochure, rédigée avant l'assassinat effectif de l'Ami du peuple le 13 juillet, ne paraît qu'après et ne sera donc pas lue par son destinataire désigné. Marat mort, une place reste à prendre et Jacques Roux, qui annonçait depuis quelques temps déjà la

6. Voir Albert Soboul, *Les Sans-culottes parisiens en l'An II: mouvement populaire et gouvernement révolutionnaire, 2 juin 1793-9 thermidor An II* (Paris 1958), p.91-150.

7. Sur J. Roux et les Enragés, outre A. Soboul, *Les Sans-culottes parisiens en l'An II*, p.21-150, voir notamment Albert Mathiez, *La Vie chère et le mouvement social sous la Terreur* (Paris 1927), p.113-365; Maurice Dommanget, *Enragés et curés rouges en 1793. Jacques Roux, Pierre Dolivier* (Paris 1993; 1e éd. partielle sous le titre *Jacques Roux (le curé rouge) et le Manifeste des 'Enragés'*, Paris [1948]); Walter Markov, *Die Freiheiten des Priesters Roux* (Berlin-Est 1967) et *Volksbewegungen der französischen Revolution* (Francfort-sur-le-Main 1976) qui réunit plusieurs travaux antérieurs de l'historien allemand; ou bien encore le volume collectif *Eine Jury für Jacques Roux*, sous la direction de Manfred Kossok (Berlin-Est 1981).

8. *Jacques Roux à Marat, publiciste* dans Roux, *Scripta et acta*, p.159.

parution prochaine d'un 'Almanach républicain', comprend vite qu'un journal comme *Le Publiciste de la République française* pourrait lui servir de tribune politique et de porte-voix, lui permettant de continuer à intervenir dans le débat public.

ii. 'L'ombre de Marat au peuple français'

Du 16 juillet 1793 jusqu'à brumaire An II (mi-octobre), vingt-neuf numéros du *Publiciste de la République française par l'ombre de Marat* paraissent à un rythme régulier de trois numéros par semaine.[9] Jacques Roux reprend le titre et poursuit la numérotation du journal de Marat.[10] Rédigé par le prêtre seul, le journal est constitué d'un texte homogène et ininterrompu qui aborde plusieurs points de l'actualité politique (un sommaire présente ces différents points en tête de chaque numéro). Critiquant la politique gouvernementale, s'attaquant aux ennemis intérieurs et extérieurs, reprenant les revendications sans-culottes de l'été 1793 et proposant des mesures politiques, sociales et économiques (répression de l'accaparement et de l'agiotage, création d'une armée révolutionnaire, taxation générale des prix et des salaires, réorganisation du pouvoir exécutif selon la Constitution de 1793, etc.), Jacques Roux fait de son journal un lieu de débat et de réflexion politique. *Le Publiciste de la République française* relève de cette 'presse pamphlétaire' étudiée par Jacques Guilhaumou, qui s'inscrit dans la conjoncture de l'été 1793.[11] Le journal répercute les mots d'ordre populaires qui lient l'application des mesures de salut public à une réorganisation de l'exécutif, s'opposant en cela aux Montagnards et aux Jacobins robespierristes qui définissent la Terreur en termes de justice d'exception.

Le journal permet au prêtre de continuer son action politique auprès des sans-culottes parisiens, tout en lui donnant la possibilité de répondre aux attaques personnelles. La justification passe par l'élaboration d'une image de soi, d'un *èthos*, qui légitime en retour la prise de parole publique. Les deux premiers numéros du *Publiciste* sont anonymes et créent la fiction d'une parole surgie d'outre-tombe: 'l'ombre de Marat' s'adresse 'au peuple français'. Les deux premiers paragraphes du numéro 243 martèlent quatre fois que 'MARAT N'EST PAS MORT' et que 'son âme', désignée d'abord à la troisième personne, continuera à dénoncer

9. Ainsi que l'annonce l'offre d'abonnement insérée à la fin du numéro à partir d'août. Les neuf derniers numéros, rédigés en prison, ne sont plus datés.

10. *L'Ami du peuple ou le Publiciste parisien*, de Marat, devient en septembre 1792 le *Journal de la République française* et, du 1er avril au 14 juillet 1793, *Le Publiciste de la République française, ou Observations aux français par l'Ami du peuple*.

11. Jacques Guilhaumou, 'Les journaux parisiens dans les luttes révolutionnaires en 1793. Presse d'opinion, presse de salut public, presse pamphlétaire' dans *La Révolution du journal, 1788-1794*, sous la direction de Pierre Rétat (Paris 1989), p.275-284. Voir aussi la typologie proposée par Pierre Rétat pour l'année 1789 dans Claude Labrosse et Pierre Rétat, *Naissance du journal révolutionnaire, 1789* (Lyon 1989), p.25-33.

'toutes les scélératesses, tous les attentats qui seront portés à la république et à la liberté' (p.166). Puis prenant à partie Charlotte Corday, l'ombre de Marat parle à la première personne: 'tu t'es trompé, lâche assassin, si tu as cru qu'en me poignardant tu enlèverais au peuple un de ses défenseurs; de mon sang tu en fais naître des milliers pour venger ma cause'. Loin d'y mettre un terme, le meurtre démultiplie l'activité de surveillance et de dénonciation de l'Ami du peuple. Poignardée, l'hydre Marat renaît aussitôt, renforcée et tentaculaire.[12] Dès le troisième numéro du 21 juillet, Jacques Roux signe le journal, se désigne comme 'l'ami du peuple' et annonce explicitement que Marat ayant 'succombé sous le glaive des assassins, je vais continuer son journal'. Celui qui se désigne toujours comme 'l'ombre de Marat', reporte sur lui les qualités et les vertus qui étaient celles reconnues à l'Ami du peuple: 'Si l'on me demande quels sont mes titres pour m'annoncer le successeur du patriote *Marat*, je répondrai [...] que j'ai le courage de Marat, [...] que comme lui, je ne respecte que la vérité, que comme lui, j'aime la liberté et l'égalité par dessus tout, que comme lui, je suis prêt à mourir pour l'unité et l'indivisibilité de la République française' (p.175). Jacques Roux adopte la posture sacrificielle que l'Ami du peuple avait poussée à son point le plus extrême, il fait sienne la fonction de sentinelle veillant sur la liberté publique et affiche ostensiblement son dévouement sans bornes aux intérêts du peuple.

Jacques Roux justifie son droit à prendre la parole au nom de ses convictions et de son action à venir, mais il inscrit également la création de son journal dans la continuité d'un parcours politique connu de tous. 'Auteur de plusieurs ouvrages patriotiques' (comme le précise la signature à partir du quatrième numéro), auteur de ce discours 'prononcé dans dix sections de Paris, sur les moyens de sauver la France et la liberté', si le prêtre se fait journaliste et intervient dans le débat public, c'est en tant qu'"écrivain patriote' reconnu. Ce souci de rattacher le discours à un lieu d'origine nommé et qualifié non seulement fonde l'autorité de la parole journalistique, mais détermine la nature même d'un tel discours: le journal crée un espace d'allocution au sein duquel se met en place la dynamique d'une parole vive, une parole éloquente qui prend la dimension d'une harangue politique. C'est à partir de son expérience oratoire que Jacques Roux pense son expérience journalistique et, au même titre que ses

12. De fait, Jacques Roux ne sera pas le seul à revendiquer l'héritage maratiste: le 20 juillet, Théophile Leclerc lance le premier numéro de son *Ami du peuple*, et Hébert durcit le ton du *Père Duchesne*, abandonnant toute politique conciliatrice et renchérissant sur les mesures extrêmes exigées par les deux Enragés. Voir A. Soboul, *Les Sans-culottes parisiens en l'An II*, p.95-97 et suiv., et Annie Geffroy, 'Trois successeurs de Marat pendant l'été 1793: analyse lexicométrique des spécificités', dans *Mots* 1 (1980), p.167-187. Dans 'Un discours en révolution: le projet des "publicistes patriotes"', dans *AHRF* 287 (janvier-mars 1992), p.47-61, Emmanuelle Forner analyse d'un point de vue stylistique le fonctionnement des énoncés des trois journaux-pamphlets, mais sans les comparer et en gommant leur spécificité.

sermons, ses discours ou ses disputes politiques, son journal se fait le vecteur de cette 'conscience tribunitienne' dont Pierre Rétat a montré qu'elle marquait la pratique journalistique dès 1789.[13] La personne du discours, ce *je* qui se met en avant et s'expose, à la fois affirme son identité politique[14] et invente un 'journalisme oratoire' propre à la période révolutionnaire.

Seul sujet du discours, Jacques Roux s'adresse à trois allocutaires distincts: les 'ennemis' qu'il dénonce, prend à partie, accuse; le 'peuple', qu'il défend, exhorte, morigène; et les 'hommes d'état', qui se situent sur une frontière instable entre ennemis et amis, et qu'il peut louer, encourager comme mettre en garde et menacer. A chacun des *vous* de l'allocution, qui recouvrent ainsi des réalités sémantiques différentes, elles-mêmes floues et changeantes, le journaliste réserve des formes d'adresse et des actes de langage spécifiques. En m'attachant à la dimension pragmatique du journal,[15] je vais tenter de définir la nature, les fonctions et les fins pratiques de cette parole politique, dégageant ainsi l'espace rhétorique mis en place par *Le Publiciste*.

iii. De l'acte de dénonciation au droit de surveillance

Nommer, dénoncer

La pratique dénonciatrice de Jacques Roux dans *Le Publiciste* dépasse largement celle d'Hébert dans *Le Père Duchesne* ou celle de Leclerc dans

13. Pierre Rétat, 'Le journaliste révolutionnaire comme "écrivain patriote"', dans *Il Confronto letterario*, supplément au n° 15 (1991), p.111-120. Personnalisation de la presse et nouvelle conception du journalisme favorisent dès le commencement de la Révolution l'apparition de cette figure de journaliste inédite, à la croisée de l'"écrivain politique' et du 'tribun du peuple'. Voir également Cl. Labrosse et P. Rétat, *Naissance du journal révolutionnaire*, p.203-215 et P. Rétat, 'Forme et discours d'un journal révolutionnaire: les *Révolutions de Paris* en 1789', dans Cl. Labrosse et P. Rétat, *L'Instrument périodique: la fonction de la presse au XVIIIe siècle* (Lyon 1985), p.139-178, et particulièrement p.150-157. Sur la presse révolutionnaire, voir par ailleurs et entre autres Jeremy D. Popkin, *Revolutionary news: the press in France, 1789-1799* (Durham, Londres 1990), et *The Press in the French Revolution*, sous la direction de Harvey Chisick, Ilana Zinguer et Ouzi Elyada, *SVEC* 287 (1991). Il existe une anthologie de la presse de l'année 1793, éditée par Denis Reynaud, Christophe Cave et Danièle Willemart: *1793: l'esprit des journaux* (Lyon 1993), qui reproduit le premier numéro du *Publiciste*.
14. Analysant les 'Personnes du discours et figures du pouvoir dans *L'Ami du peuple* de Leclerc (juillet-septembre 1793)', Annie Geffroy souligne que 'le *je* est une affirmation-réponse face à ce qui risque de le défigurer', dans *La Rhétorique du discours, objet d'histoire (XVIIe-XXe s.)*, sous la direction de J. Guilhaumou, *Bulletin du Centre d'analyse du discours* 5 (1981), p.105-148, ici p.116. Dans *Le Publiciste*, Roux reste le seul sujet du discours et conserve tout au long des vingt-neuf numéros le monopole du 'je', à deux exceptions près, lorsqu'il insère un texte extérieur, lettre (n° 244) ou acte de baptême (n° 259).
15. Voir Jacques Guilhaumou et Hans-Jürgen Lüsebrink, 'La "pragmatique textuelle" et les langages de la Révolution française', dans *Mots* 2 (1981), p.191-203.

Eric Négrel

L'Ami du peuple:[16] dans chaque numéro l'ennemi est nommé, interpellé, insulté, un ennemi protéiforme et omniprésent, désigné dans de longues énumérations, pris à partie dans d'interminables réquisitoires qui accumulent anaphoriquement les chefs d'accusation. Les lexèmes dénonciatifs qui reviennent de façon récurrente sont généraux et désignent un comportement politique immoral et contre-révolutionnaire; sous ce dénominateur commun, la catégorie de l'"ennemi" regroupe différents acteurs politiques et sociaux en un ensemble mouvant dont les frontières se déplacent, et qui va grossissant au fil des numéros. Le troisième numéro énumère dans son sommaire les types d'ennemis sous lesquels Roux va ranger, de juillet à octobre, les personnes qu'il dénonce: 'Les royalistes, les fédéralistes, les égoïstes, les modérés, les accapareurs, les monopoleurs, les agioteurs, les intrigants, les traîtres et les sangsues du peuples' (p.175).

Le Publiciste traduit tout d'abord l'antagonisme entre le Tiers d'un côté, l'aristocratie féodale et le haut clergé de l'autre: les premiers ennemis du peuple sont ces 'ennemis naturels, les princes, les prêtres et les nobles'.[17] Ils sont à combattre aux frontières, mais également à l'intérieur, où 'les législatures ont laissé entre les mains des ennemis naturels de la liberté, le timon du gouvernement: les *nobles*, les *privilégiés* sont encore à la tête de nos armées' et 'occupe[nt] les places les plus distinguées de l'administration'. S'appuyant sur les trahisons de Dumouriez et de Custine, multipliant les arguments et les preuves, puis déduisant le général de l'accumulation du particulier, Roux reprend un mot d'ordre sans-culotte et demande la destitution sans réserve des nobles de tout emploi militaire et civil.[18]

16. Voir A. Geffroy, 'Trois successeurs de Marat pendant l'été 1793': 'dans notre corpus, le responsable de la prolifération lexicale des "ennemis" est Jacques Roux, qui mobilise largement la fonction expressive du discours dans une tendance constante à la dénomination-dénonciation' (p.180). La pratique dénonciatrice de Roux est proche de celle de Marat: voir J. Guilhaumou, *L'Avènement des porte-parole de la République (1789-1792): essai de synthèse sur les langages de la Révolution française* (Villeneuve-d'Ascq 1998), p.133-137; Agnès Stenckardt, 'Les ennemis selon *L'Ami du peuple*, ou la catégorisation identitaire par contraste', *Mots* 69 (2002), p.7-22.

17. *Le Publiciste*, n° 252 (3 août), p.211. Sur la position de Jacques Roux vis-à-vis de la religion et de la déchristianisation, voir A. Soboul, 'Sur les "curés rouges" dans la Révolution française' (*AHRF* 249, 1982, p.349-363), largement nuancé par l'article en deux parties de Serge Bianchi sur 'Les curés rouges dans la Révolution française' (*AHRF* 249, 1982, p.364-392, et *AHRF* 262, 1985, p.447-479), qui précise le concept (historiographique) de 'curé rouge' en se penchant sur les curés abdicataires en l'An II et dégage avec force les différentes réalités historiques qu'il recouvre.

18. *Le Publiciste*, n° 248 (27 juillet), p.190 et 191. Il faudrait voir dans quelle mesure Jacques Roux se distingue de 'l'orateur cordelier' décrit par J. Guilhaumou dans 'La formation d'un mot d'ordre: "Plaçons la terreur à l'ordre du jour" (13 juillet-5 septembre 1793)', dans *La Rhétorique du discours, objet d'histoire*, p.149-196: 'L'orateur cordelier argumente peu, il multiplie les actes d'exhortation en référence à la désignation première de la tradition révolutionnaire jacobine', p.169. J. Guilhaumou montre par ailleurs que Roux est le premier à donner au terme 'terreur' 'une valeur positive *et* référentielle' en l'insérant dans 'le paradigme des moyens de salut public' (p.160-163). Nous verrons que le

A cette 'horde royaliste', Roux associe la 'faction scélérate qui a dominé dans les trois législatures' (p.227) et plus particulièrement ces 'hommes d'état de la Convention', 'les Manuel, les Pétion, les Brissot, les Gensonné, les Fauchet' 'qui ont voté l'appel au peuple' et qui ont voulu 'établir, sur les ruines de la patrie, le despotisme sénatorial' (p.202-203). Roux réitère de nombreuses fois l'énumération de tous ces 'députés du côté droit' (p.202) coupables d''actes de modérantisme' (p.211), 'qui engagent les départements à marcher sur Paris' et qui ne sont que 'des fripons couverts du manteau du patriotisme' (p.186). A 'Barbaroux et la faction scélérate des hommes état' (p.207), à 'Brissot et [sa] clique infernale' (p.182), Roux oppose, dans sa deuxième livraison, 'Châles, Couthon, Robespierre et Danton, ces colonnes inébranlables de la liberté' (n° 244, 17 juillet, p.171). Dans le numéro 247 (25 juillet), alors que 'sur les places publiques, dans les sociétés populaires, dans les assemblées générales de section' 'les malveillants travaillent le peuple', le prêtre distingue encore 'le club des Cordeliers qui est la sentinelle de la chose publique' ainsi que 'la société des Jacobins, qui a rendu et rend encore tant de services à la révolution' (p.186-187). Mais au cours du mois d'août, l'accusation se resserre autour 'des mandataires corrompus, des administrateurs infidèles, des agents prévaricateurs' (p.226) qui siègent toujours à la Convention ou dans les comités du gouvernement. Le 24 août (n° 260), deux jours après sa première arrestation, Roux voit dans son emprisonnement la vengeance de 'MM. les administrateurs des subsistances, et de M. Jobert administrateur de la police' (p.252); mais c'est toujours impersonnellement qu'il dénonce le 28 août (n° 261), le lendemain de sa libération, ces 'vils intrigants', 'royalistes déguisés qui n'ont cessé depuis que je suis dans la section des Gravilliers, [de m']abreuver d'outrages et de calomnies' (p.253). Il faut attendre le numéro suivant (1er septembre) pour voir Roux s'attaquer directement 'aux Jacobins et aux Cordeliers qui recèlent tant d'intrigants' et nommer, certes avec précaution, ces 'représentants orgueilleux qui n'ont aboli la royauté que pour s'emparer des rênes du gouvernement' (p.260): '*Hébert, Chaumet[te], Robespierre, Collot d'Herbois, etc., etc., etc.*, je rends hommage à vos talents et à vos vertus, mais je suis forcé de dire, que si vous ne redoutiez les vérités dures qui sortent de ma plume, vous n'exhaleriez pas aussi souvent votre bile contre un prêtre qui a rendu quelques services à la révolution' (p.261). Au fil des numéros, *Le Publiciste* dénonce violemment et sans relâche ces 'hommes qui tiennent les rênes du pouvoir', 'qui ont de larges épaules et de gros poumons' (p.242), ces 'quelques insolents démagogues, qui se sont popularisés, pour tyranniser' (p.275), ces 'représentants infidèles' et ces 'infâmes meneurs de comité' (p.307) qui ont 'accaparé la confiance du peuple' (p.223), 'cette horde contre-révolutionnaire qui s'empare dans les sections du

cadre d'application des mesures de salut public réclamées par le prêtre est radicalement différent du cadre dans lequel la Terreur sera officiellement décrétée en septembre.

fauteuil, du bureau, des commissariats, de toutes les places lucratives et honorifiques' (p.241), et qui a formé 'd'un pôle à l'autre une chaîne de conspirateurs, pour leurrer le peuple' (p.226).

Plus souvent dénoncés encore que 'la faction scélérate des hommes d'état' sont les accapareurs, les agioteurs et les monopoleurs: 'escrocs', 'égoïstes', 'coupe-jarrets', 'anthropophages', 'assassins de la nation', 'oppresseurs du peuple', 'bourreaux de la République'. Les lexèmes dénonciatifs font de l'accapareur l'ennemi public le plus dangereux pour le peuple car il lui ravit le premier de ses droits: le droit à l'existence. A l'origine de la crise des subsistances, l'agiotage et l'accaparement concentrent les invectives du prêtre sans-culotte, et c'est par rapport à ces deux crimes qu'il condamne 'représentants infidèles', 'ministres et généraux des armées', 'magistrats du peuple et commandants de la garde nationale', 'ministres du culte', après avoir démontré comment tous avaient 'favorisé l'agiotage' (p.196-197). L'aristocratie nobiliaire est ainsi moins à redouter que 'l'aristocratie de la fortune' (p.195), celle des 'accapareurs, gros marchands, propriétaires' (p.198), 'l'aristocratie virulente des banquiers, des courtiers, des épiciers, et des marchands de tous les états' (p.220), cette 'aristocratie des riches, qui est plus terrible que le sceptre des rois' (p.218).[19]

Les 'ennemis publics' mis à nu par le peuple même

L'objectif premier de l'acte de dénonciation est ainsi de délimiter l'espace révolutionnaire en opérant un partage net entre les 'amis de la liberté / de la patrie / du peuple' et ceux qui, symétriquement, s'y opposent, 'ennemis de la liberté / de la patrie / du peuple'. Sous la catégorie de l'ennemi, Roux entend 'la horde maudite des ennemis publics' (p.241, je souligne). Au plus loin de la délation, de la calomnie, de l'intrigue, l'acte de dénonciation est conçu comme censure politique; il identifie une personne ou un groupe de personnes qui menacent la chose publique. Ce travail d'identification, de dénomination est au centre de la pratique dénonciatrice du Publiciste: 's'introduire dans les conciliabules', 'pénétrer les secrets', 'dévoiler les opérations perfides', 'arracher le masque du patriotisme aux traîtres',[20] la dénonciation est dévoilement, mise à nu, révélation. Face aux menteurs, hypocrites et traîtres, le journaliste parle la langue de la vérité; aux 'moyens pervers que des libellistes [...] ont employés pour dénaturer les événements' (p.181), aux calomniateurs qui

---

19. Voir Le Manifeste des Enragés, p.142: 'L'aristocratie marchande, plus terrible que l'aristocratie nobiliaire et sacerdotale'. Sur ce point, voir Michael Sonenscher, 'Les sans-culottes de l'An II: repenser le langage du travail dans la France révolutionnaire', Annales ESC 40, n° 5 (1985), p.1087-1108, et William H. Sewell Jr, 'The sans-culotte rhetoric of susbsistence' dans The French Revolution and the creation of modern political culture, t.iv, The Terror, sous la direction de Keith Michael Baker (Oxford 1994), p.249-269.

20. C'est, au début du deuxième numéro du Publiciste, le programme de dénonciation annoncé par 'l'ombre de Marat'.

'avaient publié [...] que les journées du 31 mai et 2 juin, avaient été souillées par des actes de carnage' (p.186), il oppose 'le flambeau de la vérité' (p.182). Hanté par le souci constant d'une information authentique, Jacques Roux traque les 'fausses alarmes', rumeurs et calomnies, en premier lieu celles qui 'échauffent les esprits sur les subsistances' (p.186). Au nom du salut du peuple, le journaliste-dénonciateur a le *devoir de dire* la vérité: après un long rapport qui fournit des informations détaillées et attestées, introduites à quatre reprises par la même formule – 'il est de mon devoir de dire que' – Roux conclut: 'Après cet exposé sincère, peuple, ne te livre plus à des terreurs paniques: réfléchis que [...]' (p.188).

L'acte de dénonciation est, fondamentalement, adresse au peuple; il 'éclaire le peuple', démasque et exhibe aux yeux de tous, 'fix[ant] les regards du peuple sur les fripons sans nombre qui l'entourent' (p.260). Jacques Roux place sa pratique dénonciatrice au cœur de l'espace public et étend à l'opinion le droit de censure: 'lorsque l'indignation est à son comble, le sans-culotte se venge de l'aristocratie en l'attachant au poteau de l'opinion publique, en imprimant sur son front le cachet de l'infamie' (p.182). Contre ceux qui manipulent et trompent le peuple, qui bafouent ses droits et transgressent la loi, le dénonciateur public institue le peuple seul juge des violences qui lui sont faites, il lui donne ce droit essentiel qui lui permet de garantir sa liberté: le droit de surveillance. Une surveillance qui doit s'exercer en premier lieu sur les 'hommes en place':

Sous le règne de la liberté, tu dois avoir sans cesse les yeux fixés sur tes magistrats; combien n'as-tu pas été trahi par des municipaux sans pudeur, par des commandants sans vertu? Combien ne le seras-tu pas encore, si tu ne jettes un regard vraiment républicain sur tes mandataires, sur les généraux des armées, sur les juges, sur les administrateurs, sur tous les hommes en place (p.187).

Confiant au peuple lui-même la garde de ses droits, l'acte de dénonciation est étroitement associé à la visée fondamentale de l'appel au peuple tel qu'il est pratiqué par le journaliste sans-culotte: dire la souveraineté populaire.

iv. Dire les droits du peuple souverain: la langue de la Constitution

Le 21 juillet, Roux 'prévient' que l'acte de dénonciation implique la participation active du peuple à la vie politique: 'en me dévouant sans réserve à la défense de tes droits, je ne négligerai pas de t'instruire de tes devoirs' (p.175). La défense du peuple suppose le droit de le haranguer, de le responsabiliser. Le prêtre entend rappeler au peuple que la souveraineté de la nation réside en lui et en lui seul ('la souveraineté n'appartient qu'au peuple', p.292) et qu'il doit se ressaisir de cette souveraineté lorsqu'elle est violée par ses mandataires. Dire les droits du peuple, dire ses droits au peuple, afin de lui permettre d'exercer sa souveraineté.

Eric Négrel

'Faire éclater la foudre de la loi'

Inscrit dans la Constitution de 1793, le droit à l'insurrection constitue l'ultime conséquence du principe de souveraineté populaire: quand le gouvernement viole les droits du peuple, c'est par la violence, par la force des armes que le peuple recouvre l'exercice de ses droits. Mais l'insurrection n'est pas nécessairement action armée, elle est avant tout mouvement de masse, rassemblement et mobilisation du peuple pour la défense de ses droits. Dans *Le Publiciste*, l'insurrection est toujours 'sainte insurrection' (p.197), 'mouvement de force et d'énergie' par lequel s'exprime 'la majesté du pouvoir souverain' (p.226, 225). A plusieurs reprises Roux appelle le peuple à se 'lever en masse'[21] contre les ennemis de l'intérieur, contre tous ceux qui bafouent ses droits, pour exiger l'application de la nouvelle Constitution, acceptée officiellement par les assemblées primaires le 10 août, et garante des droits du peuple souverain.

'Publiciste' au sens premier du terme, Roux est un 'écrivain politique', 'celui qui écrit ou qui fait des leçons sur le droit public'.[22] Sa maîtrise de la langue du droit lui donne la faculté de dire ses droits au peuple et de 'faire parler la Constitution'. Porte-parole de la souveraineté populaire, Roux instruit le peuple et le met en état d'opposer à un pouvoir exécutif tyrannique 'la hache vengeresse des lois' (p.177): 'vous ne souffrirez pas que vos mandataires portent la moindre atteinte à la légitimité de vos droits; qu'ils s'écartent de l'opinion publique, qui seule dicte des lois, et qui est toujours droite et toute-puissante'.[23] Au cœur de la pratique discursive du *Publiciste* se trouve donc cet acte de parole étudié de façon si précise par Jacques Guilhaumou, 'l'acte de faire parler la loi', spécifique de la mise en place d'un espace public démocratique 'au cours de la période où le pouvoir exécutif est suspecté d'incapacité par le mouvement révolutionnaire: de la fuite du roi à la formation du gouvernement révolutionnaire, de l'été 1792 à l'automne 1793'.[24]

21. Le 17 juillet (n° 244): 'C'est à coups de canons, mes amis, qu'il faut répondre à ces parricides. DEBOUT! ne laissez pas grossir l'orage sur les départements [...]. Oui DEBOUT, puisqu'il en est temps encore [...] marchez, braves sans-culottes', p.172; le 23 (n° 246): 'Aux armes, aux armes, citoyens! [...] Levez-vous en masse', p.183; le 3 août (n° 252): 'levons-nous en masse pour exterminer les traîtres; livrons au bras vengeur des lois, tous ceux qui ont trahi la cause du peuple depuis 1789', p.210; dans les tous premiers jours de septembre (n° 263): 'Ne parlez au peuple que de fer et de liberté [...] sonnez dans toute la France le tocsin de l'insurrection', p.265, etc.
22. *Dictionnaire de l'Académie* (1694), cité par P. Rétat, 'Le journaliste révolutionnaire comme "écrivain patriote"', p.118, qui précise que le *Dictionnaire critique* de Féraud, en 1787, ne connaît encore que ce premier sens.
23. *Discours sur le jugement de Louis-le-dernier, sur la poursuite des agioteurs, des accapareurs et des traîtres* (Paris 1792), dans J. Roux, *Scripta et acta*, p.81.
24. J. Guilhaumou, 'Qu'est-ce que faire parler la loi? La "langue du droit" chez les grammairiens et les "missionnaires" patriotes pendant la Révolution française', dans *La Révolution et l'ordre juridique privé: rationalité ou scandale?*, sous la direction de M. Vovelle (Paris 1988), i.125-131, ici p.126. De J. Guilhaumou, voir également *La Langue politique et la*

C'est bien en réaction à un pouvoir exécutif traître ou incapable, que Roux rappelle au peuple 'les droits de la souveraineté' (p.226). Un pouvoir exécutif 'inconstant' et 'léger', qui tarde à mettre en vigueur un décret, le modifie ou le rapporte (p.263), qui suspend l'application de la Constitution et réduit à néant tous les espoirs que le peuple avait placés dans 'l'acceptation de l'acte constitutionnel' (p.250); un pouvoir exécutif corrompu et noyauté par des contre-révolutionnaires, condamné ainsi à un dysfonctionnement radical: 'des gens suspects sont arrêtés par les ordres de gens plus suspects encore [...] l'exécution de cette loi terrible est confiée aux ennemis du peuple' (p.276).[25] Dénonçant une justice in-égalitaire qui protège 'députés' et 'ministres' (p.259), dénonçant le scandale d'une inégalité sociale des hommes devant la loi,[26] Roux souligne le dysfonctionnement dont est également victime le pouvoir judiciaire: 'les loups ne se mangent pas entre eux', 'ainsi un fripon ne dénoncera pas un fripon, un traître ne dénoncera pas un traître [...] un accapareur ne dénoncera pas un accapareur', etc. (p.250).[27] Face à un tel pouvoir exécutif qui 'calomnie la constitution républicaine' (p.269), qui paralyse le législatif, suspend ses décisions ou temporise, qui commet en permanence 'une infraction criminelle aux lois' (p.275), il revient au peuple de faire parler la loi, de 'faire éclater la foudre de la loi' (p.187), de 'frapper d'un anathème constitutionnel'[28] 'les ministres perfides, les agents du pouvoir exécutif' (p.282).

Avant tout, l'appel au peuple est un appel unificateur, il s'inscrit dans la logique unanimiste de la volonté générale. Réunissant les citoyens dans la défense des mêmes droits, l'insurrection met en acte la souveraineté populaire: 'Il faut se porter en masse sur les frontières; il faut que tous les cœurs se fondent au feu sacré de l'amour de la patrie, et que l'intérêt

Révolution française: de l'événement à la raison linguistique (Paris 1989), p.81-119, et surtout *Marseille républicaine (1791-1793)* (Paris 1992), où sont étudiées les 'courses civiques' des 'missionnaires patriotes' en Provence et les sens historiques successifs que prend leur activité, du printemps 1792 à l'automne 1793: 'Fondamentalement, le "missionnaire patriote" s'identifie au "défenseur des droits" qui agit sur la base d'un mot d'ordre unitaire. Sa légitimité procède de l'acte de faire parler la loi, de dire le droit [...] [Ils n'ont de] cesse de "prêcher la loi", d'expliquer la Constitution, et par là-même de la rendre active' (p.89).

25. Voir aussi p.250: 'Eh bien! aucune des mesures salutaires décrétées contre les agioteurs et les accapareurs ne sont exécutées [...]. C'est qu'il n'y a à la tête des administrations que des riches, des propriétaires, des hommes qui ne s'occupent qu'à remplir leur porte-feuille; c'est qu'il n'y a à la tête des administration que des *ci-devant* procureurs, notaires et avocats', etc.; p.167-168: 'Que mon ombre est irritée de voir l'insouciance de la Convention sur le choix que fait le pouvoir exécutif des généraux des armées de la République!'

26. 'Dira-t-on [...] que les hommes sont égaux devant la loi: ils le sont lorsqu'ils sont pauvres: mais ils ne le sont pas lorsqu'ils sont riches' (p.282).

27. Voir p.223: 'La Convention nationale a prononcé la peine de mort contre les accapareurs; c'est aux corps municipaux, administratifs et judiciaires à les dénoncer, à les poursuivre, à les frapper, s'ils ne sont pas eux-mêmes des monopoleurs'.

28. *Manifeste des Énragés*, p.141.

général nous rende inséparables' (p.183). Investi de la faculté de dire lui-même ses droits souverains, le peuple fusionne autour de la Constitution dans l'acte même de faire parler la loi.[29] De cette union populaire procède le recouvrement total par le peuple de sa souveraineté, une souveraineté qui s'exerce sur chacun des trois pouvoirs législatif, judiciaire et exécutif. Souverain législateur, le peuple a le droit de faire parler la Constitution lorsque celle-ci n'est pas appliquée, de la mettre en acte par l'insurrection, mais il a plus généralement le droit de faire (parler) la loi, c'est-à-dire de sanctionner les lois que lui propose le législateur.[30] Roux rappelle également au peuple qu'il est souverain juge: 'le peuple est debout... L'opinion publique, ce juge inexorable, fera justice aux traîtres. Oui, si les ministres de la loi ne font pas leur devoir, ils apprendront qu'il n'y a qu'un pas du Capitole à la roche Tarpéienne' (p.260). Découlant de son droit de surveillance, le peuple a le droit de juger, un droit dont il doit se ressaisir:

Ainsi, peuple, tu dois mettre en jugement les hypocrites et les fripons [...]. Tu dois mettre en jugement Antoinette [...]. Tu dois mettre en jugement la sœur de Louis guillotiné [...]. Tu dois mettre en jugement la femme du vertueux Roland, les administrateurs infidèles [...]. Tu dois mettre en jugement les accapareurs [...] les ministres [...] les généraux des armées [...] les députés enfin de la Convention nationale (p.213-214).

Exerçant en permanence sur ceux qui ne sont que ses mandataires son droit de surveillance, le peuple contrôle directement l'exécutif et ses agents, il a le droit de les suspendre, de les révoquer, de les remplacer.[31] Sanctionner les lois, contrôler leur exécution, rendre la justice, 'le républicain dit, fait, entreprend tout pour le triomphe des lois, qui sont son ouvrage' (p.242).

---

29. Un des mots d'ordre du *Publiciste*, 'resserrons les liens de la fraternité! *De l'union naît la force*' (p.236, je souligne), était déjà un argument central du discours des 'missionnaires patriotes' provençaux au cours du printemps 1792 (voir J. Guilhaumou, *Marseille républicaine*, p.51-59 et 78-92). Roux dira, dans un autre numéro du *Publiciste*, p.229: 'Il ne doit y avoir parmi nous d'autre passion que celle de la liberté, d'autre étendard que celui de la constitution'.

30. Le principe de la ratification populaire des lois est inscrit dans la Constitution de 1793, mais il ne sera jamais mis en pratique. Cette revendication propre à la sans-culotterie distingue le discours du *Publiciste* des positions du *Père Duchesne* par exemple. Voir J. Guilhaumou, ' "Moment actuel" et processus discursifs: *Le Père Duchesne* d'Hébert et *Le Publiciste de la République française* de Jacques Roux', dans *Sur la Révolution*, sous la direction de J. Guilhaumou et R. Robin, *Bulletin du Centre d'analyse du discours* 2 (1975), p.147-173.

31. Pour les sans-culottes, les représentants sont les simples *mandataires* du peuple. Leclerc, dans *L'Ami du peuple* du 21 août précise cette conception de la représentation: 'Rappelle-toi surtout qu'un peuple représenté n'est pas libre et ne prodigue pas cette épithète de *représentant* [...] la volonté ne peut se représenter [...] tes magistrats quelconques ne sont que tes mandataires' (cité par A. Soboul, *Les Sans-culottes parisiens en l'An II*, p.518). La surveillance populaire sur le pouvoir ministériel s'étend également aux administrations ainsi qu'au domaine militaire, Roux dénonçant régulièrement l'insouciance du conseil exécutif à terminer la guerre qui désole les départements maritimes' (p.280).

'Heroes is heroes', ou la Convention au miroir de la Constitution

Si l'insurrection apparaît comme un moyen pour le peuple de recouvrer ses droits, elle ne constitue cependant pas la réalisation pratique de l'acte de souveraineté tel qu'il est défendu par Jacques Roux. L'appel à l'insurrection n'est pas un mot d'ordre effectif du discours du *Publiciste*, mais a une fonction essentiellement didactique: rappeler au peuple que ses droits sont inaliénables et imprescriptibles, qu'il concentre en lui l'exercice souverain de tous les pouvoirs, et que 'les citoyens' ont à 'exerc[er] leur souveraineté et leur puissance' (p.291). L'acte de dire les droits institue le peuple acteur politique permanent, mais il repose également sur la reconnaissance d'un espace politique constitué, celui de la députation nationale. 'L'obéissance à la loi, le respect pour les autorités constituées, est le premier de nos devoirs', conclut le prêtre à la fin de son *Discours sur le jugement de Louis-le-dernier*, et après avoir toutefois fermement enjoint au peuple de ne pas souffrir 'que [ses] mandataires portent la moindre atteinte à la légitimité de [ses] droits' (p.81).[32] C'est à l'horizon de la nouvelle Constitution ('Constitution! constitution! viens vite à notre secours', p.189), que Roux inscrit l'acte de souveraineté du peuple; à l'horizon de la Constitution de 1793 et donc dans le cadre d'un gouvernement constitutionnellement élu. Le mot d'ordre qui parcourt *Le Publiciste* – et qui mobilise de nombreux acteurs de la scène politique tout au long de l'été – découle ainsi directement de la demande d'application de la Constitution: c'est la réorganisation du pouvoir exécutif.[33]

Si l'acte de dire les droits unit le peuple souverain autour de la Constitution, la Convention nationale reste 'le centre de l'unité et de l'indivisibilité de la République', le 'sanctuaire des lois', autour duquel le peuple doit 'se rallier' (p.284). Au plus loin de la punitivité populaire, l'acte de souveraineté réalise l'union, la fusion entre le peuple investi de la faculté de faire parler la loi et ses mandataires qui gouvernent dans le respect de ses droits: 'Grâces vous soient rendues, députés de la Montagne [...]. Vous êtes tout entier au peuple, le peuple est tout à vous' (p.184).

---

32. Dans un projet de *Discours sur les causes des malheurs de la République française*, resté manuscrit et rédigé vraisemblablement au début juin, Roux précise après avoir dénoncé la corruption des mandataires du peuple: 'Ne pensez pas, citoyens, que je prétende avilir ici les autorités constituées. Je sais que des mandataires temporaires et librement élus sont la sauvegarde de la liberté. Je sais que les lois qui émanent de leur sagesse sont des preuves vivantes de la souveraineté du peuple, et j'ai distribué plus d'une couronne civique aux représentants qui se sont pénétrés de la sainteté de leur devoir'. Une correction a rajouté le syntagme 'les autorités constituées' dans l'interligne pour remplacer 'la représentation' qui a été biffé. Mais on voit que Roux peut employer indifféremment *représentant* et *mandataire*, toujours toutefois avec le sens spécifique du second (Roux, *Scripta et acta*, p.107).

33. 'Encore quelques jours et nous verrons si l'on organisera le pouvoir exécutif', n° 266 (mi-septembre), p.284 et suiv.

Par delà le peuple, l'acte de dire les droits a pour second destinataire la Convention elle-même.

v. Le porte-parole législateur et la mise en acte des droits naturels déclarés

Tout au long de l'été et jusque dans les derniers numéros d'octobre, l'appel au peuple du *Publiciste* se double d'une adresse aux mandataires, aux députés de la nation que le peuple a investi de sa confiance et auxquels il a délégué ses pouvoirs. Certes Roux dénonce régulièrement les 'ministres perfides', les 'députés infidèles', ces 'hommes d'état qui se sont gorgés [du] sang' du peuple (p.284), 'qui ont calomnié la constitution républicaine' (p.269), et cette 'faction scélérate' aux contours flous grossit explicitement le nombre des ennemis à combattre. Mais à côté de ces 'fripons revêtus de nos pouvoirs' (p.284), le journaliste distingue la 'partie saine de la Convention' en laquelle il espère toujours, vers le 20 septembre, lors même qu'elle est 'affaiblie' et qu'il est emprisonné comme suspect depuis une quinzaine de jours (n° 267, p.288), il distingue certains 'représentants du peuple, braves montagnards' (p.191), 'plusieurs députés de la Montagne' auxquels dans son numéro 268, vers la fin septembre, il continue à 'rendre justice' (p.297). Loués, encouragés, pris à partie, réprimandés, mis en garde, menacés, 'les députés incorruptibles de la Montagne' (p.288) constituent un des allocutaires permanents du discours du *Publiciste*, mais leur réalité reste largement imprécise et ils semblent davantage constituer un point de référence théorique pour le prêtre sans-culotte. Du *Discours sur les causes des malheurs de la République française*, vers le début juin, où il souhaite 'que la Convention nationale soit [...] notre point de ralliement' (p.110), à l'avant-dernier numéro du *Publiciste*, vers le 10 octobre, où il rappelle que cette même Convention 'est plus que jamais le point de ralliement des vrais républicains' (p.305), la fonction dévolue à l'assemblée reste strictement la même.

Dans *Le Publiciste*, l'acte de dire les droits du peuple est intrinsèquement lié à l'adresse aux autorités constituées considérées comme allocutaire politique primordial:

Il faut que les sans-culottes demandent à la Convention nationale qu'elle fixe [...] un temps pour faire exécuter ses salutaires décrets. Il faut que les députés de la Montagne qui ont juré le salut de la patrie, prennent tous les moyens qu'inspirent les circonstances pour faire diminuer le prix des matières de première nécessité. [...] Citoyens jurés de cette ville révolutionnaire, voilà le moment de prouver aux sans-culottes, que vous n'êtes pas les valets des rois [...]. Voilà le moment de prouver, par un acte éclatant de justice, que vous êtes vertueux, et que vous voulez le règne de la liberté, de la paix et du bonheur (n° 260, 24 août, p.250-251).

S'adressant directement aux députés au nom du peuple souverain, Jacques Roux continue d'incarner, avec *Le Publiciste*, la fonction de porte-parole qui a été la sienne tout au long du printemps, et qui se caractérise par la volonté 'd'insérer la demande du peuple dans l'espace de la représentation politique'.[34]

Le porte-parole, ou l'action politique directe

Médiateur entre le peuple et ses mandataires, introduisant les droits du peuple au cœur de l'assemblée, le porte-parole apparaît à Roux comme une solution heureuse à l'insurrection armée: 'Il faut [...] que des hommes courageux, énergiques et bons démasquent les traîtres et rappellent avec respect les législateurs à leur devoir; il faut [...] qu'ils sonnent, non le tocsin de l'insurrection, mais qu'ils fassent entendre la voix puissante de la raison et de la sagesse.'[35] A la fois dénonciateur public et 'conscience' du législateur, porte-voix de la Constitution et des droits du peuple souverain, le porte-parole tel que le conçoit Roux permet la réalisation de l'acte de souveraineté en dehors de toute violence populaire. L'activité du porte-parole s'appuie sur un droit essentiel, inscrit dans la Constitution de 1793: le droit de pétition. Un droit de pétition au centre de la pratique politique sans-culotte: généralement collective, rédigée au nom d'un groupe, d'une ou de plusieurs sections, au nom d'un club ou d'une société populaire, la pétition permet au peuple de s'adresser directement à ses mandataires, de critiquer et d'infléchir leurs décisions. Au plus loin de l'acte de demande, tel qu'il a pu être pratiqué dans les Cahiers de doléances en 1789,[36] l'acte de pétition conçu par Roux est un acte politique par définition lourd de violence contenue. Il procède d'un droit de regard s'appliquant à tous les niveaux de prises de décision politique ('Les grands intérêts de la nation se traitent en présence du peuple: les séances des corps municipaux, administratifs et judiciaires se tiennent en public', p.237), comme d'un droit d'ingérence permanent dans les affaires publiques ('Pensez-vous que le peuple qui vous a investis de sa confiance [...] ne vous demandera pas bientôt compte de votre administration?', p.283). Le 'droit de pétition' est un droit au sens

34. J. Guilhaumou, 'Décrire la Révolution française. Les porte-parole et le moment républicain (1790-1793)' dans *Annales ESC* 46, n° 4 (1994), p.949-970, ici p.955.
35. *Jacques Roux à Marat*, p.158. Dans *Le Manifeste des Enragés*, Roux défendait également la nécessité d'un accord politique: 'il est temps que le sans-culotte qui a brisé le sceptre des rois, voie le terme des insurrections et de toute espèce de tyrannie' (p.147).
36. L'acte de demande, dans les Cahiers de doléances, s'inscrit dans le champ sémantique de la *grâce* ou du *don*; ce n'est qu'exceptionnellement qu'il exige la reconnaissance d'un *droit* bafoué. Voir entre autres Denis Slakta, 'L'acte de "demander" dans les "Cahiers de doléances"', dans *Langue française* 9 (1971), p.58-73; Klaus Zimmermann, 'Sprachliche Handlungen in den Cahiers de doléances von 1789', *Zeitschrift für Literaturwissenschaft und Linguistik* 41 (1981), p.52-69; J. Guilhaumou, *La Langue politique et la Révolution française*, ch. 1, '1789, l'expression du droit: l'acte de demande dans l'horizon de la liberté', p.33-50.

fort: non pas 'droit de flagorner les législateurs', mais droit de faire 'une adresse qui cont[ienne] des vérités dures' (p.247).

Avec *Le Publiciste*, Roux étend l'acte de pétition à la pratique journalistique: porte-parole d'un peuple souverain conscient de son devoir de faire parler la loi au quotidien, le journaliste défend une pratique pacifique de l'insurrection, telle qu'elle a pu être définie par un certain Brutus Magnier, lors de son interrogatoire en l'An III par la Commission militaire, et qui consiste dans 'le mouvement majestueux d'un peuple qui dit à ses mandataires, faites cela parce que je le veux'.[37] Par l'intermédiaire du porte-parole, le peuple participe directement à la mise en acte de sa souveraineté; il s'institue acteur unique de l'événement délibératoire et retire aux mandataires tout droit de délibération. Entendu dans ce sens spécifique, l'appel à l'insurrection constitue bien un mot d'ordre du discours du *Publiciste*; une 'insurrection pacifique' qui se manifeste par la mobilisation permanente des citoyens et leur participation active à la vie politique, par leur droit de surveillance et de révocation des députés, par leur souci constant de voir mise en acte leur souveraineté; une insurrection pacifique qui réalise, en fin de compte, au sein d'un espace politique de communication réciproque, cette identité rêvée entre le peuple et ses mandataires: 'Vous êtes tout entier au peuple, le peuple est tout à vous'.[38]

'Du pain, et un décret'

Avec *Le Publiciste*, Roux est l'un des premiers a réclamer des 'moyens urgents de salut public', énumérant inlassablement les mesures à prendre, 'les plus promptes, les plus sévères', d'ordre politique, économique ou social, afin d'assurer le salut du peuple (p.210). Régulièrement, il félicite les députés de la Montagne pour 'les bons et vigoureux décrets' (p.183) qui sont pris au cours de l'été (contre les accapareurs, contre les fournisseurs des armées, contre l'administration des habillements, pour la levée en masse, pour la réquisition générale, etc.), et les encourage à faire plus encore. Mais après l'insurrection des 5 et 6 septembre et la mise à l'ordre du jour de la Terreur, qui coïncide avec la seconde arrestation de Jacques Roux, la position du *Publiciste* évolue sensiblement. Parallèlement à Leclerc dans *L'Ami du peuple*, Roux entame une violente campagne antiterroriste et met en cause l'attitude tyrannique des comités

---

37. Cité par A. Soboul, *Les Sans-culottes parisiens en l'An II*, p.543 (Brutus Magnier était président en l'An II d'une commission militaire aux armées de l'Ouest).

38. Cauchois, l'orateur des vingt-quatre commissaires délégués par les sections parisiennes pour se réunir en assemblée à l'évêché et décider des mesures à imposer à la Commune concernant les subsistances, défend, le 1er août, à l'Hôtel-de-Ville, une même conception de l'acte de souveraineté: 'Nous ne venons pas vous inviter à délibérer en aucune manière sur la volonté du Peuple, nous apportons les ordres de vos commettants, il ne vous reste qu'à obéir' (cité par A. Mathiez, *La Vie chère et le mouvement social sous la Terreur*, p.264).

gouvernementaux: 'Les mesures les plus vigoureuses dégénèrent en abus! [...] on ne fait pas aimer et chérir un gouvernement en dominant les hommes par la terreur' (p.274-275). La terreur est dénoncée par Roux comme un moyen utilisé par 'la plupart de ceux qui tiennent le conducteur de la foudre nationale' pour asseoir leur autorité et accéder à un pouvoir sans partage. Les mesures de salut public sont détournées de leur objectif premier et consistent 'à étouffer l'opinion publique; à établir une inquisition dictatoriale; à régner par la terreur' (p.289): 'Je sais que dans les circonstances actuelles on est forcé de recourir à des mesures violentes [...]. Mais aussi je sais que ce ne sont pas les traîtres [...] qu'on met principalement en état d'arrestation [...]. Rien n'est donc plus dangereux que de laisser à l'arbitraire d'un coquin parvenu, d'un commissaire vindicatif, l'application d'une loi aussi terrible.'[39] Ce n'est pas la 'loi terrible' que Roux met en cause, c'est son cadre d'application; ce ne sont pas 'ces grandes mesures de salut public qu'on adopte dans les moments de crises où nous nous trouvons' qu'il dénonce, mais le fait qu'elles soient appliquées 'en violant la constitution' (p.268).

Dans la logique du mot d'ordre qui exige l'application de la Constitution et la réorganisation du pouvoir exécutif, Roux s'en prend au fondement même de l'autorité publique, à ce gouvernement révolutionnaire qui ne tire pas sa légitimité d'une constitution et de la loi, mais de sa prétendue conformité à la Révolution. Pour le prêtre sans-culotte, les lois révolutionnaires comme le gouvernement sont, fondamentalement, hors-la-loi: 'Des scélérats avides d'or et de sang se mettent à la place de la loi. Des commissaires usurpent la souveraineté nationale' (p.289). Certes, et Roux l'affirme à plusieurs reprises, 'le salut public est la suprême loi' (p.210), mais c'est dans le cadre de la Constitution et par un gouvernement élu constitutionnellement que le salut du peuple doit être assuré. En juin déjà, dans *Le Manifeste des Enragés*, Roux réclamait des mesures d'exception et exigeait qu'elles soient inscrites dans la nouvelle Constitution: 'Eh bien! décrétez constitutionnellement que l'agiotage, la vente de l'argent-monnaie, et les accaparements sont nuisibles à la société' (p.143). Le porte-parole des sans-culottes sentait l'impérieuse nécessité d'une loi claire et précise dans l'acte constitutionnel' qui traduise cette 'suprême loi' qu'est le salut public. Un mot d'ordre souligne avec force les implications théoriques de ce lien étroit entre mesures de salut public et

---

39. P.278. Roux insiste sur le caractère hautement illégal de sa propre arrestation, le 5 septembre, au club des Jacobins, alors qu'il avait été désigné commissaire par sa section pour se joindre, avec les commissaires des autres sections, à la députation des Jacobins qui devait se présenter au Conseil général puis à la Convention: 'qui croirait que dans la salle des Jacobins, on ait mis en état d'arrestation des commissaires revêtus de pouvoirs légitimes? Quelle que soit la nature des inculpations dont on ait chargé Bonnecarrère et moi, il n'est pas moins vrai de dire, qu'il était le représentant de la section de Fontaine-Grenelle comme je l'étais de celle des Gravilliers [...] on insulte à la majesté du peuple, toutes les fois qu'on porte atteinte à la personne de ses mandataires, qui sont dans l'exercice de leurs fonctions'.

loi constitutionnelle: 'du pain, et un décret'. Le droit à l'existence est le premier des droits du peuple, un droit subjectif que le prêtre sans-culotte veut inscrire dans la positivité de la loi: 'Nous allons jurer la constitution républicaine [...]. Les sans-culottes vous apprendront que le commerce ne consiste plus à affamer ses semblables; que la vie de l'homme est la plus sacrée des propriétés, puisque vous avez étouffé les cris de la nature' (p.223). L'acte de dire les droits du peuple, au centre de la pratique discursive du *Publiciste*, participe ainsi d'une redéfinition de la loi à l'horizon de la philosophie du droit naturel.

Obéissant 'aux principes de l'éternelle raison, de l'éternelle justice', réaffirmés à plusieurs reprises (p.289, 304), agissant au nom de 'la fraternité universelle' (p.312), le journaliste se fait le porte-parole des droits naturels déclarés: 'La déclaration des droits de l'homme, voilà la table de la loi, la règle de conduite des magistrats. La République tomberait bientôt [...] si les citoyens ne jouissaient pas paisiblement des droits de l'état de nature' (p.302).[40] Défendant 'les droits les plus sacrés de la nature' (p.197), 'les droits de l'humanité', et exigeant l'inscription de ces droits subjectifs, affirmés dans la Déclaration de 1793, au sein de la positivité de la Constitution, le prêtre postule une stricte identité entre Déclaration des droits et loi constitutionnelle.[41] Se faisant législateur, le porte-parole non seulement dit le droit du peuple en conformité avec la Constitution, mais fonde la loi elle-même: il dit ce qui, dans le droit, fait loi. Il s'oppose ainsi radicalement à ces 'motionnaires empiriques' (p.277), qui refusent *a priori* tout lien de la Constitution avec le droit naturel pour faire de celle-ci une simple expression du droit positif: 'La nature ne créa pas tel ou tel individu pour faire des lois à la société, et exercer le droit de vie et de mort sur son semblable' (p.292). Cette interprétation jusnaturaliste du droit constitutionnel est le fait d'un 'écrivain qui sent la dignité de l'homme, qui défend avec une chaleur républicaine, les principes impérissables de l'égalité' (p.277); un écrivain qui est fondamentalement 'écrivain-législateur' et qui, par un acte véritablement déclaratoire, institue un espace politique intersubjectif sur la double base du droit naturel déclaré et d'une constitution qui traduise en termes de loi ce droit naturel.[42]

---

40. Roux insiste constamment sur cette universalité dont est imprégnée la Déclaration des droits: 'l'homme reçut, en naissant, la liberté. Le soleil éclaire indistinctement les êtres épars sur la surface du globe: la nature est riche et libérale envers tous ses enfants [...] interrogez la terre, les hommes sont égaux: levez les yeux vers le ciel, ils sont nos frères' (p.197).
41. Cette identité est affirmée à plusieurs reprises: '[Peuple,] tu as juré [...] de défendre les lois impérissables de l'humanité [...] respecter les lois de l'égalité, aimées du ciel et avouées de la nature, [...] adorer l'étoile de la constitution' (p.236).
42. Ce développement s'appuie sur les analyses proposées par J. Guilhaumou dans *L'Avènement des porte-parole de la République*, et plus particulièrement sur les ch.4 ('La Déclaration des droits de l'homme et du citoyen: une raison politique constituante',

De juillet à octobre 1793, avec *Le Publiciste de la République française*, Jacques Roux instaure un espace rhétorique qui lui permet de poursuivre son action politique et d'intervenir sur la scène publique. Porte-parole de la sans-culotterie parisienne, il propage des mots d'ordre, encourage ou met en garde les députés, dénonce les ennemis de la liberté. Il contribue à la formation, en dehors de l'espace parlementaire, d'un espace public démocratique qui institue le peuple premier acteur politique, et fait de lui un sujet législateur et délibératif autonome, contre un discours d'assemblée légicentriste. Au même titre que le 'grammairien' ou le 'missionnaire patriote', que la scène théâtrale ou la chanson, *Le Publiciste*, comme toute la presse révolutionnaire, participe ainsi de cette multiplication des lieux d'exercice d'une parole politique 'extra-parlementaire' qui investit des formes, des supports, les transforme et s'amplifie pour créer des espaces de communication et d'intervention politiques inédits. Scellant l'union d'un peuple en 'insurrection pacifique' permanente, qui se mobilise pour veiller à la mise en acte quotidienne de sa souveraineté, il défend une dynamique de participation citoyenne qui concilie démocratie et représentation. Il semble donc que le concept historiographique de 'démocratie directe' ne permette pas de décrire de manière tout à fait satisfaisante la pratique politique sans-culotte. Celle-ci repose plutôt, comme contribue à le montrer l'analyse du discours du *Publiciste*, sur l'instauration d'un espace citoyen de discussion critique, de surveillance et de censure, qui aménage le système représentatif en recourant à des procédures de démocratie semi-directe. Le mot d'ordre de ralliement autour de la Convention nationale, 'sanctuaire des lois', manifeste ainsi la nécessité de faire de l'assemblée le lieu où les mandataires traduisent la volonté populaire, le lieu où les droits naturels du peuple se changent en loi.[43]

p.97-112) et 11 ('De l'acte de demande à l'acte de souveraineté: l'insurrection du 10 août, le porte-parole et le législateur-philosophe', p.221-233).

43. Sur la diversification des pratiques discursives parallèlement au discours d'assemblée, voir *Une expérience rhétorique: l'éloquence de la Révolution*, sous la direction d'Eric Négrel et Jean-Paul Sermain, *SVEC* 2002:02. Sur la mise en cause du concept de 'démocratie directe' pour caractériser la pratique politique sans-culotte, voir les travaux de Raymonde Monnier, notamment *L'Espace public démocratique: essai sur l'opinion à Paris de la Révolution au Directoire* (Paris 1994); 'Démocratie et Révolution française', *Mots* 59 (juin 1999), p.47-68; ainsi que son intervention, 'Dynamique de l'espace public et mouvement populaire à Paris en 1793', au Xe Congrès International des Lumières, à Dublin, en juillet 1999.

SUSANNE LACHENICHT

La presse des immigrants allemands en Alsace (1791-1799)

i. Introduction

QUOIQUE la censure se soit relâchée suite à la convocation des Etats généraux en janvier 1789, la date du 14 juillet 1789 marque dans la conscience publique le début de la liberté de la presse en France. Pourtant, ce n'est qu'en août 1789 que cette liberté est légalisée par l'article 11 de la Déclaration des droits de l'homme et du citoyen.[1] La période s'étendant de l'été 1789 au 10 août 1792 peut donc être considérée comme une période de quasi totale liberté de la presse. Pendant les deux premières années de la période révolutionnaire, un grand nombre de journaux sera publié. Le nombre de journaux qui paraissent à Paris et en province passe d'environ vingt à plus de deux cents en 1789 et culmine en 1790, avec environ quatre cents journaux différents.[2]

Alors que les journaux parisiens sont relativement bien étudiés,[3] 'l'historiographie de la presse française de province [...] présente un grave déficit'.[4] Malgré les enquêtes menées sur la presse de province, notamment celles de Hugh Gough (*The Newspaper press in the French Revolution*) et de Pierre Albert et Gilles Feyel (*La Presse départementale en Révolution (1789-1799): bibliographie historique et critique*), une grande partie de la presse de province reste à découvrir.

Parmi les journaux de province négligés par les chercheurs jusqu'à présent, figurent une cinquantaine de périodiques publiés dans les deux départements alsaciens pendant la période révolutionnaire. A l'aube de la Révolution, l'Alsace, région frontière au nord-est de la France, se distingue du reste du pays sur de nombreux plans. Bien que ce soit une région frontière, l'Alsace n'est pas pour autant une contrée reculée. La région est traditionnellement le point de rencontre des cultures française

---

1. H. Avenel, *L'Histoire de la presse française depuis 1789 à nos jours* (Paris 1900), p.35; P. M. Spangenberg, 'Opinion publique und ordre naturel: ein Aspekt aus der Pressegeschichte in der Französischen Revolution (1788-1792)', *Zeitschrift für Literaturwissenschaft und Linguistik* 11/41 (1981), p.18.
2. J.-P. Bertaud, *C'Etait dans le journal pendant la Révolution française* (Paris 1988), p.9.
3. C. Labrosse et P. Rétat, *Naissance du journal révolutionnaire 1789* (Lyon 1989), p.5.
4. P. Albert et G. Feyel, *La Presse départementale en Révolution (1789-1799): bibliographie historique et critique*, t.i (La Garenne Colombes 1992), p.5. Voir aussi H. Gough, *The Newspaper press in the French Revolution* (London 1988), p.248.

et allemande ainsi qu'un centre de commerce international. L'Alsace appartient à la France depuis 1681. L'administration royale et l'armée française notamment y sont présentes. Pourtant, l'influence des pays allemands reste considérable. Ainsi, la majeure partie de la population alsacienne ne parle qu'un idiome allemand. La région prospère au début de la Révolution grâce à sa double ouverture sur l'Empire et sur la France.

A partir de 1791, les deux départements alsaciens deviennent, avec Paris, les refuges préférés des immigrants allemands. Une véritable vague d'immigrants inonde notamment le Bas-Rhin et sa métropole Strasbourg. Cet afflux d'étrangers d'origine allemande est le résultat des répercussions de la Révolution française dans les Etats du Saint-Empire romain germanique. Les princes allemands réagissent aux bouleversements de la France révolutionnaire et aux révoltes qui ont eu lieu en Allemagne par la suppression de tout mouvement d'opposition. Cette réaction frappe non seulement les insurrectionnels allemands mais aussi des protagonistes des Lumières en Allemagne. Une partie de ces *Aufklärer* finit par accepter la situation donnée. Certains autres critiquent la politique de leurs princes et par la suite, ils rejèteront l'ordre établi. Fascinés par les bouleversements politiques en France et attirés par l'idée d'une carrière 'au service de la Révolution', ces critiques de l'ordre ancien, des érudits des Universités de Bonn et de Mayence, de l'Académie de Stuttgart ainsi que beaucoup de membres du clergé allemand, quittent le Saint-Empire pour s'installer dans le 'pays de la liberté'. Quelques-uns s'établissent à Paris alors que d'autres immigrent en Alsace.

L'Alsace offre à ces immigrants des conditions de vie assez favorables. Etant donné que la Révolution n'est pas très bien acceptée par les Alsaciens, les porte-parole de la Révolution constitutionnelle à Strasbourg, Frédéric de Dietrich et Frédéric Salzmann par exemple, invitent des Allemands à venir en Alsace. De plus, le refus de la Constitution civile du clergé de 1791 par la majeure partie des curés alsaciens fait naître le besoin de trouver des curés disposés à prêter le serment de fidélité à la nation et au roi, ainsi qu'à la Constitution. L'évêque constitutionnel du Bas-Rhin, Brendel, incite par conséquent des prêtres d'origine allemande à exercer la fonction de prêtre constitutionnel en Alsace.[5]

Une partie du groupe des immigrants allemands s'engage dans la politique locale, notamment dans le club des Jacobins à Strasbourg au sein duquel les immigrants se souscrivent à un jacobinisme de plus en plus radical. Au cours des années suivantes, la région devient ainsi une sorte de 'plaque tournante'[6] pour les contacts des 'Jacobins allemands' avec les révolutionnaires français. Les immigrants se veulent les porte-parole de la

---

5. L. Kammerer dénombre 110 curés d'origine allemande en Alsace dans son *Répertoire du clergé constitutionnel en Alsace (1791-1802)* (Strasbourg 1988).

6. H. G. Haasis, *Gebt der Freiheit Flügel: die Zeit der deutschen Jakobiner 1789-1805* (Reinbek, Hamburg 1988), p.72.

propagande révolutionnaire du club des Jacobins à Strasbourg. Strasbourg devient la 'métropole clandestine du jacobinisme allemand'.[7] Bien que l'ouverture de l'Alsace vers l'étranger soit bloquée suite au déclenchement de la guerre et de la Terreur, cette région frontière reste un creuset des cultures française et allemande. Ceci s'exprime par exemple dans la presse périodique alsacienne. Freinée par la censure royale, mais aussi par celle du Conseil de la ville de Strasbourg, celle-ci connaît un essor considérable à partir de 1789, notamment grâce à ces immigrants. Durant toute la période de la Révolution seront publiés une cinquantaine de journaux, dont quarante-deux en langue allemande. Dix immigrants allemands, tous protagonistes des Lumières en Allemagne, contribuent à la publication de dix-huit de ces quarante-deux journaux en qualité de collaborateurs, rédacteurs en chef ou éditeurs. Déjà engagés dans la presse périodique et politique dans leur pays natal avant la Révolution, ces immigrants reprennent leur activité dans la publication de journaux, une fois arrivés en Alsace.

ii. L'intérêt d'une étude de la presse des immigrants allemands en Alsace

La présente étude a pour but de faire une analyse des dix-huit journaux publiés par des immigrants allemands en Alsace. Une telle analyse, liée à une connaissance plus intime des biographies des journalistes, s'avère intéressante à plusieurs égards. Les rédacteurs des journaux en question comptent parmi les 'Jacobins allemands'. Ainsi, l'analyse de leur presse publiée en Alsace pourrait permettre de découvrir de nouvelles facettes du phénomène du jacobinisme allemand, tel qu'il se présente dans les journaux analysés. De plus, l'analyse détaillée de la presse périodique des immigrants allemands en Alsace fournit des éléments nouveaux qui viennent compléter le tableau général de la presse périodique de la France révolutionnaire. En reconstituant les conditions et les mécanismes de production et de distribution des journaux en question et en en étudiant le fond et la forme, cette analyse contribue à approfondir la connaissance du développement et des formes de la presse périodique dans les deux départements alsaciens entre 1791 et 1799.

La presse périodique et politique du dix-huitième siècle peut être considérée comme un moyen de documentation et de médiation des mutations politiques, sociales et économiques de l'Ancien Régime et, après 1789, de la Révolution française. Les formes collectives d'abonnement et de lecture des journaux amenaient les lecteurs non seulement à discuter le contenu du journal, mais aussi à échanger des points de vue. Elles stimulèrent ainsi la formation d'une opinion individuelle, mais aussi celle

---

7. H. G. Haasis, *Gebt der Freiheit Flügel*, p.159.

d'une opinion publique et collective. La presse périodique du dix-huitième siècle peut donc être perçue comme moyen d'ouverture, de politisation et de démocratisation de la population. Ainsi, l'analyse des journaux des immigrants allemands en Alsace conduit à une meilleure connaissance du processus de politisation de la population des départements du Rhin durant la décennie révolutionnaire.

Les produits de presse des immigrants allemands en Alsace circulaient non seulement dans les deux départements alsaciens, mais aussi en Allemagne et en Suisse. Ces périodiques diffusaient des nouvelles, des idées et les modes de pensée de la France révolutionnaire dans les pays de langue germanique. Elles peuvent donc être considérées comme acteurs, intermédiaires et moteurs de communication entre les cultures et les nations. Une analyse systématique des journaux des immigrants allemands pourrait donc fournir de nouvelles connaissances, d'une part sur les dimensions, d'autre part sur le fond et la forme du transfert culturel à l'époque de la Révolution française.[8]

Il serait souhaitable de retracer les effets du processus de politisation et de démocratisation dans les régions allemandes à la frontière avec la France, processus dont nos journaux constituent un élément non négligeable. Une étude de la presse des Jacobins allemands en Alsace revient à faire une reconstruction des visions socio-politiques et culturelles ainsi que des mécanismes de leur transfert en Allemagne. Les résultats d'une telle étude pourraient ainsi servir de base à une analyse des traditions du jacobinisme allemand entre 1800 et 1848 dans le sud-ouest de l'Allemagne. Il serait intéressant de voir dans quelle mesure les démocrates radicaux de l'Allemagne d'avant 1848, avec leur conception de démocratie parlementaire, sont les débiteurs ou bien les héritiers du transfert culturel réalisé par leurs pères jacobins. Des investigations dans ce domaine, bien que souhaitables, n'ont pas pu être entreprises dans le cadre de la présente étude.

La presse des immigrants allemands doit donc être considérée sous ses diverses perspectives. Pour pouvoir répondre au défi que représente un tel éventail d'aspects, il a paru nécessaire de regrouper les trois premiers champs d'investigation. Notre objectif a donc été de rapprocher les différents modes d'accès à la presse du dix-huitième siècle (approches de la presse par l'étude de la quantité des journaux publiés, par celles de l'entreprise de presse, de la distribution et de la lecture du journal, mais aussi par l'étude du fond et de la forme ainsi que celle de l'aspect du transfert culturel) pour pouvoir avoir une vue différenciée des dimensions de la presse périodique des immigrants allemands en Alsace.

---

8. Pour la notion et la conception de 'transfert culturel', voir H.-J. Lüsebrink et R. Reichardt, *Kulturtransfer im Epochenumbruch: Frankreich–Deutschland 1770-1815* (Leipzig 1997), p.9-26.

iii. Procédés

Afin de pouvoir satisfaire au moins à une partie des objectifs esquissés, il a été nécessaire d'établir tout d'abord le cadre historique de notre champ d'investigation. La reconstruction sommaire des conditions politiques et culturelles de la zone limitrophe dont il est question (à l'aube et au cours de la Révolution) sert de base à une meilleure compréhension des motifs de la vague d'émigration à partir de 1791. De plus, il a paru intéressant de chercher à mieux connaître les conditions dans lesquelles les journaux des immigrants en Alsace furent fondés.

Ceci vaut aussi pour les biographies des rédacteurs des journaux étudiés. Comme l'analyse de la presse des Jacobins allemands a pour objectif, entre autres, de nous faire acquérir de nouvelles connaissances sur le jacobinisme allemand, un regard sur les biographies des rédacteurs nous a semblé être nécessaire. En comparant les biographies individuelles des différents membres du groupe analysé, il a été possible de définir un profil du groupe reconstituant l' origine de ses membres et leurs carrières avant, pendant et après la Révolution. De la même façon furent retracés les motifs des transformations du groupe durant la période étudiée.

Le cadre historique et les biographies des rédacteurs nous permettent d'approcher les journaux eux-mêmes. Une présentation des journaux par fichier individuel fournit la base de l'analyse de l'entreprise de la presse et celle de la forme des journaux. En plus des rédacteurs et des propriétaires, il nous faut également connaître les imprimeurs des journaux ainsi que les mécanismes de rédaction et de production. Pour pouvoir cerner les dimensions et les formes du transfert culturel réalisés par la presse périodique des immigrants allemands, il a paru nécessaire de retracer le rayon d'action des journaux. Entreprise audacieuse, car le tirage, les formes et les canaux de distribution, de circulation et de lecture des journaux sont difficilement reconstituables. Les sources manquant du côté des producteurs; c'est surtout grâce à la censure effectuée dans quelques Etats du Saint-Empire que nous disposons de quelques indications en ce qui concerne ce domaine de recherche.

Avant d'entrer dans l'analyse des journaux en utilisant des méthodes plutôt herméneutiques, un accès plus formel est souhaitable. Par l'analyse de la forme des périodiques, c'est à dire des formats, de la mise en page, des titres et des rubriques, il a été possible d'obtenir quelques résultats en ce qui concerne les intentions et les programmes des journaux.

De même, l'analyse du discours des journaux offre une approche formelle et plus objective qu'une simple interprétation des textes. Comme il n'était pas possible d'effectuer une analyse du discours de tous les journaux, deux des dix-huit journaux furent choisis pour réaliser une analyse sémantique du vocabulaire utilisé. La première phase a consisté en une recherche des mots clés utilisés et la deuxième en une reconstitution des champs sémantiques.[9] Les résultats de cette analyse ont servi de base pour l'analyse ultérieure des journaux.

Pour pouvoir 'embrasser' les idées de base des dix-huit journaux, il a été de plus indispensable d'effectuer une analyse quantitative des sujets abordés. La liste des sujets traités par les journaux fut dressé en classant et en comptant tout ce qui fut écrit dans les journaux. Le réseau de sujets ainsi établi fut également appliqué à l'analyse qualitative des journaux. Toutes les informations des dix-huit journaux étudiés se référant à une des catégories du tableau furent réunies et classées afin d'avoir une vue globale des propos tenus sur un certain sujet. Suivit la reconstitution des idées et des modes de pensée exprimées dans les journaux. Cette méthode vise à éviter un choix arbitraire des énonciations dans les sources primaires et permet une vue comparative des postulats posés par les journaux.[10] L'objectif de cette entreprise est de fournir un regard plus ou moins différencié sur les opinions sociales, politiques et culturelles des périodiques étudiés. L'intérêt essentiel était de reconstituer les conceptions de société moderne et les jugements exprimés sur les Constitutions de la France révolutionnaire. Les prises de position sur les journées révolutionnaires ou sur la politique intérieure ou extérieure ne sont pas non plus dénuées d'intérêt. De plus, ce sont les réactions des journaux aux aspects culturels de la Révolution (cultes, presse, art) qui étaient retracées.

L'analyse de la presse des immigrants allemands, commencée au cours de l'hiver 1996-1997, n'était pas encore achevée en 1999. C'est la raison pour laquelle les résultats présentés dans les pages qui suivent ne peuvent pas encore répondre à toutes les questions posées et ne se veulent pas non plus définitifs.

iv. Quelques résultats de recherche

Les rédacteurs et leurs journaux

Le profil du groupe des rédacteurs des dix-huit journaux défini au cours des recherches, se compose de dix personnes appartenant à l'intelligentsia[11] allemande. Il comprend deux juristes (Christoph Friedrich Cotta, 1758-1838, et Karl Clauer, 1763-1794), un étudiant en droit et en philosophie (Joseph Schlemmer, 1767-1830) avant 1792, un médecin (Georg Wedekind, 1761-1831), un mathématicien (Matthias Metternich, 1747-1825), trois théologiens (Euloge Schneider, 1756-1794; Anton Dereser, 1757-1827; et Johann Jakob Kämmerer, 1754-1798), et un

---

9. H.-J. Lüsebrink préconise cette méthode pour l'analyse du discours d'un texte; voir H.-J. Lüsebrink, 'Begriffsgeschichte, Diskursanalyse und Narrativität', dans *Aufklärung und Historische Semantik: interdisziplinäre Beiträge zur westeuropäischen Kulturgeschichte*, éd. R. Reichardt (Berlin 1997), p.33-35.

10. Voir C. Labrosse et P. Rétat, *Naissance du journal révolutionnaire 1789*, p.6.

11. Sur les notions d''intellectuels' et d''intelligentsia', voir W. Giesselmann, *Die Brumairianische Elite* (Stuttgart 1977), p.60-62.

étudiant ès lettres (Johann Friedrich Butenschön, 1764-1842). Seul Abraham Lembert (1766-1832), comptable d'origine juive, n'appartenait pas encore, à l'aube de la Révolution, à la 'couche des intellectuels'. Cotta, Schneider, Dereser, Metternich et Wedekind – c'est-à-dire la moitié de ces journalistes – étaient, avant leur émigration, professeurs d'université, à Mayence, à Bonn et à Stuttgart. Kämmerer exerçait les fonctions de vicaire et de précepteur, tandis que Clauer semble avoir gagné sa vie en tant qu'avocat.

Les raisons qui décidèrent ce groupe à émigrer se présentent comme un amalgame de frustrations causées par les conditions socio-politiques et de déterminants de nature socio-psychologique. Carrières bloquées, intolé-rance des princes allemands, sans oublier la fascination exercée par les événements qui se déroulaient dans le 'pays de la liberté', et d'autres facteurs, poussent sept des membres du futur groupe des rédacteurs immigrants à l'émigration en Alsace à partir de 1791. C'est la chute de la République de Mayence, au cours de l'été 1793, qui incite les trois derniers à émigrer. Contrairement à leurs compatriotes, les Mayençais Georg Wedekind, Joseph Schlemmer et Matthias Metternich sont forcés de quitter leur pays natal et de s'exiler en Alsace. Metternich et Schlemmer le font après avoir passé deux ans en prison.

Arrivés en Alsace, les immigrants débutent comme rédacteurs de journaux alsaciens. En juin 1791, Clauer participe à la rédaction du journal intitulé *Geschichte der gegenwärtigen Zeit* (*Histoire du temps présent*). Jusqu'au début de 1792 paraissent trois autres journaux, sous la direction de rédacteurs allemands: *Die neuesten Religionsbegebenheiten in Frankreich* (*Les Evénements religieux les plus récents en France*) de Kämmerer (juillet 1791-décembre 1792), la *Teutsche Statsliteratur* (*Littérature d'état allemande*) et le *Strasburgische politische Journal* (*Journal politique strasbourgeois*) de Cotta (janvier 1792-décembre 1792). Peu avant la chute de la monarchie, le fameux Euloge Schneider, 'moine défroqué', fait paraître son *Argos*. Au cours de l'été 1793, Johann Friedrich Butenschön prend ses fonctions de rédacteur du *Weltbote* (*Courrier du monde*). Au cours de la même année, le prêtre allemand Anton Dereser prend en charge le *Strassburger Kurier* (*Courrier de Strasbourg*) en collaboration avec le libraire strasbourgeois Jean-Georges Treuttel. Il en sera responsable jusqu'en mars 1796. En dépit de l'arrestation de quelques immigrants par les représentants en mission, Saint-Just et Le Bas, l'*Argos* et le *Weltbote* paraîtront jusqu'en juin-septembre 1794 alors que leurs rédacteurs se trouvent en prison. Pour la période qui suit Thermidor, on constate une diminution du nombre de journaux rédigés par des Jacobins allemands en Alsace. Seul le *Republikanische Wächter* (*Veilleur de la République*) paraît à partir du 24 septembre 1795. Ses rédacteurs ont préféré garder l'anonymat mais quelques articles signés des initiales de leur auteur, ainsi que certains aspects du journal, nous indiquent qu'un groupe de Jacobins – parmi lesquels les immigrants allemands Lembert, Metternich et Wedekind[12] – collaborait à ce journal à forte tendance républicaine.

Ce n'est qu'en 1796 que la presse périodique des immigrants allemands connaît une véritable 'renaissance'. Au cours de cette année plusieurs journaux font leur apparition. En janvier 1796 Johann Jakob Kämmerer, employé par les deux éditeurs Kreitner et Seibold, commence à rédiger la *Republikanische Kronik I* (*Chronique républicaine*); celle-ci sera reprise par Joseph Schlemmer à partir du mois de mars 1796 (*Republikanische Kronik II*). Parallèlement, Christoph Friedrich Cotta et Georg Wedekind lancent leur *Rheinische Zeitung* (*Journal du Rhin*). A la fin du mois d'avril naît l'*Argos* de Kämmerer qui fusionne en juillet avec la *Rheinische Zeitung* et paraît dès lors sous le titre de *Rheinische Fama* (*La Renommée du Rhin*). En septembre 1796 a lieu la fusion de la *Rheinische Fama* et de la *Republikanische Kronik*. Le nouveau journal qui porte le titre de *Rheinische Kronik* (*Chronique du Rhin*) est publié jusqu'en 1798. En février 1797, le Juif allemand Abraham Lembert fait paraître le journal *Der Wahlmann* (*L'Electeur*), en vue de préparer les élections aux Corps législatifs du printemps 1797. En juin 1797 et en janvier 1798, les journalistes Butenschön et Cotta font à leur tour paraître de nouveaux journaux, intitulés *Strasburger Neue Zeitung* (*Nouvelle gazette de Strasbourg*) et *Strasburger Zeitung* (*Gazette de Strasbourg*). Mais, suite au coup d'état du 18 fructidor An V (4 septembre 1797), la liberté de la presse subit des restrictions de plus en plus pesantes. L'impôt du timbre frappe aussi la presse néo-jacobine à Strasbourg. Dès lors, la *Rheinische Kronik* ne peut paraître qu'un jour sur deux (le prix de l'abonnement reste le même, afin de couvrir les frais causés par les nouvelles taxes). En dépit de ce développement, la *Rheinische Kronik*, ainsi que la *Strasburger Neue Zeitung* et la *Strasburger Zeitung* subsistent jusqu'en 1798. Mais de novembre 1798 à août 1799, il ne paraît plus aucun journal d'immigrants allemands en Alsace. En août 1799, Christoph Friedrich Cotta lance à nouveau un journal, la *Chronik der Franken* (*Chronique des Francs*). Celui-ci doit son existence à la nouvelle liberté de la presse, restaurée par le coup d'état du 30 prairial An VII. La *Chronik* est le seul journal qui survit au coup d'état du 18 brumaire An VIII (9 novembre 1799) et qui paraît encore pendant quelques mois pendant la période napoléonienne. Ce n'est qu'à la fin du mois de septembre 1800 que la suppression du journal a lieu sous la pression du préfet du Bas-Rhin, Jean-Charles Joseph Laumond. Le 29 septembre 1800 paraît ainsi le dernier numéro de la *Chronik der Franken* de Cotta. La disparition de ce journal met fin à l'existence de la presse des immigrants allemands en Alsace.[13]

---

12. *Republikanischer Wächter*, n° 5, 7 octobre 1795, p.100; n° 15, 10 novembre 1795, p.294-296, 302.

13. Pour la *Strasburger Neue Zeitung*, la *Strasburger Zeitung* et la *Chronik der Franken* on n'a pu retrouver que quelques numéros; ceci rend une analyse quantitative impossible.

Sources d'information

La presse de l'époque révolutionnaire ne se voit pas encore contrainte de nommer ses sources d'information, ce qu'elle ne fait donc que rarement. Cela rend difficile la reconstitution du réseau des sources d'information. Parfois, on ne peut qu'émettre des suppositions sur les sources d'où les journalistes tiraient leurs informations. Les exemples de l'*Argos* (juillet 1792-juin 1794) de Schneider, de la *Republikanische Kronik* (janvier-mars 1796) de Kämmerer et de la *Rheinische Zeitung* (janvier-juin 1796) de Cotta, Metternich et Wedekind, devraient nous éclairer quelque peu sur le réseau de sources d'informations dont se servaient les immigrants allemands en Alsace pour remplir les pages de leurs journaux.

L'*Argos* ne disposait d'aucun correspondant auprès de la Convention nationale qui aurait pu lui rapporter les nouvelles et les décisions prises par le pouvoir législatif. Par conséquent, le journal strasbourgeois exploita d'abord les *Annales patriotiques* de Mercier et Carra, journal qui 'se plia prudemment à tous les infléchissements de la politique durant les années révolutionnaires'[14] et qui 'fut le journal que tous les journalistes de l'époque "pillèrent" plus ou moins',[15] puis le *Moniteur* de Panckoucke pour son résumé des procès-verbaux des séances de la Convention Nationale.[16] Pour informer ses lecteurs des événements qui se déroulaient en Vendée, l'*Argos* publia, au cours de l'été 1793, des lettres envoyées par un soldat d'origine strasbourgeoise à son père et au club des Jacobins de Strasbourg.[17] En ce qui concerne les nouvelles de la ville de Strasbourg et celles des deux départements du Rhin, le club des Jacobins de Strasbourg servit de réseau d'information, rôle que jouèrent aussi les lettres des sociétés constitutionnelles, par exemple celles de Riquewihr, Bolzheim et du Kochersberg.[18]

Pour fournir des nouvelles de l'étranger (notamment concernant l'Angleterre et les Etats-Unis), l'*Argos* 'pilla' des journaux hambourgeois comme le *Hamburger Unpartheyischer Correspondent*, mais aussi des journaux anglais.[19] Une sorte de réseau qui s'était constitué parmi les *Aufklärer* allemands de tendance jacobine servit de base pour se procurer des nouvelles d'Allemagne et d'Europe de l'est (Hongrie, Pologne, Bohême). Anton Joseph Dorsch, Mayençais, immigrant allemand en Alsace, puis

---

14. J. Tulard, J. F. Fayard et A. Fierro, *Histoire et dictionnaire de la Révolution française 1789-1799* (Paris 1987), p.991.

15. J.-P. Bertaud, *C'était dans le journal pendant la Révolution française*, p.380.

16. R. Jaquel, 'Les Jacobins allemands en Alsace d'après la revue *Klio* (1795-96) du Zurichois Paul Usteri', dans *L'Alsace et la Suisse à travers les siècles*, Publications de la Société savante d'Alsace et des Régions de l'Est (Strasbourg, Paris 1952), p.310.

17. *Argos* III, n° 14, 1ᵉʳ août 1793, p.112.

18. *Argos* I, n° 51, 28 décembre 1792, p.408-413; Argos III, n° 25, 27 août 1793, p.193-195; n° 33, 14 septembre 1793, p.257-263.

19. Voir la notion 'wie englische Zeitungen sagen' ('comme le disent les feuilles anglaises'), *Argos* III, n° 39, 28 septembre 1793, p.311-312; *Argos* II, n° 13, 14 février 1793, p.103-104.

'clubiste' à Mayence, écrivit des lettres à Strasbourg pour informer ses compatriotes des événements survenant sur la rive gauche du Rhin.[20] De la même façon, Schneider entretint des contacts avec les Jacobins de Worms.[21] Butenschön, fit de même avec le cercle des Jacobins d'Altona (Hambourg).[22] Euloge Schneider correspondait aussi avec un ami de Bavière, qui lui transmettait des informations sur la censure dans les pays des Habsbourg, la stratégie de guerre de l'Autriche, le stationnement des troupes autrichiennes et la réception de la Révolution dans le Saint-Empire romain germanique.[23] Ce correspondant se livrait ainsi à une sorte d'espionnage de guerre.

La *Republikanische Kronik* de Kämmerer disposait d'un réseau de correspondants qui lui fournissait des nouvelles de Coblence, Bingen, Mannheim, Bruchsal, Francfort, Wurzbourg, et aussi de Vienne et du Wurtemberg. La qualité et l'origine de certaines de ces nouvelles suggèrent que Kämmerer se servit, même pendant la guerre, tout comme le firent Schneider et Butenschön, des contacts que les immigrants entretenaient avec des *Aufklärer* d'Allemagne.

Parmi les sources d'information de la *Rheinische Zeitung*, nous trouvons des journaux de différentes couleurs politiques: les *Annales patriotiques* de Mercier et Carra, le *Censeur des Journaux*, le *Journal des Patriotes*, mais aussi le *Rédacteur* et un journal républicain parisien rédigé par des immigrants allemands, le *Pariser Zuschauer*, qui est plus ou moins la traduction du *Rédacteur*. Ces deux derniers étaient les organes officiels du Directoire.[24] Cotta et Metternich exploitaient non seulement les journaux parisiens, mais aussi un journal anglais, le *Morning Chronicle*, un journal alsacien, la *Republikanische Kronik* de Colmar, et l'*Observateur démocrate* (un journal de tendance babouviste) de Metz.[25] Comme l'*Argos* et la *Republikanische Kronik*, la *Rheinische Zeitung* disposait d'un réseau de correspondants qui informaient leurs rédacteurs de ce qui se passait à Deux-Ponts, Wissembourg et Bâle.[26]

Les exemples présentés montrent que nos rédacteurs utilisaient des journaux parisiens pour s'informer sur ce qui se passait en France. C'est une caractéristique qu'ils ont en commun avec presque tous les journalistes de province en France,[27] et qui ne leur confère donc pas, à première

20. *Argos* III, n° 14, 1er août 1793, p.112.
21. *Argos* II, n° 57, 28 mai 1793, p.453-455; n° 58, 30 mai 1793, p.457-461; *Argos* III, n° 22, 20 août 1793, p.169-175.
22. *Argos* II, n° 23, 9 mars 1793, p.184.
23. *Argos* I, n° 46, 7 décembre 1792, p.364-368; n° 47, 11 décembre 1792, p.369-374.
24. H. Molitor, 'Deutsche Publizistik in Paris und Straßburg unter dem Direktorium und Napoleon: "Der Pariser Zuschauer" und andere deutschsprachige Zeitungen', *Francia* 4 (1976), p.409-420.
25. *Rheinische Zeitung*, p.5, 9, 35, 98, 115, 128, 163, 244, 245, 546, 606.
26. *Rheinische Zeitung*, p.107, 552, 567-568.
27. Voir P. Albert et G. Feyel, *La Presse départementale en Révolution*, p.35-36; et H. Gough, *The Newspaper press in the French Revolution*, p.175-176.

vue, une grande originalité. Une certaine singularité réside cependant dans la traduction des actualités dans la 'langue des esclaves',[28] c'est-à-dire vers l'allemand. Les journalistes attirèrent ainsi, des deux côtés du Rhin, les lecteurs de langue allemande qui ne maîtrisaient pas le français. Ce fut le cas non seulement de la minorité française en Alsace qui ne parlait qu'un idiome allemand, mais aussi des Allemands dans les régions allemandes occupées par l'armée française sous la Révolution, et, comme on le verra plus loin, de la population des Etats allemands, notamment les états le long de la frontière française. En 'pillant' les journaux parisiens, nos périodiques jouèrent donc le rôle d'interprète des actualités de la capitale et de celles du reste de la France. Avec d'autres journalistes strasbourgeois et quelques journalistes allemands à Paris qui publiaient des périodiques en langue allemande les rédacteurs des journaux étudiés s'attribuèrent quasiment un monopole. Car au sein du Saint-Empire régnait une censure qui interdisait aux journaux allemands de traiter certains sujets. Il était interdit de rapporter certaines nouvelles venant de France ou concernant le développement de la guerre en Europe, mais aussi certains événements qui s'étaient déroulés dans les pays allemands, comme la persécution de groupes pro-révolutionnaires, les cas de censure, les pertes de l'armée, la désertion de soldats, etc. Le réseau de correspondants d'outre-Rhin dont disposaient les immigrants allemands, permit, avec l'exploitation des journaux parisiens, un rassemblement d'informations en provenance des deux côtés, des deux 'fronts' du Rhin. Le transfert des actualités 'interdites' rendit donc nos journaux assez 'attrayants' pour les lecteurs allemands privés d'un libre flot d'informations dans leur propre pays.

De plus, grâce à l'étroit réseau de correspondants en Allemagne, nos journalistes avaient même, en ce qui concerne les nouvelles d'Allemagne, un avantage par rapport aux journalistes parisiens. La communication entre les *Aufklärer* radicaux d'Allemagne et les immigrants en Alsace ne fut en effet pas interrompue pendant la guerre. Ceci n'était pas le cas pour Jean-Charles Laveaux et son journal, le *Courrier de Strasbourg*.[29] Pendant la guerre, Laveaux ne put plus rester en contact avec ses correspondants en Allemagne. La garantie de pouvoir procurer à leurs lecteurs des informations fraîches du Saint-Empire était ainsi davantage assurée par les journaux des immigrants allemands que par les périodiques parisiens.

Portée géographique et sociale des journaux

Si l'on tente de retracer la portée géographique et sociale des journaux des immigrants allemands en Alsace, il est indispensable de connaître les

---

28. Cette notion fut plus ou moins un 'topos' en Alsace pendant la Terreur. Voir E. Mühlenbeck, *Euloge Schneider, 1793* (Strasbourg, Paris 1896), p.19.
29. *Courrier de Strasbourg*, 11 avril 1793.

chiffres de tirage, le nombre et l'origine des abonnés, le rayon géographique de leur diffusion ainsi que les formes de réception des journaux. Mais, hélas, c'est justement dans ce domaine que les sources nous font le plus défaut.[30] A ce jour, ni les livres de comptabilité ni les listes d'abonnés n'ont pu être trouvés du côté des producteurs des journaux. Pour la reconstitution de la diffusion et de la réception, nous sommes donc dépendants des journaux eux-mêmes. Par la mention des lieux de souscription et par les lettres aux rédacteurs, ces derniers nous livrent au moins quelques informations sur leur diffusion et leur réception. Cependant, on peut douter de l'authenticité de quelques-unes de ces lettres aux rédacteurs, bon nombre d'entre elles s'étant avérées fictives. Par chance, les actes de la poste impériale, pour les années 1791 à 1799, ont été conservés. Il s'agit des documents d'archives des Princes de Thurn und Taxis concernant la censure des journaux français diffusés en Allemagne. Ces actes nous fournissent au moins un aperçu de la diffusion et de la réception des journaux en question en Allemagne.

Commençons par les chiffres de tirage de nos périodiques. Il faut avouer que seul l'*Argos* du moine défroqué Euloge Schneider fournit des chiffres précis puisqu'il nous apprend que le nombre de ses abonnés a baissé de cent cinquante à deux cents souscripteurs, en 1792, à quatre-vingts abonnés à la fin de l'année 1793. Pour les autres journaux, on ne peut que supposer que leur tirage – notamment celui des journaux qui étaient davantage des périodiques d'information que ne l'était l'*Argos* – était plus élevé. Certes, cette thèse s'appuie sur le grand nombre d'exemplaires du *Strassburger Kurier* et du *Weltbote* trouvés dans des envois interceptés par la poste impériale. Au printemps de 1794, le maître de poste d'Augsbourg trouva dans un colis, expédié sous couvert, cinquante exemplaires des numéros 75 à 79 du *Strassburger Kurier* de Dereser, et cent onze exemplaires des numéros 73 à 77 du *Weltbote* de Butenschön dans un autre paquet.[31] Nous ne savons pas si ces deux colis contenaient tous les exemplaires des journaux destinés à leurs lecteurs en Allemagne, et nous ne connaissons pas non plus le nombre d'abonnés en France. Vouloir nous livrer à des calculs plus ou moins exacts des chiffres de tirage des deux journaux à partir de ces quelques chiffres nous paraît donc être une entreprise bien hasardeuse. Nous ne pouvons que supposer que les chiffres de tirage du *Strassburger Kurier* et du *Weltbote* se montaient au moins à cinquante, voire cent onze exemplaires.

La zone de diffusion des journaux des immigrants allemands n'est que difficilement reconstituable. D'après les informations que nous fournissent les feuilles elles-mêmes, la plupart des exemplaires d'un numéro furent distribués à Strasbourg et dans les deux départements du Rhin. La

---

30. Ce phénomène caractérise toute la presse révolutionnaire. Voir C. Labrosse et P. Rétat, *Naissance du journal révolutionnaire 1789*, p.55.

31. Fürst Thurn-und-Taxis Zentralarchiv Regensburg (Archives centrales du Prince de Thurn und Taxis, ci-après FZA), Postakten 1987.

possibilité de s'abonner aux journaux à Kehl et auprès de tout autre bureau de poste en Allemagne, et même à Bâle, indique pourtant que la zone de diffusion dépassait les frontières. Des lettres aux rédacteurs venant de l'Empire (Ratisbonne, Augsbourg, Offenbourg, etc.) et de Suisse (Bâle et Zurich) confirment ce fait. Avec l'annexion des territoires du Rhin, en 1792-1793 mais surtout à partir de 1794, la zone de diffusion s'étend encore davantage. Des correspondants ainsi que des lettres à la rédaction en provenance de Trèves, de Cologne et de Bonn établissent que des journaux circulaient au moins dans le sud et dans l'ouest du Saint-Empire romain germanique. On en trouve aussi la preuve dans les listes d'abonnés allemands établies par la poste impériale en 1794. Celle-ci fut sans le vouloir le moyen de transport privilégié par lequel les journalistes français diffusèrent leurs périodiques en Allemagne durant la période révolutionnaire, alors que les Princes de Thurn und Taxis, maîtres généraux de la poste impériale, cherchaient à interdire et à supprimer toute circulation de journaux français en Allemagne. Grâce au zèle avec lequel les Thurn und Taxis tentèrent de contrôler la circulation des journaux français en Allemagne, nous savons aujourd'hui que le *Weltbote* de Johann Friedrich Butenschön et le *Strassburger Kurier* d'Anton Dereser étaient diffusés à Ratisbonne (les journaux y étaient lus à la Diète), Salzbourg, Francfort, Nuremberg, Augsbourg, dans le sud-ouest de l'Allemagne, mais aussi à Leyde, aux Pays-Bas. En Suisse, on retrouve des exemplaires de ces deux journaux à Zurich et à Schaffhausen.[32]

Pour ce qui est de la réception des journaux, nous disposons, grâce aux sources évoquées, de quelques indices disséminés qui nous fournissent au moins une vague idée du cercle des lecteurs. D'après les lettres aux rédacteurs, on recense parmi le lectorat d'une part beaucoup d'émigrés de Mayence, résidant à Paris, dans les deux départements du Rhin et dans les zones allemandes à la frontière française, et d'autre part des anciens collègues des émigrés, par exemple un franciscain de Wurtzbourg, jadis confrère du fameux Euloge Schneider. Parmi les abonnés allemands du *Strassburger Kurier* de Dereser (1793-96), on compte, entre autres, un conservateur des forêts, un pharmacien, un bailli, un boutiquier, un maître de poste, un abbé, l'abbesse du couvent de Frauenalb, des conseillers du margrave du pays de Bade et un cafetier de Karlsruhe.[33] Les gens qui s'intéressaient aux journaux des immigrants allemands en Alsace étaient donc des membres de la bourgeoisie, mais aussi des membres du clergé allemand. Leurs professions rendent probables une diffusion et une discussion du contenu des journaux dans leur entourage.

32. FZA, Postakten 1987.
33. FZA, Postakten 1987.

L'orientation géographique du contenu des journaux

La plupart des journaux des immigrants allemands en Alsace, presque tous publiés à Strasbourg, ne se limitent pas à transmettre des nouvelles du département du Bas-Rhin aux lecteurs. Bien au contraire, l'intérêt porté aux événements de Strasbourg et à ceux du Bas-Rhin n'est pas du tout prédominant. Seul l'*Argos* de Schneider fait exception et accorde, entre juillet 1792 et avril 1794, plus de 30% de l'espace imprimé aux événements locaux et à peine 30% aux actualités françaises. Une place de moindre importance est accordée aux actualités étrangères (en moyenne 5%, Allemagne incluse). Son compatriote Cotta, par contre, néglige presque, dans son *Strasburgischen politischen Journal* (1792), les nouvelles alsaciennes puisqu'il ne leur attribue que 0,7% de l'espace imprimé. Cotta attache une très grande importance aux informations concernant l'Allemagne (57% des pages du journal) et en particulier à la situation politique du Wurtemberg (28,15%), région natale de l'ancien professeur de droit public. Mais il n'oublie pas non plus les actualités françaises. Près d'un tiers des pages du journal est réservé aux procès-verbaux de la Législative ainsi qu'aux nouvelles de Paris et des autres départements français. Les autres pays, hormis l'Allemagne, n'occupent pas une place très importante (11,88%).

La tendance à orienter le contenu du journal vers les événements d'''intérêt national'', autrement dit l'importance des actualités françaises, se poursuit pendant toute la période révolutionnaire. Sous le Directoire, les journaux des immigrants consacrent, comme le faisaient déjà l'*Argos* et le *Strasburgische politische Journal*, presque tous environ un tiers de leurs pages aux actualités françaises. Ainsi, la *Republikanische Kronik* de Kämmerer leur accorde 29,58% du nombre total de ses pages, la *Republikanische Kronik* de Schlemmer 32,35%, l'*Argos* de Kämmerer 44,38%, la *Rheinische Zeitung* jusqu'à 58%, la *Rheinische Kronik* entre 28% et 43,8% et le *Wahlmann* 37,7%.

Sous le Directoire, les événements locaux et régionaux occupent moins d'espace que sous la monarchie constitutionelle. La *Republikanische Kronik* de Kämmerer attribue 10% des pages aux actualités locales, la *Republikanische Kronik* de Schlemmer leur accorde seulement 3% de son espace, l'*Argos* de Kämmerer 11,5%, la *Rheinische Zeitung* de Cotta, Metternich et Wedekind 12,5%, la *Rheinische Kronik* de Kämmerer entre 5% et 7% et le *Wahlmann*, journal lancé pour préparer les élections du printemps 1797 dans le Bas-Rhin, 28,66%. En ce qui concerne les actualités étrangères (Allemagne y compris), trois des journaux analysés leur accordent un peu moins d'importance qu'aux nouvelles françaises (l'*Argos* de Kämmerer: 30,78%; la *Rheinische Zeitung* 19,88%; et le *Wahlmann* 18,22%). Les trois autres journaux présentés ici consacrent plus de pages aux nouvelles venant de l'étranger qu'aux nouvelles purement françaises: la *Rheinische Kronik* entre 22,06% et 45%, la *Republikanische*

Kronik de Kämmerer 38,75%. Pour la *Republikanische Kronik* de Schlemmer les événements de l'étranger sont plus importants: elle leur consacre 52,05% de ses pages.

Les sujets abordés par les journaux

Tout au long de la période étudiée, les journaux des immigrants allemands en Alsace attribuent une large part de l'espace imprimé de leurs journaux aux procès-verbaux de la Législative et à ceux du gouvernement (*Strasburgisches politisches Journal* de Cotta: un peu plus de 20%; *Argos* de Schneider: environ 20%; *Republikanische Kronik* de Kämmerer: 20%; *Republikanische Kronik* de Schlemmer: 17%; *Argos* de Kämmerer: environ 20%; *Rheinische Zeitung*: 16,3%; *Rheinische Kronik*: entre 15% et 17%; *Wahlmann*: 9,4%). L'information transmise au lecteur concernant les décisions les plus importantes de la Législative et du gouvernement (par la traduction des procès-verbaux en allemand) s'avère donc être l'un des intérêts constants et primordiaux des journaux des immigrants allemands.

Avant Thermidor, les articles sur la 'lutte des partis', voire les menaces des contre-révolutionnaires à l'échelle nationale, régionale ou locale prédominent dans quelques journaux. Ce sont les combats, d'abord entre Feuillants et Jacobins, puis entre Montagnards et Girondins, et la guerre en France qui préoccupent les journalistes et accaparent une grande surface de l'espace imprimé. L'*Argos* de Schneider, par exemple, consacre environ 25% de son espace à ces sujets pendant les deux ans de sa parution. Au cours de la période qui s'étend de juillet à décembre 1793, la part accordée à ce sujet atteint même une proportion d'environ 37%.

La guerre ne se met à prédominer dans les pages des journaux qu'à partir de la période du Directoire alors que sous la Législative et sous la Convention l'espace qui lui était consacré était encore limité. Le *Strasburgische politische Journal* de Cotta (1792) n'accorde en moyenne que 12,5% d'espace et l'*Argos* (juillet 1792-juin 1794) entre 2,66% et 13,9% à ce thème. Sous le Directoire, la guerre – les comptes rendus des batailles qui se déroulent en Italie, dans les Pyrénées, au bord du Rhin ainsi qu'en Belgique – s'impose dans les périodiques des Jacobins immigrés (*Republikanische Kronik* de Schlemmer, 32,6%; *Argos* de Kämmerer, 14%; *Rheinische Zeitung*, 16,8%; *Rheinische Kronik*, 25%; et *Wahlmann*, 16,8%). La *Republikanische Kronik* de Schlemmer et la *Rheinische Kronik* de Johann Jakob Kämmerer notamment deviennent donc des organes spécialisés dans les comptes rendus des correspondants des armées.

En dehors de la guerre, c'est aux nouvelles de l'étranger (sauf celles concernant l'Allemagne), c'est-à-dire aux nouvelles d'Angleterre, des Pays Bas, de Belgique et d'Italie, etc., que les journaux des immigrants allemands en Alsace accordent beaucoup d'espace: le *Strasburgische politische Journal* leur concède 11,88%, alors que, de 1792 à 1794, l'*Argos* de Schneider ne leur en accorde que 1%. Les périodiques des immigrants sous le Directoire, en 1796-1797, attribue entre 10% et 30% de l'espace imprimé à ce sujet.

Un espace considérable est consacré aux informations concernant l'Allemagne, pays natal des immigrants. En effet, ces informations occupent une position remarquable dans le *Strasburgische politische Journal* de Cotta comme on l'a déjà vu plus haut (plus de la moitié du journal). L'*Argos* se différencie une fois de plus en n'accordant que quelque 4,5% aux événements qui se déroulent dans les Etats allemands et à la question de l'exportation de la Révolution dans les pays allemands le long du Rhin. En outre, il se révèle être une fois de plus fixé sur le conflit des partis dans le département du Bas-Rhin. Kämmerer s'intéresse visiblement plus à son pays natal que Schneider et Butenschön. Il lui accorde 14,68% d'espace dans sa *Republikanische Kronik* et encore 8,5% d'espace dans son *Argos*. Par rapport aux deux autres journaux d'immigrants allemands de 1796 et 1797, la *Republikanische Kronik* de Schlemmer prend moins l'Allemagne en considération (environ 5%), ce que font aussi la *Rheinische Zeitung* (environ 7%), la *Rheinische Kronik* (entre 6,6% et 8,3%) et le *Wahlmann* (3,4%).

Le sujet de la religion est également un sujet d'actualité constamment abordé, mais, dans la plupart des cas, il est moins prépondérant que les sujets déjà mentionnés. Cependant, durant toute la période étudiée, les journaux des immigrants consacrent une part plus ou moins importante de leur espace à cette matière: L'*Argos* de Schneider et Butenschön entre 0,48% et 18% (ce dernier chiffre est atteint au cours de l'hiver 1793/94 pendant la période de déchristianisation, et au printemps 1794); la *Republikanische Kronik* de Kämmerer, 5,83%; la *Republikanische Kronik* de Schlemmer, 0,1%; l'*Argos* de Kämmerer, 3,6%; la *Rheinische Zeitung*, 4,2%; la *Rheinische Kronik*, entre 1,1% et 2,2%; et le *Wahlmann*: 3,3%).

Ces chiffres donnent un premier aperçu de ce qui fut transmis par les journaux des immigrants allemands en Alsace. Avant d'entrer dans l'analyse du contenu des journaux, et avant de nous adonner à la perspective politique des journalistes, nous pouvons donc conclure que les actualités nationales et étrangères ainsi que les sujets 'législative, guerre, étranger' (notamment le Saint-Empire romain germanique) préoccupaient beaucoup nos journalistes et qu'ils souhaitaient en informer leur lecteurs. Les journalistes répondaient ainsi à cette soif d'information des lecteurs de province dont parle Gilles Feyel,[34] lesquels s'intéressaient moins aux nouvelles locales qu'aux actualités parisiennes, nationales et étrangères. Les journaux du Directoire notamment peuvent ainsi être

34. G. Feyel, Introduction, dans P. Albert et G. Feyel, *La Presse départementale en Révolution*, p.28.

définis comme des journaux d'information générale,[35] dont l'originalité, en comparaison avec les journaux parisiens, consistait en un traitement fréquent et intense des informations concernant le pays natal du groupe des immigrants.

Le *Strasburgische politische Journal* de Christoph Friedrich Cotta et l'*Argos* de Schneider s'avèrent cependant être des exceptions. L'analyse quantitative de ces deux journaux met en évidence la diversité des intentions des immigrants allemands quand ils lancèrent leurs journaux, notamment avant Thermidor. Le *Strasburgisches politisches Journal* ne fut pas un journal orienté vers les lecteurs de France ni de Strasbourg, puisqu'il était destiné à être exporté en Allemagne, particulièrement au Wurtemberg. Cette thèse est confirmée par le fait que le frère de Christoph Friedrich, le libraire-éditeur wurtembergeois, subventionnait le journal et organisait sa distribution à partir de Stuttgart.[36]

L'*Argos* de Schneider, quant à lui, n'était pas non plus un journal d'information générale. L'orientation géographique des sujets de l'*Argos* porte à croire que cette feuille, qui insistait davantage sur les informations locales, se voulait plutôt un instrument important dans le combat entre Feuillants et Jacobins dans le Bas-Rhin, et donc davantage un journal pamphlétaire qu'un journal d'information générale. Cette thèse reste à être vérifiée par les résultats des autres échelles d'analyse.

v. Quelques résultats de l'analyse du contenu des journaux

Si l'on analyse le contenu des journaux des immigrants allemands, il ne faut pas s'attendre à découvrir des prises de position tout à fait nouvelles. Dans la perspective de l'histoire des idées, les journaux ne s'avèrent pas être une mine à exploiter. Bien au contraire, les journalistes se font simplement 'l'écho des luttes politiques et idéologiques'[37] à Paris et adaptent ainsi, souvent de manière un peu éclectique, les positions notoires d'une des 'factions' parisiennes. L'intérêt particulier d'une analyse du contenu des journaux des immigrants allemands en Alsace ne consiste donc pas en une reconstruction d'idées neuves, mais en une analyse exacte de leur caractère éclectique, c'est-à-dire de la proportion du mélange des conceptions politiques, économiques et sociales des différents partis politiques. Nous devons donc savoir si, quand et pourquoi les immigrants allemands se présentent comme monarchistes,

---

35. Voir C. Labrosse et P. Rétat, *Naissance du journal révolutionnaire 1789*, p.30-31.

36. M. Neugebauer-Wölk, 'Das "Journal für Menschenrechte": Pressepolitik im Alten Reich 1790/91', dans *Das achtzehnte Jahrhundert und Österreich: Jahrbuch der österreichischen Gesellschaft zur Erforschung des achtzehnten Jahrhunderts* 3 (1986), p.21-48; et *Revolution und Constitution: die Brüder Cotta. Eine biographische Studie zum Zeitalter der Französischen Revolution und des Vormärz* (Berlin 1989), p.127 et 134.

37. G. Feyel, Introduction, dans P. Albert et G. Feyel, *La Presse départementale en Révolution*, p.28.

républicains, Brissotins, Montagnards, sans-culottes ou Hébertistes. Ainsi, il est nécessaire de retrouver la date exacte des idées émises, pour savoir s'il s'agit d'anticipations ou d'imitations des conceptions des groupes politiques à Paris. De même, il est essentiel de se poser la question suivante: pourquoi les immigrants allemands en Alsace choisissent-ils précisément cette combinaison d'idées qui leur est propre? C'est à ce niveau qu'une connaissance des biographies des journalistes s'avère indispensable.

Comme le cadre donné ne permet pas d'élaborer un tableau détaillé des résultats de l'analyse du contenu des journaux, les pages qui suivent n'esquissent – au prix d'une généralisation banalisante – qu'un aperçu très bref, et ne peuvent ainsi donner qu'une première impression des prises de position des immigrants allemands en Alsace. Les desiderata présentés plus haut ne peuvent ainsi pas être respectés.[38]

Visions d'une nouvelle société humaine

La perfectibilité de l'être humain est présentée dans tous les journaux comme la base essentielle de toutes les conceptions de nouvelle société humaine. Cet axiome se veut le moteur de tous les efforts que font les Jacobins allemands pour éduquer leurs lecteurs et pour leur faire adopter une conduite morale par l'intermédiaire de leurs journaux. Par ces moyens, ils cherchent à préparer le terrain pour l'âge d'or de l'humanité. La nouvelle société humaine dont rêvent bon nombre de Jacobins immigrés en Alsace est dominée par l'égalité des hommes. Mais les Jacobins immigrés n'ont dans leur optique que l'égalité devant la loi et l'abolition des privilèges à la naissance. La notion d'égalité dans les journaux des Jacobins allemands en Alsace exclut en outre l'autre moitié de la société: les droits de l'homme et du citoyen ne sont valables que pour le sexe masculin. La femme n'est pas mise sur un pied d'égalité avec l'homme et devrait par conséquent être écartée d'un certain nombre d'acquis de la Révolution.

Une nouvelle élite conçoit un patriote idéal, forgé sur les principes rousseauistes. Vertueux, altruiste et incorruptible, le 'bon républicain' est membre d'une société où règne la méritocratie et non pas le népotisme ou les privilèges à la naissance. La nouvelle société doit garantir sécurité et protection de leurs propriétés aux citoyens. Par conséquent, la communauté, ou pire encore à leurs yeux, l'égalité des biens, sont refusées comme étant des idées scélérates et des conceptions purement anarchiques, prise de position qui conduit à la condamnation du babouvisme. Seules sont permises les atteintes aux biens du clergé et à ceux des émigrés, qui semblent être légitimes pour sauver la Révolution. Ainsi les journaux

38. Pour une version détaillée des résultats des recherches, voir S. Lachenicht, *Information und Propaganda: die Presse deutscher Jakobiner im Elsass (1791-1800)* (München 2004).

réclament non seulement sous la Terreur, mais aussi sous le Directoire, des emprunts forcés pour sauvegarder les finances de l'Etat.

Une Constitution, mais quelle Constitution?

Bien que les émigrants allemands aient quitté le Saint-Empire parce qu'ils critiquaient le système monarchique des Etats allemands, ils continuent à adhérer à l'idée d'une monarchie constitutionnelle pendant la première année qu'ils passent en Alsace (1791-1792). Face à la radicalisation de la Révolution, s'opère cependant une volte-face radicale dans leurs journaux. A partir de l'été 1792, quelques Jacobins immigrés en Alsace commencent à revendiquer l'abolition de la monarchie et l'instauration d'un système républicain, plus ou moins démocrate. L'option pour la République restera permanente jusqu'en 1799.

Au refus de la monarchie constitutionnelle succède dans les journaux des immigrants des années 1792 à 1793 – et ce dès l'été 1792 – la revendication d'une nouvelle constitution pour la France révolutionnaire. En effet, la Constitution de 1791 leur semble inadéquate pour un peuple libre. L'adoption de la Constitution de l'An I, fin juin 1793, enthousiasme les immigrants allemands en Alsace. Pour l'*Argos*, la Constitution représente une sorte de bible apte à mettre fin, par sa seule présence, au 'désordre' régnant en France. La Constitution de l'An I comme 'loi divine' comparable aux dix commandements de Moïse est considérée comme le garant de la liberté et le moteur du perfectionnement progressif de l'Homme.[39] Le fait que cette 'constitution divine' ne sera jamais appliquée ne préoccupe cependant pas les journalistes.

Après Thermidor An II, les Jacobins allemands effectuent une nouvelle volte-face. Ils abjurent la Constitution jacobine de l'An I et affirment officiellement leur attachement à la Constitution de l'An III. Leur dessein est de se débarrasser des étiquettes de 'Jacobin radical', de 'buveur de sang' et de 'terroriste' dont on les qualifie depuis l'hiver de l'An II. Certaines nuances indiquent pourtant que les journalistes n'étaient pas très satisfaits de la Constitution modérée et peu démocrate de l'An III. Seul le *Wahlmann* se permet des prises de position claires à ce propos, au printemps 1797. La Constitution de l'An III n'est pour lui qu'une solution provisoire, précédant la vraie Constitution de l'An I, qui devrait, selon lui, être appliquée au plus vite.

Politique intérieure, politique extérieure

En poursuivant l'étude des événements qui se déroulent en France au cours de la période qui s'étend de 1791 à 1794, on s'aperçoit que les Jacobins allemands en Alsace ne se contentent pas de soutenir, jusqu'à l'hiver 1793/94, la radicalisation de la Révolution, mais qu'ils s'efforcent

39. *Argos* III, n° 5, 11 juillet 1793, p.33.

aussi d'imposer son application. Les implications négatives de cette radicalisation – dénonciations, détentions arbitraires, épurations, exécutions des adversaires politiques – sont acceptées et même propagées comme moyens nécessaires pour protéger la République. Certes, même les plus radicaux parmi les immigrants allemands ne s'identifient jamais totalement aux sans-culottes parisiens. Cependant, en ce qui concerne la taxation des salaires et des prix, ils exigent des mesures beaucoup plus radicales que celles de la Montagne à Paris.[40]

La chute de la dictature jacobine, sous laquelle deux des immigrants trouvent la mort, n'entraîne pourtant pas une rupture avec toutes les idées jacobines. Bien que les Jacobins immigrés rejettent dans leurs journaux, dès lors, les détentions et les exécutions arbitraires de la Grande Terreur, ils soutiennent toujours des méthodes rigides susceptibles 'd'extirper' les adversaires de la République. Même après 1796, la dénonciation des ennemis publics est considérée comme indispensable pour le bien-être du peuple français. Les feuilles appellent même leurs lecteurs à dénoncer les 'suspects' aux autorités locales.

Au début de la Révolution les immigrants allemands en Alsace s'intéressent notamment au Saint-Empire. Tous les journaux présentent unanimement l'exportation de la Révolution dans les pays de langue germanique comme un objectif. Après la chute de Mayence, en été 1793, et notamment sous le Directoire, certains journalistes comme Kämmerer et Lembert, traumatisés par l'expérience du *sie und nicht wir* ('eux et pas nous') abandonnent leurs rêves d'une Allemagne républicaine et démocrate. Dès lors, Cotta, Metternich et Wedekind sont les derniers qui cherchent, à travers leurs journaux, à convaincre la population des états le long de la frontière française et celle des régions occupées par les troupes françaises, de la nécessité de fonder une république sœur à l'ouest du Saint-Empire. Les déceptions, conséquences de la politique du gouvernement français en Allemagne en 1793, mais aussi du recul de l'armée française en 1796 et en 1799, donnent lieu à une critique acerbe du gouvernement de Paris dans des journaux. Le Directoire, ayant discrédité la réputation de la Révolution ainsi que celle de la République par sa politique dans les territoires occupés, s'aliène de plus en plus les immigrants jacobins.[41]

Un tiers du groupe des journalistes – Joseph Schlemmer, Friedrich Butenschön et Abraham Lembert – réussit à s'intégrer dans le système napoléonien et, après 1815, dans celui de la Restauration. Profondément déçus par le Directoire, et plus tard par le coup d'état du 18 brumaire, les immigrants journalistes quittèrent l'Alsace à partir de 1797 pour se

40. Voir *Argos* III, août-octobre 1792, et S. Lachenicht, 'L'Argos veille sur la Révolution: la Révolution française vue à travers le journal *Argos oder der Mann mit hundert Augen* édité par Euloge Schneider (2 juillet 1793-28 frimaire 1793)', Mémoire de maîtrise inédit, Université Paris I, Panthéon-Sorbonne, 1995, p.94-102.
41. *Der Wahlmann*, n° 24, 28 mars 1797, p.198-200.

réinstaller dans leur pays natal. Les derniers partirent en 1807. Leur carrière dans l'administration du Palatinat bavarois ne les empêcha pas de s'engager dans le mouvement démocratique des états allemands. Abraham Lembert fit partie du groupe des organisateurs de la Fête de Hambach en 1832. De plus, les enfants de Metternich, Schlemmer et Lembert furent membres de l'avant-garde qui revendiqua une constitution républicaine et démocrate pour l'Allemagne.

PHILIP HARLING

The perils of 'French philosophy': Enlightenment and revolution in Tory journalism, 1800-1832

THE vigorous debate over the role of language in the shaping of social and political consciousness in nineteenth-century Britain suggests the need for fresh approaches to the history of journalism.[1] The venerable institutional approach has told us a great deal about the personal and financial connections between the press and the parties and many other factors that shaped editorial practice.[2] But it has paid little attention to the actual language through which journalists sought to project to their readers a particular view of the world. In order to gain a more vivid impression of the versions of public life that periodicals furnished to their readers, it is time to examine the language that journalists used to fashion their images of reality.

The argument here is that the language which Tory journalists used to describe the Enlightenment and the French Revolution and relate them to the domestic political context between Waterloo and the Reform Act deserves especially close scrutiny. For this language reveals a sense of moral panic that historians do not often include among the salient features of the Tory view of the world in this period. Most students of high politics, myself included, have generally ascribed to post-war Toryism a confident pragmatism that sanctioned careful administrative and fiscal reforms as means of legitimating the political status quo. While they concede that Tory politicians were alive to the possibility of a French-style

1. The debate over the 'linguistic turn' was mainly inspired by the work of Gareth Stedman Jones: see especially 'Introduction' and 'Rethinking Chartism' in his *Languages of class: studies in English working-class history 1832-1982* (Cambridge 1983), p.1-24, 90-178. Among the many interesting contributions to the debate are Robert Gray, 'The deconstructing of the English working class', *Social history* 2 (1986), p.363-73; David Mayfield and Susan Thorne, 'Social history and its discontents: Gareth Stedman Jones and the politics of language', *Social history* 17 (1992), p.165-88; Jon Lawrence and Miles Taylor, 'The poverty of protest: Gareth Stedman Jones and the politics of language – a reply', *Social history* 18 (1993), p.1-16.

2. See for example H. R. Fox Bourne, *English newspapers: chapters in the history of journalism*, 2 vols (London 1887); Arthur Aspinall, *Politics and the press, c.1780-1850* (London 1949); *The History of the Times*, 5 vols (London 1935-1985); Lucy Brown, *Victorian news and newspapers* (Oxford 1985); *The Victorian periodical press: samplings and soundings*, ed. Joanne Shattock and Michael Wolff (Leicester 1982), especially parts 2 and 3; Stephen Koss, *The Rise and fall of the political press in Britain*, 2 vols (Chapel Hill, NC, London 1981, 1984), vol.i.

revolution, they conclude that the government response to allegedly subversive activities was firm, but reticent and measured.[3] Indeed, much of the recent literature on the 'loyalist' response to the French Revolution conveys the same message of stability and self-control: while the threats of revolution and subsequently of invasion seemed all too real, the government and its supporters warded them off with considerable self-confidence and limited repression.[4]

The descriptions of public life that the government's supporters read in the Tory press tell a different story, however. An examination of Tory periodicals such as the *Quarterly review, Blackwood's Edinburgh magazine*, the *Anti-Jacobin review*, the *John Bull*, the *Morning post*, and the *Courier* reveals little pragmatic self-assurance, but an obsessive fear of the corrosive influence of French-style speculative philosophy on the British social and political order. It does not seem too presumptuous to suppose that this fear simultaneously inspired and reflected the fears of their readers. Of course, each of these Tory periodicals had its own character. The *Quarterly* was a high-brow and notoriously dense alternative to the *Edinburgh review*.[5] *Blackwood's* was Scottish rather than English, and it was more colloquial, more abusive, and therefore more palatable to Ultra backwoodsmen than the *Quarterly*.[6] The *John Bull* was an ingeniously written daily scandal sheet that in its heyday in the early 1820s enjoyed a considerably larger circulation than the five to ten thousand that was

3. See for example Philip Harling, *The Waning of 'Old Corruption': the politics of economical reform in Britain, 1779-1846* (Oxford 1996), p.150-96; Neville Thompson, *Wellington after Waterloo* (London 1986), p.3; John Derry, 'Governing temperament under Pitt and Liverpool', in *The Whig ascendancy: colloquies on Hanoverian England*, ed. John Cannon (New York 1981), p.125-45; Norman Gash, 'Lord Liverpool and the foundation of Conservative policy', in *The Conservatives: a history from their origins to 1965*, ed. Lord Butler (London 1977), p.51-53; W. R. Brock, *Lord Liverpool and liberal Toryism 1820 to 1827* (Cambridge 1939; repr. 1967), p.1-4; Alexander Brady, *William Huskisson and liberal reform* (Oxford 1928), p.170-72. Boyd Hilton is one of few historians who have tried to go beyond mere pragmatism to show that there was in fact a mechanistic Anglicanism at the heart of post-war Toryism: see Hilton, *The Age of atonement: the influence of evangelicalism on social and economic thought, 1795-1865* (Oxford 1988), especially p.220-26.

4. See H. T. Dickinson, *Liberty and property: political ideology in eighteenth-century Britain* (New York 1977), p.271-73; Clive Emsley, 'An aspect of Pitt's "terror": prosecutions for sedition during the 1790s', *Social history* 6 (1981), p.155-84; Emsley, 'Repression, "terror" and the rule of law during the decade of the French Revolution', *English historical review* 100 (1985), p.801-24; Robert R. Dozier, *For king, constitution, and country: the English loyalists and the French Revolution* (Lexington 1983), p.173; Ian Christie, *Stress and stability in late eighteenth-century Britain: reflections on the British avoidance of revolution* (Oxford 1984).

5. The *Quarterly*'s circulation rose from about 5000 in 1810 (a year after it was established) to 10,000 by 1817, then fell off considerably in the early 1830s: see Samuel Smiles, *A Publisher and his friends: memoirs and correspondence of the late John Murray*, 2 vols (London 1891), i.188, 204.

6. In 1827, ten years after it was founded, *Blackwood's* was selling a little over 6000 copies per issue. Its circulation rose during the Reform crisis, by which time it had become an unofficial Ultra organ: see Frank Tredrey, *The House of Blackwood 1805-1954* (Edinburgh 1954), p.74-75, 79.

typical of the *Quarterly* and *Blackwood's*.[7] The *Anti-Jacobin review*, the *Morning post*, the *New Times*, and the *Courier* tended to be a bit less scurrilous and less widely read than *John Bull*, but the last three, at least, enjoyed respectable circulations.[8] While some of these papers and magazines (like the *Quarterly*) had close ties to the Tory governments, and others (like the *Courier*) were occasionally subsidised by them, others (like *Blackwood's* and the *Morning post*) regularly damned government policy on such crucial issues as Catholic Emancipation and tariff reform. But taken together, they reached a broad Tory audience throughout Britain, and whether successful or failing, respectable or scurrilous, 'liberal' or Ultra, they all sought to convey to their readers a vivid sense of the horrors that inevitably arose from the widespread circulation of speculative principles. Indeed, we shall see that the influential and generally temperate *Quarterly* was particularly obsessed with these horrors.

There are three points to be made about the exposition of 'French philosophy' in the Tory press. Firstly, it was defined as a frantic questioning of all established institutions in church and state that was egomaniacal, perpetually dissatisfied, sophistical, and above all, atheistic. Secondly, it was universally perceived to have been one of the chief causes of the French Revolution. Thirdly, and most importantly, it undercut the Tory press's commonplace assumption of Britons' inherent superiority to the French. Tory journalists insisted that it had been peculiarly French moral weakness that had bred the atheistic nihilism at the heart of the Enlightenment and of the Revolution that the *philosophes* had ushered in. But their habitual optimism about Britain's peculiar moral strength was compromised by a chronic fear that the perils of 'French' philosophy were being spread throughout the nation by Whig libertines and by a licentious plebeian press that preyed on the untutored masses. In short, the journalists who gave post-war Toryism its public face furnished it with a far more worried expression than the scholarly emphasis on pragmatism has taught us to appreciate.

'Philosophy' was anything but rigorously defined in the Tory press. Journalists imitated Burke's habitual use of the word as a catch-all pejorative to attach to the ideas and actions of the leading *philosophes*[9] and

7. It was already selling 10,000 copies in its sixth week of publication, and its circulation continued to skyrocket in the next several months: see H. R. Dalton Barham, *The Life and remains of Theodore Edward Hook*, 2 vols (London 1849), i.204. At the height of its popularity, Lord Lowther thought that *John Bull* was read in all the public houses (Aspinall, *Politics and the press*, p.29).

8. Of the fifteen London dailies in 1821, for instance, only the *Times* paid more in stamp duties than the *Courier* – £45,000 as against £27,000; the *New Times* ranked sixth at £14,000 and the *Morning post* seventh at £11,000 (*Parliamentary papers* 21, 1822, p.382-83).

9. For the many differences among the *philosophes*, see Maurice Cranston, *Philosophers and pamphleteers: political theorists of the enlightenment* (Oxford 1986).

their ostensibly revolutionary devotees in France and Britain.[10] But it is easy enough to identify the constituent elements of this baneful 'philosophy'. At the most general level, it was a restless and ultimately senseless spirit of inquiry that questioned the utility of all existing institutions. Thus, according to the *Anti-Jacobin review*, the Enlightenment and French Revolution had unleashed 'the spirit of Laputa', in which 'the sedentary thinker [...] arrogated to himself the right to legislate for the Utopian realms explored by fancy'.[11] The *Review* strongly agreed with the twenty-year-old judgement of its predecessor, the notorious *Anti-Jacobin*, that this speculative energy had fuelled an attack on all traditional ideas and establishments by which humankind had improved its lot in the world. This 'new and liberal system of ETHICS', the *Anti-Jacobin* had argued, was designed 'not to bind but to loosen the bands of social order'. Its 'doctrine [was] formed not on a system of reciprocal duties, but on the supposition of individual, independent, and unconnected rights', which taught that 'the most received notions are for the greater part the most faulty'.[12] 'Our new philosophers', the *White dwarf* concurred, simply could not leave well enough alone. While 'wise men' knew that 'a little plain and practical knowledge is preferable to artificial or superficial acquirements', they 'institute scientific inquiries', and 'imagine that man's moral existence must be conciliated with scholastic syllogisms'. This was 'a baneful innovation upon long and approved courses of moral conduct'.[13] Rather than working to fortify the venerable institutions that had brought European civilisation so much prosperity and stability, Tory journalists continually asserted, 'philosophy' insisted on building castles in the air. It was far better, they insisted, to concentrate on making the existing world a better place. Thus the *Anti-Jacobin review* went out of its way to praise *A Treatise on domestic poultry, pigeons, and rabbits*, noting that 'the directions given are evidently the result of *practical* knowledge, which is much better than the most profound, or sublime, theory of speculative philosophers'.[14]

Tory journalists insisted that this speculation was supremely egotistical. The *philosophes* who had ushered it into the world, they alleged, were megalomaniacs who had built themselves up by running down virtually

10. See for example Edmund Burke, *Reflections on the revolution in France*, in *Two classics of the French Revolution* (New York and London 1989), p.91, 153; Nigel Everett, *The Tory view of landscape* (New Haven 1994), p.178. For Burke's rhetorical flourishes, see for example William Hazlitt, 'Character of Mr Burke', in *The Complete works of William Hazlitt*, ed. P. P. Howe, 21 vols (London 1930-1934), vi.308-309 and xviv.271-72; David Bromwich, *Hazlitt: the mind of a critic* (New York, Oxford 1983), p.288-99; Steven Blakemore, *Burke and the fall of language: the French Revolution as linguistic event* (Hanover, NH and London 1988), especially ch.5 and 6.

11. *Anti-Jacobin review* 54 (April 1818), p.105-1066.

12. *Anti-Jacobin*, prospectus (1797), p.6.

13. *White dwarf* 13 (21 Feb. 1818), p.194.

14. *Anti-Jacobin* 51 (December 1816), p.374-75.

every existing institution. Voltaire, Rouseau, Diderot, d'Holbach, Condorcet and company, *Blackwood's* noted, had started from the malevolent proposition 'that self was the first and sole spring – the *primum mobile* of human action'.[15] One of the vainest of this motley crew was Rousseau, whose *Confessions* were often singled out as a breathtaking display of egotism – 'the characteristics of a selfish, depraved, and unprincipled profligate',[16] dressed up as a bold declaration of individual liberty.[17] Rather than pointing out to readers their moral obligations, Rousseau and his fellow-travelers had allegedly published a series of primers on amoral selfishness.

Tory writers habitually associated the ostensible egotism of 'philosophy' with what they considered its most prominent characteristic: atheism. The utter contempt that Voltaire and the others had shown for the traditions of the Catholic Church in France, they affirmed, went far beyond an attack on bigotry and superstition: it amounted to an attack on Christian morality as a whole. Voltaire and the Encyclopedists, the *Quarterly review* charged, had set up 'a system of mock morality, which, assuming to be a fit substitute for religion itself, directly tended to overturn all morals, and every mode of faith'.[18] This false code of morality, it insisted, had its source in Voltaire's overweening love of self:

It was vanity that tempted him to undermine the faith of his countrymen by ridiculing the established worship, and representing those by whom it was administered under the odious character of hypocrites. The hostility of Voltaire toward the Christian dispensation is rather that of a rival than of a philosopher. He wished to overturn it, not so much from his entering any solid objection to its beautiful theory, [...] as because he envied the glory of its divine author, and even hoped to be able, if Christianity was abolished, to introduce in its place a system of moral indulgence of which he might become the pontiff and patriarch.[19]

Hence Tory writers contended that the vanity and atheism of the *philosophes* came together in a series of writings which sought to replace the Bible as the true source of morality and which culminated in the *Encyclopédie*: 'Dreadful indeed were the impressions to which this work accustomed the French public. Irreligious doctrines began to prevail in

15. *Blackwood's Edinburgh magazine* [henceforth *Blackwood's*] 9 (July 1821), p.397.
16. *Anti-Jacobin* 21 (August 1805), p.476-77.
17. *Quarterly review* 8 (December 1812), p.298-300. The writers of many of the anonymously-published articles in the *Quarterly* are identified in Hill Shine and Helen C. Shine, *The Quarterly review under Gifford: identification of contributors 1809-1824* (Chapel Hill 1949), and in *The Wellesley index to Victorian periodicals, 1824-1900*, ed. Walter Houghton, 5 vols (Toronto 1966-1989), vol.i. Many *Blackwood's* contributors are also identified in the *Wellesley index*, vol.i, as well as in A. L. Strout, *A Bibliography of articles in Blackwood's magazine 1817-1825* (Lubbock, TX 1959). For more on the British response to Rousseau's *Confessions*, see Seamus Deane, *The French Revolution and Enlightenment in England 1789-1832* (Cambridge, MA and London 1988), p.8; Eamon Duffy, *Rousseau in England: the context for Shelley's critique of the Enlightenment* (Berkeley and London 1979), p.37-53.
18. *Quarterly* 34 (September 1826), p.484.
19. *Quarterly* 11 (April 1814), p.177.

the capital, which, in fact, was the sole efficient portion of the kingdom, in matters of opinion.'[20] Thus atheism, thinly disguised as a benevolent deism, was the salient feature of 'French philosophy'. There was no doubt in the minds of Tory pressmen that it had prepared the French people for the worst excesses of the 1790s. As the *Quarterly* concluded, 'the French Revolution has furnished the most satisfactory comment upon the GRAND EXPERIMENT of the philosophers; and we are firmly persuaded, that no person in future, unless [...] labouring under mental derangement, will attempt to govern mankind, by simple reason, unassisted by the light of revelation'.[21]

It is hard to exaggerate the persistence with which Tory journalists pinned the blame for the Revolution on 'atheistic' philosophy. But they were careful to ascribe the Revolution to other causes as well. The 'invidious distinction' between the nobility and the Third Estate, enshrined in palpably unjust laws, had clearly been a source of deep and understandable resentment.[22] 'Feudal rights, oppressive privileges, ecclesiastical monopoly, the imperfect distribution of justice' had all 'called aloud for reform', even if they had not called for 'such extirpation as that which was inflicted upon the French monarchy'.[23] The *ancien régime*'s atrocious financial position, which had brought the government to the verge of bankruptcy and forced the fatal convocation of the estates general, was an obvious cause of the ensuing disaster.[24] The alleged personality flaws of reformers such as Necker – who had been too indulgent towards a dangerous opposition[25] – and of early revolutionary leaders such as Lafayette and the duc d'Orléans – who had been, respectively, too short-sighted and too power-hungry to see that they were riding a tiger,[26] also had much to answer for. Above all, the corruption and decadence that reached its peak during the reign of Louis XV had undermined public trust in the monarchy and had thus victimised his chaste and honest successor along with Marie Antoinette who, if not quite the angel Burke had made her out to be, was nevertheless far more sinned against than sinning.[27] But Tory writers were especially adamant in their insistence that the progress of atheistic philosophy had paved the way for revolution.

Even if we acknowledge the difficulty in proving the causal links between big ideas and big events, there is no reasonable doubt that some

20. *Quarterly* 27 (April 1822), p.168.

21. *Quarterly* 9 (April 1814), p.177.

22. *Blackwood's* 30 (1831), p.82-83. See also *Quarterly* 27 (April 1822), p.149-50.

23. *Quarterly* 28 (January 1823), p.309.

24. See for example *Quarterly* 37 (April 1822), p.156-62.

25. See for example *Anti-Jacobin* 60 (May 1821), p.241-2.

26. *Quarterly* 28 (January 1823), p.286; *Shadgett's weekly review* 1 (10 October 1818), p.290.

27. See for example *Quarterly* 11 (April 1814), p.155-56; 28 (January 1823), p.449, 455-56, 460, 512-14; 39 (April 1829), p.484-87.

such links connect the Enlightenment to the Revolution.[28] Indeed, some of the most influential recent scholarship on eighteenth-century France has shown that speculative philosophy reached a broad audience through multiple editions of learned treatises, scurrilous *libelles*, and even pornography – all of which were related in complex ways, and all of which facilitated a long-term process of de-Christianisation and the delegitimation of royalty that help to make the violence of the 1790s more comprehensible.[29] But there was no subtlety at all in the Tory scribblers' analysis of the philosophical background to revolution. As late as the 1820s, for instance, some of the cruder Tory journals, such as the *Anti-Jacobin review*, still endorsed the conspiracy theories of the abbé Barruel's *Mémoires pour servir à l'histoire du Jacobinisme* (4 vols, 1797-1798) and John Robison's *Proofs of a conspiracy against all the religions and governments of Europe* (1797), whose assertions of an atheistic, revolutionary alliance among *philosophes*, Freemasons, and Illuminati had echoed from many an English pulpit in the late 1790s.[30]

Even more sophisticated and dignified journals like the *Quarterly* insisted that atheistic philosophy had simply hoodwinked the French people into a contempt for Catholicism and kingship that ultimately exploded in violence. 'The lower classes are in general inclined to respect the established worship, whatever it may be', it concluded:

But when they are continually told that priests are impostors, and that religion is a farce, they begin to suspect that they have been deceived, and grow outrageous at the idea of having so long sacrificed their pleasures and interests to a chimera. Of this the French philosophers were fully aware, and directed their batteries accordingly. [...] Erudition, philosophy, and brilliancy of wit, and the fascination of style, had been successively employed for the diabolical purpose of undermining the throne and altar.

28. See for example Michael Sonenscher, 'Enlightenment and revolution', *Journal of modern history* 70 (1998), p. 371-83.

29. See the monumental work of Robert Darnton: *The Business of enlightenment: a publishing history of the Encyclopédie, 1775-1800* (Cambridge, MA 1979); *The Literary underground of the Old Regime* (Cambridge, MA 1982); *The Great cat massacre and other episodes in French cultural history* (New York 1984); 'Philosophy under the cloak', in *Revolution in print: the press in France 1775-1800*, ed. Robert Darnton and Daniel Roche (Berkeley 1989), p.217-49.

30. See for example *Anti-Jacobin* 60 (June 1821), p.358-59; Deane, *French Revolution and Enlightenment in England*, ch.2, especially p.23-27, 31-34. For the popularity of the conspiracy thesis in the late 1790s, see for example Bernard Schilling, *Conservative England and the case against Voltaire* (New York 1950), p.250-72; Robert Hole, 'English sermons and tracts as media of debate on the French Revolution', in *The French Revolution and British popular politics*, ed. Mark Philp (Cambridge 1991), p.29-30, 36; Hole, *Pulpits, politics and public order in England 1760-1832* (Cambridge 1989), p.153-56; R. A. Soloway, *Prelates and people: ecclesiastical social thought in England 1783-1852* (London, Toronto 1969), p.36-45; Klaus Epstein, *The Genesis of German conservatism* (Princeton 1966), ch.10; Jacques Godechot, *The Counter-revolution: doctrine and action 1789-1804*, translated by Salvator Attanasio (Princeton 1971), ch.3.

'The poison was skillfully instilled', the *Quarterly* concluded. 'Now dignified with the pomp of metaphysical acuteness, it attacked the understanding of those who aspired to literary renown; now clothed in the lighter garb of a pamphlet, or the voluptuousness of a romance, it perverted the mind by inflaming the passions.'[31] Thus, according to *Shadgett's weekly review*, the ideas of Diderot, D'Alembert, Voltaire and Rousseau had firmly taken root by the time of the meeting of the Estates General, and their 'direct tendency' was to 'destroy the mutual ties that cement society, and to exalt vice and immorality, at the expense of virtue and religion'.[32] In short, the French nation had simply been duped by the baneful allurements of speculative reasoning.

If atheistic philosophy was chiefly responsible for the outbreak of revolution, Tory journalists declared, it was likewise responsible for the degeneration of revolution into an orgy of violence. The indignity and death that Louis XVI suffered at the hands of the Convention had really been foretold by the sedition of the *philosophes*, according to *Blackwood's*: by whom else had the people been taught 'that kings were to be considered as malefactors'? So, too, had the deaths of untold numbers of priests, and the substitution of the goddess of reason for the biblical God: 'was it the ratiocination of the rabble that made the sublime discovery that there was no god in heaven? Had Voltaire and Rousseau no influence in metamorphosing the temple of religion into a shrine where bawds were worshipped?'[33] *Blackwood's* concluded that the philosophical attack on religion had inevitably led to the worst excesses of the Convention:

The Revolution had been commenced fifty years before; and its commencement was not in railings at the vices of government, or sorrowings over the pressures of the people, but in scoffing at religion. The first act of popular supremacy was to tear down, stone by stone, the altars of France, and cover their ruins with the blood of the priesthood. The grand success was to abolish the principle of religion. All thenceforth was easy, and in the natural flow of human things. The massacres, the innumerable and indescribable abominations of France, were the simple result of the extinction of the belief in a God, and a future state.[34]

The complete breakdown of morality in France, the *Quarterly* concurred, followed the Convention's effort to introduce deism, which was itself the result of the philosophical assault on Christianity. Efforts to abolish public worship bequeathed to revolutionary France nothing but 'multiplied cases of suicide, revolutionary tribunals [...], prisons crowded with innocent persons, permanent guillotines, perjuries of all classes, parental authority set at nought', and 'debauchery encouraged by a regular

31. *Quarterly* 11 (April 1814), p.174.
32. *Shadgett's weekly* 1 (14 November 1818), p.331.
33. *Blackwood's* 11 (May 1822 p.507-508).
34. *Blackwood's* 22 (August 1827), p.188.

allowance to those who were called unmarried mothers'.[35] In short, Tory journalists, whether 'respectable' men of letters or hacks, ascribed virtually every revolutionary excess imaginable to the cancerous spread of atheistic philosophy.

It is no surprise to discover that the Tory press should conclude that the French were all-too-willing victims of this philosophy, or indeed that it was a French invention. Francophobia had a distinguished pedigree in Britain, and it became especially rabid on the right wing of politics during and immediately after the Napoleonic wars.[36] Indiscriminate bashing of all things conceivably French was a hallmark of Tory journalism in this era.[37] Even the sober and solemn *Quarterly* engaged in the favorite national game of French-baiting with a gusto that it usually reserved for discussions of dry rot or the price of corn. Thus it concluded that 'the French accommodate themselves more easily than any other Europeans to the habits of savage life' because the Frenchman 'has no sense of moral dignity; to become a savage he has nothing to do but to put off the coxcomb'.[38] Thus, likewise, it could trace the savagery of the Revolution back to French history and French character. After all, 'the French nation is that in which, of all the nations of Europe, [...] vice has been, in every period, the most prominent and inveterate'.[39] 'The persecutions, ten times repeated during thirty years, of all who owned the existence of a God, were but the multiplied progeny of the St. Bartholomew and the *Dragonades*', just as the peasants who torched châteaux in 1789-1790 were but 'a philosophical *Jacquerie*'.[40] The savageries of the Vendée, moreover, were but so many 'ebullitions of that national character which has made the civil wars of France more atrocious than those of any other European people'. While the English had had their own fratricidal disputes, they 'never wore human ears for cockades, they never cut off noses to stick upon their bayonets, they never butchered women and children, they had no *noyades*, no fusillades, no Septembrizings!'[41] The *Quarterly* concluded that it was small wonder, given the moral frailty and downright beastliness of the French temperament, that the common people of France were so easily manipulated by designing atheists. The Frenchman was endowed 'with greater mobility of temper, and less practical wisdom to govern it' than the Englishman. As such, he 'constituted one of the aptest subjects [on] which perverted knowledge could exert its

35. *Quarterly* 28 (January 1823), p.509. See also *Quarterly* 34 (September 1826), p.453-55.
36. See for example Gerald Newman, *The Rise of English nationalism: a cultural history, 1740-1830* (New York 1987), p.210-21; Linda Colley, *Britons: forging the nation, 1707-1837* (New Haven 1992), p.17, 24-25, 33-35, 86-90, 215-22, 312, 368; Harling, *The Waning of 'Old Corruption'*, p.46-48.
37. See for example Deane, *French Revolution and Enlightenment in England*, p. 35-42.
38. *Quarterly* 2 (November 1809), p.331.
39. *Quarterly* 25 (July 1821), p.564-65.
40. *Quarterly* 28 (January 1823), p.275. See also *Quarterly* 13 (July 1815), p.398-99.
41. *Quarterly* 15 (April 1816), p.9.

malevolence, to rouse him to fury, to instigate and to misguide his passions'.[42] Given these baneful propensities, it was no wonder that 'philosophy' had been able to deceive the French into killing their king, their priests, their nobles, and each other.

Of course, an even more common assertion of the Tory press than France's peculiar moral weakness was Britain's peculiar moral strength. Emphatic comparisons of British excellence with French frailty had been the stock-in-trade of the 'loyalist' press from the early 1790s forward. The most common point of contrast had been the one between Britain's ancient and France's new-fangled constitution. 'THEIRS was a mush-room plan grown up in a night, and demolished as quickly as it was framed – the produce of Fancy, and containing nothing more substantial than mere theory', John Bowles had made his sturdy English farmer say in a pamphlet of 1792. 'OURS, like the English oak too, is useful and durable, forming the strength, while it secures the lasting happiness of the nation.'[43] The main argument of Burke's *Reflections* was that Britons had preserved the constitution's oak-like strength through timely doses of practical reform, whereas the French were miserable because they had done away with their constitution altogether: 1789 led to calamity mainly because it bore no resemblance to 1688. This remained a favorite argument among Tory pressmen. *Blackwood's*, for instance, suggested that the National Assembly had done a fine job so long as it had taken steps to make the French political system look more British – through the abolition of unfair taxes and palpably unjust hereditary privileges, for instance. But once it confiscated Church lands, the Assembly ceased to bear any resemblance to Britain's venerable political institutions, and the chaotic result was predictable.[44] In short, the French Revolution became a disaster the moment it ceased to look English.

Another commonplace assumption of British superiority among turn-of-the-century 'loyalists' was that their nation's rise to prosperity was a mark of its moral and political excellence. A seemingly ubiquitous retort to Tom Paine's attack on the balanced constitution was that it had fostered an unparalleled standard of opulence: why tamper with in-stitutions that had brought such widespread comfort?[45] Subsequently, as British wealth continued to grow during a quarter-century of virtually continuous warfare that left the French financially exhausted, the Tory press took care to point out what it considered to be the obvious moral.

42. *Quarterly* 27 (April 1822), p.166-67.

43. [John Bowles], *Dialogues on the rights of Britons, between a farmer, a sailor, and a manufacturer* (1792), in *Political writings of the 1790s*, ed. Gregory Claeys, 8 vols (London 1995), vii.249.

44. *Blackwood's* 3 (September 1818), p.636.

45. See Gregory Claeys, *Thomas Paine: social and political thought* (London 1989), p.153-58; Philip Harling, 'The politics of administrative change in Britain, 1780-1850', *Jahrbuch für Europäische Verwaltungsgeschichte* 8 (1996), p.3-4.

'One of the most taunting delights of the French', the *Quarterly review* affirmed, 'is to cast in our teeth the penury of our soil, the ungratefulness of our climate, and the scantiness of our national means'. In fact, 'if they loved us, they could not pay a nobler homage to our virtues and our wisdom than is unconsciously conveyed in this sneer at the original exiguity of our means'. For while the French had depleted their natural advantages, the British, with a smaller population and a smaller territory 'not flowing with wine and oil, [...] have risen to a height which, even while they rail at it, they can hardly scan'.[46] What was the source of this comparative prosperity? Britain's comparative morality. 'We', unlike the French, 'are too busy a people to be vicious. We have not time to carry on long and complicated intrigues, to be profound in duplicity. [...] We have other matters to settle; and better is it for us to be condemned to labour for our country's good than to luxuriate in olives, wines, and vices.'[47]

Britain's moral superiority had not only made the nation wealthy while the French squandered their patrimony, the *Quarterly* suggested. It had also shielded the nation from the atheistic philosophy that had been the true source of France's ruin. Thus the comparison between Dr Johnson and Diderot was instructive. Both were self-made men of letters whose scholarship had won them immortal fame. 'But the moral contrast! – On the one side, the deep, the conscientious, the morbid religion, the stern and uncompromising moral sense'; on the other, 'the total want of any settled or definite creed or opinion, the perverse delight in calling into question, and submitting to a cold analysis, the most sacred principles, the most instructive feelings, the common decencies of nature'.[48] When the speculative ideas of a Hume or a Voltaire did make headway in fashionable British society, moreover, they were immediately stymied by the moral example of George III's court. 'They did carry all before them in France', where court corruption had helped them along. 'But, in this country, they received a timely and decisive check from the character of the late king.' Before him, 'the court of England [...] had only been less openly immoral than those of the Continent'. During Farmer George's reign, however, it 'became distinguished for its morality'.[49]

While Diderot had been answered by the example of Johnson, and Voltaire and Hume by George III, Paine had been answered even more categorically, on paper, by the bishop of Llandaff, Richard Watson, in his *Apology for the Bible*.[50] According to *Blackwood's*, Paine's assault on the truths of the New Testament in the *Age of reason* 'had a miserable effect on those utterly ignorant creatures, before whom, for the first time, they were

---

46. *Quarterly* 23 (May 1820), p.186.
47. *Quarterly* 34 (September 1826), p.448.
48. *Quarterly* 47 (July 1832), p.329.
49. *Quarterly* 28 (January 1823), p.519.
50. Richard Watson, *An Apology for the Bible, in a series of letters addressed to Thomas Paine, author of a book entitled, 'The Age of reason', part the second* (London 1796).

brought'. Watson's name should be added to the list of Britain's moral champions because 'he followed the infidel through all his paltry shifting', and his 'superiority in all points was so manifest and conspicuous, that every spectator saw the victory, and acknowledged that the victorious champion had Heaven upon his side'.[51] Thus we see a crude Christian winner's history emerging in the Tory press in the first decades of the nineteenth century. British morality went to war against 'French' philosophy, and scored a resounding victory.

Nowhere was this winner's history cruder than in the glee with which its chroniclers danced on the graves of their vanquished foes. The Tory press deemed Britain's victory to be God's, and it emphasised that the ultimate mark of God's victory was the horror that the leading infidel writers were supposed to have faced on their deathbeds. Time and again it served up the old story that Voltaire, as he lay dying, 'called in agony upon his vilified Saviour, and begged for that sacrament which he had so often ridiculed – and at last expired in the greatest torments, cursing himself and all around him'.[52] The truth, it appears, was that Voltaire had agreed to a recantation of his heretical views on Christianity not because he believed in supernatural religion, but simply because he did not want to suffer the final indignity of having his body thrown into a ditch.[53] Tory papers likewise asserted that God had forced a deathbed concession of defeat from Tom Paine. The *Courier*, for instance, quoting an account of Paine's death that it claimed had been written by Hannah More, alleged that among his final words were these: ' "If ever the devil had an agent upon earth, I AM THAT MAN" '.[54] This account scarcely matches that of several biographers who emphasise that the dying Paine dreaded and resisted the pious invaders of his sick-chamber who sought to bully him into a profession of Christian faith.[55] But of course the Tory press was not about to let accuracy deny it the pleasure of ending its stories of British moral victory with a most decisive statement of infidel defeat.

The perpetuation of such victorious myths was very much in keeping with the Christian optimism of Tory journalism. This optimism was a particularly salient feature of the *Quarterly review*. The *Quarterly* was firmly committed to a theodicy that incorporated Paley's benevolent God,

51. *Blackwood's* 2 (March 1818), p.696-97.

52. *Shadgett's weekly* 2 (22 May 1819), p.156. See also *Courier*, 4 September 1819, p.4; *Anti-Jacobin* 41 (October 1821), p.139 and *Anti-Jacobin* 61 (December 1821), p.320; Deane, *French Revolution and Enlightenment in England*, p.32. For a detailed account of the conservative myth of Voltaire's death agony, see Schilling, *Conservative England and the case against Voltaire*, p.286-91.

53. See for example Richard Aldington, *Voltaire* (London 1925), p.124; H. N. Brailsford, *Voltaire* (Oxford 1935), p. 236-37; Theodore Besterman, *Voltaire* (New York 1969), p.527.

54. *Courier*, 9 November 1819, p.4. See also *Courier*, 14 October 1819, p.2; *New monthly magazine* 6 (August 1816), p.4-5.

55. See for example Moncure D. Conway, *The Life of Thomas Paine*, 2 vols (New York and London 1892), ii.414; Claeys, *Thomas Paine*, p.36.

Butler's strict message that one should not question God's ways too deeply, and a Christian faith in the revelatory power of natural science. There was a divine purpose behind everything, it insisted. Thus 'he who contemplates the history of the world with the faith of a Christian and the comprehensive view of a philosopher' would perceive a harmonious order 'in the course of human events'. 'Evil there has been, and evil there will be. [...] But it has ever been, and it ever will be subservient to good upon the great scale.' God even intended a greater good to arise from the evils of the French Revolution.[56] Moreover, while the discoveries of geology did not fit a literal reading of Genesis, they nevertheless showed the genius of the biblical God, and thus enlarged 'our conceptions of the power and wisdom of the Creator', if one but fixed one's mind on His grand design.[57] Ultimately, the *Quarterly* argued, all one need do was to follow Bishop Butler and withdraw one's attention from the seeming paradoxes of the Bible in order to obtain a just appreciation of the whole – 'to see, in the administration of this world, a beautiful uniformity throughout'.[58] 'We must submit our reason to the obedience of faith, and restrain at its commencement that inquisitive spirit which fain would presumptuously pry into those mysteries which the Angels contemplate with awe',[59] and when we find ourselves questioning God's design too closely, we should follow Dr Johnson's example and confront our religious doubt on bended knee.[60]

The *Quarterly* exhorted its readers not only to emulate Butler by refusing to question God's design, but also to emulate Paley in celebrating God's plan as it revealed itself in a harmonious world.[61] Even pain, as Paley taught, was 'productive of good', because 'it is seldom both violent, and long continued; and then its pauses and intermissions become positive pleasures'.[62] Hence, as Paley himself sought to remind the common people during the Paineite scare of the early 1790s, there were abundant 'reasons for contentment'.[63] The ultimate message of the

56. *Quarterly* 7 (June 1812), p.437-38.

57. *Quarterly* 36 (June 1827), p.222. See also *Quarterly* 34 (September 1826), p.539; *Quarterly* 27 (July 1822), p.476; *Quarterly* 29 (January 1823), p.158-59, 162-63. For 'scriptural geology' see C. C. Gillispie, *Genesis and geology: a study in the relations of scientific thought, natural theology, and social opinion in Great Britain, 1790-1850* (Cambridge, MA 1951); Hilton, *The Age of atonement*, p.149-54.

58. *Quarterly* 43 (May 1830), p.184.

59. *Quarterly* 33 (March 1826), p.374.

60. *Quarterly* 28 (January 1823),: p.532-33.

61. For Paley, see for example D. L. LeMahieu, *The Mind of William Paley* (Lincoln, NE 1976); Hole, *Pulpits, politics, and public order*, p.73-82.

62. *Quarterly* 38 (October 1828), p.314. See also *Quarterly* 2 (August 1809) p.75; *Quarterly* 9 (July 1813), p.398-99. This intermingling of Paleyan optimism and Butlerian discipline in the *Quarterly* suggests that the two may not have been so radically separated in contemporary thought as Boyd Hilton makes them out to have been. See Hilton, *The Age of atonement*, p.177.

63. [William Paley], *Reasons for contentment, addressed to the labouring part of the British public* (1792), in *Political writings of the 1790s*, ed. Claeys, vii.219-20.

Quarterly's Christian theodicy was, quite simply, that Britons should accentuate the positive and eschew the speculative. Excessive attention to the mysteries and the discomforts of this world could easily lead the unsuspecting Christian into the snares of abstract thought.

Thus Christian optimism and a dogged belief in Britain's moral supremacy were salient features of the Tory press between Waterloo and the Reform Act. But they failed to mask a growing anxiety that French-style philosophy was indeed alive and flourishing in Britain. By the late 1810s, the sense of moral panic that gripped the 'loyalist' journalists of the 1790s was exerting a deep influence on their successors. This second generation insisted that Spa Fields, the march of the Blanketeers, Peterloo, and the Caroline agitation had largely been inspired by atheistic rabble-rousers in the press and at public meetings who were teaching the people to be discontented with their place in the world, just as the *philosophes* and their popularisers had done in France. Ultimately, their confidence in Britain's moral superiority was undermined by a chronic fear that 'French' philosophy had made its way across the Channel and into the growing urban working-class districts.

They identified two main carriers of atheistic 'philosophy', the Whigs and the radical press, and attacked them with the same ferocity they had shown towards Voltaire and Rousseau. The putative libertinism, infidelism, and Francophilism of the Whig aristocracy was already a well-established trope before the French Revolution. The Foxites' reluctance to wage war against the Jacobins made them that much more suspect in the minds of 'loyalists'. Thus it is not surprising that when an avowedly whiggish journal devoted to scholarship and *belles-lettres* was established in Edinburgh in 1802 and quickly rose to prominence, Tory writers labeled it a conduit for French-style atheism. The *Anti-Jacobin review*, for instance, drew attention to 'the admiration openly displayed, by the Edinburgh reviewers, of the principal writings of the infidel Voltaire'. It concluded that they 'probably knew, that the works of Voltaire, and of other infidel and licentious writers in France, had operated most powerfully in producing that disposition of mind [...] which paved the way for the destruction of all civil and religious establishments, and, indeed, for the eradication of all religious and moral principles', and promoted them accordingly.[64] 'In Edinburgh, where the spawn was first deposited', affirmed the *John Bull*, 'there is a regularly established school of Free-Thinking – more mischievous, because more licentious – more prevalent, because more practical' than the deistic writings of the eighteenth century. Moreover, just as 'it was the policy of the French philosophers to infuse their poison at the fountain head, that it might spread more surely through every channel in its descent', so did advocates of popular education in the *Edinburgh review* such as Henry

64. *Anti-Jacobin* 38 (February 1811), p.141-42.

Brougham 'penetrate into our very nurseries, lest the mind should be too early armed against the future machinations meditated against the established order of things, through their agency!'[65]

Similarly, *Blackwood's* drew attention to 'the skeptical, and all too often infidel, character of the *Edinburgh review*' in order 'to put young speculative minds on their guard against the delusive subtleties of that insidious infidelity', because 'nothing had such charms for them as philosophical discussion, especially when it seeks to overthrow ancient prejudices, and invests the stripling student with the proud character of a discoverer'. The Edinburgh reviewers had done their treacherous work by ridiculing missionary activity; by talking of Christianity 'merely as an excellent and rational moral system to be introduced among the nations, only after they had been enlightened by civil polity'; by 'endless eulogies on the genius and erudition of infidel writers, in which the faint censure of their principles showed how completely those principles were approved'; and by 'raising up objections to the truth of revelation, without any attempt to remove them out of the way'.[66] Even the generally more restrained *Quarterly* joined in hurling accusations of atheistic philosophising not only at the *Edinburgh review*, but at the Whigs as a whole, who allegedly declared that

all which Heaven has pronounced to be true, is false; that all which human experience has proved is necessary, is needless; that human nature is immaculate, and that governments and laws which prevent the populace from doing what it pleases are alike unjust and tyrannical. If a man with them is to be 'liberal and enlightened' [...] he must be, if not the open foe, the secret despiser of religion, the violator of the laws of honour and morality, a turbulent and disaffected subject, and a sensual and unprincipled member of society.[67]

Indeed, there was no real difference between the blasphemous and revolutionary trash printed by the Whig papers and that spewed forth by the radical press: 'Hunt and Wooler could say nothing that was not in substance said by the Whigs; and Cobbett and Hone could publish nothing that was not in substance published by their papers.'[68]

While the Tory press equated Whig 'philosophy' with the leveling infidelism of radical journalists, it actually felt far more threatened by the likes of Cobbett and Richard Carlile than it did by Brougham or Francis Jeffrey. There was an alarmism in Tory descriptions of the burgeoning influence of the plebeian press that contradicted their boasts about Britain's moral superiority. It was first discernible in the last years of the Napoleonic War, when it was mainly directed at Cobbett's *Political register* and Leigh and John Hunt's *Examiner*. But it did not reach a fevered pitch

65. *John Bull*, 15 May 1825, p.156.
66. *Blackwood's* 4 (November 1818), p.228-29.
67. *Quarterly* 28 (October 1822), p.211.
68. *Quarterly* 28 (October 1822), p.213.

until the late 1810s, when a truly massive outdoor reform campaign emerged simultaneously with such avowedly republican and deistic plebeian papers as Carlile's *Republican*. By 1820, the confident platitudes about British exceptionalism typical of the Tory press were all but drowned out by fears of a radical conspiracy to destroy public confidence in the crown and the Church through a press campaign of blasphemy and sedition.

Tory pressmen perceived the growth of a new style of licentious journalism during the Napoleonic War. Where the *philosophes* and their popularisers had been speculative, axiomatic, and generally refined, they observed, Cobbett and company were instinctive, focused on the particular rather than the general, and deeply scurrilous. But if the new plebeian journalism did not have the intellectual distinction of eighteenth-century 'philosophy', it adhered to the same goal: to foster the broadest possible dissatisfaction with established institutions in order to promote chimerical schemes of social perfection. The 'new demagogues', according to the *Quarterly*, 'understood the temper of the vulgar too well to preach to them of fine fabrics of society, the diffusion of general knowledge, and the millennium of wisdom and philosophy'. But while the 'radical reform' which the new men were preaching was 'a safer text than revolution', the 'same sermon will suit either; the same end is effectually furthered by both. The folly and stupidity of ministers, the profligacy of public men, the oppressiveness of government, and the waste of public money, are the anarchists' constant theme'.[69] The goals of 'philosophy' thus remained the same, however much the style of its journalistic proponents might have changed. 'They, who are labouring to seduce the people', the *Quarterly* continued, 'fail not to allure them (like the tempter of old) with promises of unattainable good, perverting to vile purposes the sacred names of laws, liberty, and constitution, and dealing out vague generalities and inapplicable truisms,while their main appeal is to the vanity and the evil passions of the uninstructed multitude'. In this respect, 'our sappers and miners tread faithfully' in the footsteps of 'Marat and Hebert', the true legatees of the *philosophes*, who 'were continually talking to the people of their rights, and representing themselves as the enlightened friends of humanity'.[70] Thus, when it came to the nefarious ends of 'philosophy', the more things changed, the more they stayed the same.

After the war, Tories started making more specific equations of the new-style radical journalists and pamphleteers with 'French'-style in-fidelism. These comparisons became increasingly shrill, as the rise of the outdoor reform movement coincided with what seemed to be a growing affection for blasphemy among radical writers. Tory scribes were

69. *Quarterly* 8 (December 1812), p.346.
70. *Quarterly* 8 (December 1812), p.342-43.

particularly alarmed in late December 1817, when William Hone was acquitted by three separate Westminster juries on multiple counts of blasphemy and seditious libel that were charged against his political parodies of the scriptures and the Anglican forms of worship – *John Wilkes's catechism, The Political litany,* and *The Sinecurist's creed.*[71] 'It was precisely by such steps as Hone had taken', insisted the *Morning post,* 'that the people of France were prepared for the Revolution by Voltaire and his gang of infidels.' The only difference was that an English jury had explicitly condoned the blasphemy which the *ancien régime* had at least officially outlawed. 'The whole country will now be inundated with such obnoxious ribaldry, till not only popular outcry and odium are raised' against all the crown's leading servants and even the crown itself, 'but even that salvation which is the best blessing that a beneficent Being ever conferred on the children of men, is, by the corrupted mass, slandered, deprecated, ridiculed, and despised'.[72] *Shadgett's weekly review* saw a direct analogy between Hone's putative blasphemy and the levelling 'philosophy' of the French sophists who had cleared an intellectual path for revolution:

The writings of Voltaire, Diderot, D'Alembert, and others of that infamous coalition, who were united to banish Christianity from the world, paved the way for all the horrors and all the crimes of the French Revolution, by completely *demoralizing* the great mass of the people – and we are sorry to see the same licentious style in speaking and writing [here in England] – the same contempt for every privileged order – the same hatred of those who are possessed of property, however honourably and honestly acquired – the same jacobinical disposition for plunder and assassination – and above all, the same infidelity in matters of faith – the same scorn of all revealed religion, that distinguished that portentous era.[73]

The 'philosophical' parallel between infidelism in France and blasphemy in Britain appeared even more ominous with the rise to prominence of Carlile, a free-thinking republican whose stock-in-trade was scornful vituperation of the Bible and the sanctity of kingship.[74] Carlile's conviction and imprisonment for printing and selling the *Age of reason* in October 1819 did little to console Tory journalists. The *New Times,* for instance, thought it an appalling proof of the growth of atheism

71. For Hone's trials, see Olivia Smith, *The Politics of language 1791-1819* (Oxford 1984), ch.5.

72. *Morning post,* 22 December 1817, p.2.

73. *Shadgett's weekly* 1 (15 March 1818), p.49.

74. For Carlile, see James Epstein, *Radical expression: political language, ritual, and symbol in England, 1790-1850* (Oxford, New York 1994); Joel Wiener, *Radicalism and free thought in nineteenth-century Britain: the life of Richard Carlile* (Westport 1983); Edward Royle and James Walvin, *English radicals and reformers* (Brighton 1982), p.121-41; Hole, *Pulpits, politics and public order,* p.205-13. For the culture of infidelism in London as a whole, see Ian McCalman, *Radical underworld: prophets, revolutionaries, and pornographers in London, 1795-1840* (Cambridge 1988).

that Carlile had done a flourishing business at his Fleet Street shop for two full years prior to his conviction. 'How could it have been possible for those works to have obtained so extensive a circulation', it queried, 'if they had not been relished by their ignorant readers?' Indeed, it continued, 'what but a growing appetite for impiety made these poor deluded creatures, in the midst of misery and wretchedness, still find money to purchase Carlile's pamphlets?' The (alleged) popularity of Carlile's blasphemies was but further proof, if such proof were needed, that 'fanatical atheism is, as Burke has observed, one of the revolutionary singularities of modern times'.[75]

Tory writers drew this parallel between the corrosive influence of atheistic philosophy in late-Bourbon France and in late-Georgian Britain with a feverish iteration. Thus, according to the *Anti-Jacobin review*, the British radicals 'propagated' the doctrines of Voltaire, Diderot, and other 'infidels'. 'Under the specious plea of encouraging a search after truth, and denominating themselves free-thinkers', it insisted, they ended 'by attacking [...] those fundamental parts of Christianity, which form the grand basis of our faith [...] and, finally, go on to overthrow the whole fabric'.[76] 'The same conjunction of indecency, insubordination, and scepticism', *Blackwood's* contended, 'laboured to shake off the ancient column of the French throne, that now allures the subjects of the British empire'. It would be folly 'to suppose that a libertine, and atheistic populace in England, will not plunge into the same excesses' as 'a libertine and atheistic populace in France'.[77] 'At least two-thirds' of the eleven million newspapers annually circulating in Britain, the *Quarterly* noted, promoted French-style irreligion. Some of them, 'like Hebert and Marat, excite the populace to insurrection'; others 'mingle, like Voltaire, filth with blasphemy, impiety with lewdness'; still others, 'like D'Alembert, insinuate opinions which it would not be convenient for them openly to profess'. But whatever their differences, 'they agree in their enmity to religion, and in their hatred of the Establishment which our forefathers in their wisdom and their piety instituted for its maintenance and preservation'.[78] Thus, despite their professions of British superiority, Tory journals, from low to high, could scarcely raise the subject of the growing radical press without prophesying a godless doom for their country.

Moreover, they unfailingly traced specific acts and threats of radical political violence back to the prodigious influence of the 'philosophical' press. The prime minister Spencer Perceval's assassination in 1812, according to the *Anti-Jacobin review*, was directly attributable to 'the political and philosophical principles which have been set afloat in this

---

75. *New Times*, 6 November 1819, p.2.
76. *Anti-Jacobin* 57 (December 1819), p.318.
77. *Blackwood's* 13 (January 1823), p.48.
78. *Quarterly* 28 (January 1823), p.522.

kingdom within the last twenty years'.[79] It conveniently ignored the fact that John Bellingham, Perceval's assassin, was a deranged man whose delusional grievances against the government had nothing to do with politics or philosophy. Eight years later, when it was rumored that the duc de Berri's assassin had collected anti-Bourbon press clippings and that he had told his interrogators that he did not believe in God, the Tory press made the most of the connection between radical journalism, irreligion, and political murder. 'Remove the fear of God from the human heart', the *Courier* noted, replace it with 'the spurious maxims of modern philosophy, falsely so called, and what crime will not be within the daring of any man who can despise corporeal suffering?'[80] Let Carlile and Cobbett, added the *Sun*, 'look to this detection and development of an infidel's motives and purposes. Let honest Englishmen beware the lesson, that would unchristianize their consciences, for the sake of brutalizing their hearts.'[81] Similarly, the *New Times* traced the Cato Street conspiracy to assassinate the entire Liverpool cabinet, and the assassination of Kotzebue in Germany and Berri in France, to the radical press's debasement of religion: 'principles sown in the human mind [...] must spring up into actions. Debauch, pervert, deprave a man's principles, and what must be his conduct?'[82] 'Actions are but principles reduced to practice', echoed the *Courier*. 'Are we to be told, that this necessary, this inseparable connexion between principles and conduct, subsists only on the side of virtue?'[83] 'The links of connexion between the blasphemies of Hone, the sedition of Wooler, and the treason of *Thistlewood*', the *New Times* concluded, 'are sufficiently clear.'[84] They were of course anything but clear. But Tory journalists continually insisted that 'atheistical philosophy' would inevitably lead to murderous assaults and violent upheavals if the authorities failed to take decisive measures, just as they had done in France.

Fuelling this fear of revolution was a fear that the growth of literacy among the plebs was fostering mass irreligion. Popular education was of course a subject of widespread debate in 'respectable' circles in the post-war era, and the debate focused on the proper forms of religious in-struction to be offered to the poor.[85] But there was a growing anxiety among Tory writers that while the Church of England and its rivals argued with each other about the content of religious training, the infidel press was drawing the poor away from religion altogether.

79. *Anti-Jacobin* 42 (1812), p.393-96.
80. *Courier*, 20 February 1820, p.3.
81. *Sun*, 20 February 1820, p.4.
82. *New Times*, 25 February 1820, p.3.
83. *Courier*, 25 February 1820, p.4.
84. *New Times*, 6 March 1820, p.3.
85. See for example Soloway, *Prelates and people*, p. 358-89.

Nightmare images danced in their heads of an atheistic *canaille* educated by radical hacks in bucket-shops. Thus, according to the *Quarterly*:

the journalist poisons the mind of the populace with his weekly dose of sedition, while the distiller is poisoning their livers with ardent spirits, or the brewer is inducing diseases not less formidable with his decoction of quassia and *cocculus indicus*. They who join at church in supplications that the Lord will deliver us from all sedition, listen at the ale-house to the weekly epistles of the apostles of sedition with the implicit faith of honest simplicity, at a time too when their animal feelings are in a pleasurable state from the warmth of a cheerful fire, the sense of comfort which is produced by rest after labour, the excitement of company, and of deleterious liquor; – their pores are open, and the whole infection is taken in.[86]

At the same time that the Tory press was extolling the inherent moral superiority of the British people, it was insisting that perhaps the majority of Britons had great difficulty telling right from wrong; that they were naturally self-indulgent; and that for lack of proper moral training, they were being hoodwinked by infidel writers who taught them to despise the only things that could bring them real domestic comfort.

Tory journalists concluded that the proper means of curbing the influence of the licentious press on the untutored masses was not open polemical warfare, but repression. Was it not natural, the *Courier* queried shortly before Peterloo, 'to wish that the sources of these treasonable projects' – the radical press that was the putative source of the monster reform meetings – 'were either destroyed or punished? Impunity in their base and mischievous calling, can never be identified with the enjoyment of our dearest privilege, a free Press.' The 'extinction' of these blasphemous publications 'would impart increased efficiency to those writers, whose honest differences of opinion elicit truth, and support it when elicited'.[87] One of the notorious Six Acts of December 1819 was designed to add greater force to the law of libel, and for a brief interval the Liverpool ministry vigorously prosecuted radical publishers and their street vendors. But the Tory press panicked when, during the Caroline agitation, the government did virtually nothing to stop the torrent of abuse that was being heaped on George IV. All over London, the usually placid *Christian observer* fumed, 'the eye is met by placards of the most inflammatory description', while the anti-government press threw out every 'insinuation, misstatement, exaggeration, and falsehood, which the genius of evil can suggest'. What did the law do about this? Nothing at all, according to the *Observer*.[88] As the flood of licentiousness continued to rise, John Stoddart, editor of the *New Times*, took matters into his own hands, helping to organise

86. *Quarterly* 15 (April 1816), p.202.
87. *Courier*, 9 July 1819, p.3.
88. *Christian observer* 19 (July 1820), p.494.

and then giving extensive publicity to the notorious Constitutional Association. Over the early 1820s, the Association brought a series of blasphemous libel actions against Carlile and other publishers and sellers of 'infidel' literature.[89] Meanwhile, the language that Tory scribblers used to describe the infidel assault became ever more extreme. 'The question', *Blackwood's* affirmed, was whether the government would take proper steps to suppress blasphemy and sedition, or content itself to 'see the guillotine erected at Charing Cross'?

Whether our last hour is to be soothed and hallowed in the fulness of years, by the presence of wife, and child, and friend, and the consolation of religion; or life to be torn from us in its vigour, and the common struggle of nature to be embittered by the tauntings of a bloodthirsty rabble, and not less insulted by the graver ribaldry of some squalid missionary of republican deistical abomination. TO BE OR NOT TO BE? THAT IS THE QUESTION![90]

One does not encounter this sort of language as frequently in the mid-1820s, by which time the reform agitation had subsided and most of the radical journals of the late 1810s had died out. But the language of moral panic returned to the Tory press with a vengeance during the Reform crisis. Once again, it evinced a dread suspicion of the insidious influence of 'French'-style atheism and speculative thought. According to the *Quarterly*, the Whigs' malignant philosophical principles had finally sealed the fate of Britain's ancient constitution. Its death had been ensured by 'the government of a set of persons of that rash and speculative class called philosophers, to whom history is as a dead letter, and even living experience without instruction', of men who 'can see no rational object before them but in the advancement of that system, and [who] are ready, for its sake, to bend, break, and destroy, until all existing things be squared to an exact conformity with it'.[91] The Bill that the Whigs had drawn up, *Blackwood's* concurred, was 'destined to send us adrift on the sea of innovation: to [im]peril the ancient frame of British society on the ephemeral theories of French democracy'. They were chiefly aided and abetted in their speculative designs by a licentious press that had taught the masses 'an aversion to [...] all the restraints of virtue, all the influence of religion, all the fetters of authority'.[92] While Britain's peculiar morality had stymied French aggression during the war, Tory journalists suggested, it had ultimately been routed by the philosophical, atheistic spirit of the revolutionary age. While this spirit had been conjured up in France a century before, it had ultimately proved itself oblivious to national boundaries and to differences in national character.

89. For a famous attack on Stoddart and the Association, see [William Hone], *A Slap at slop, and the Bridge-street gang* (London 1821).
90. *Blackwood's* 8 (December 1820), p.334.
91. *Quarterly* 45 (April 1831), p.253.
92. *Blackwood's* 32 (July 1832), p.74, 65.

It is not fashionable to say so, but it is nevertheless worth remembering that there was an alarmism in the Tory view of the world. Its breadth should not be exaggerated. Tory ministers, for example, did show considerable restraint and self-confidence in their response to the massive reform activity and rumors of insurrection of the late 1810s. They would certainly not have taken all the feverish language exhibited here at face value. Nor, it is probably safe to say, would some of the other Britons who read it. Admittedly, we shall never know exactly how people read these lurid commentaries. Nevertheless, given the persistent and profound fear of 'philosophical' principles expressed at all levels of the Tory press, it seems only reasonable to conclude that this fear was genuine, and that it was widely shared. There is still much that we do not know about the Tory belief system. But it is hoped that even this cursory glance at Tory journalism makes at least one point clear: that confident and pragmatic as the high politics of post-war Toryism may sometimes appear, the Tory view of the world included a real dread of abstract thought in general, and of religious scepticism in particular.

Index